"ධම්මෝ හි වාසෙට්ඨා, සෙට්ඨෝ ජනේතස්මිං
දිට්ඨේ චේව ධම්මේ, අභිසම්පරායේ ච."

වාසෙට්ඨයෙනි, මෙලොවෙහි ත්, පරලොවෙහි ත්
ජනයා අතර ධර්මය ම ශ්‍රේෂ්ඨ වෙයි !

- අග්ගඤ්ඤ සූත්‍රය - භාග්‍යවත් බුදුරජාණන් වහන්සේ

ශ්‍රේෂ්ඨ උත්තමයන්ගේ පරම්පරා කථාව

මහාවංශය

ද්විතීය භාගයේ පළමු කොටස

පූජ්‍ය කිරිබත්ගොඩ ඤාණානන්ද හිමි

© සියලුම හිමිකම් ඇවිරිණි.

ISBN : 978-955-687-182-1

ප්‍රථම මුද්‍රණය : ශ්‍රී බු.ව. 2563 බිනර මස පුන් පොහෝ දින

සම්පාදනය : මහමෙව්නාව භාවනා අසපුව
වඩුවාව, යටිගල්ඔළුව, පොල්ගහවෙල.
දුර : 037 2244602
info@mahamevnawa.lk | www.mahamevnawa.lk

පරිගණක අකුරු සැකසුම, පිටකවර නිර්මාණය සහ ප්‍රකාශනය :
මහාමේඝ ප්‍රකාශකයෝ
වඩුවාව, යටිගල්ඔළුව, පොල්ගහවෙල.
දුර : 037 2053300, 076 8255703
mahameghapublishers@gmail.com

මුද්‍රණය : තරංජි ප්‍රින්ටර්ස් (ප්‍රයිවට්) ලිමිටඩ්,
506, හයිලෙවල් පාර, නාවින්න, මහරගම.
ටෙලි: 011-2801308 / 011-5555265

ශ්‍රේෂ්ඨ උත්තමයන්ගේ පරම්පරා කථාව

මහාවංශය

ද්විතීය භාගයේ පළමු කොටස

සරල සිංහල අනුවාදය
පූජ්‍ය කිරිබත්ගොඩ ඤාණානන්ද හිමි

ශ්‍රී ගෞතම සම්මා සම්බුද්ධ ශාසනයත් සිංහල ජාතියත්
ආරක්ෂා කිරීම පිණිස යම් හෙයකින්
අනාගතයෙහි පින්වත් රජෙක් පහළ වෙයි නම්,
ඒ රජු උදෙසා මෙය සාදරයෙන් පිරිනැමේ.

ප්‍රස්ථාවනාව

මේ ඔබ අතට පත්වන්නේ සිංහල මහාවංශයෙහි ද්විතීය භාගයෙහි පළමු කොටස ය.

විජය රාජකුමාරයාගෙන් ආරම්භ වූ ලක්දිව මනුෂ්‍ය වාසය දඹදිව රාජවංශයන්ගේ සහායයෙන් ක්‍රමානුකූල වූ රාජාණ්ඩු ක්‍රමයක් තුළ සකස් විය.

දෙවනපෑතිස් රජු දවස, ලක්දිවට ශාස්තෘන් වහන්සේනමක් බඳු අප මිහිඳු මහරහතන් වහන්සේගේ වැඩමවීමත් සමග ම ලංකාවෙහි බුදු සසුන ස්ථිරව පිහිටන බවට බුදුරජාණන් වහන්සේ විසින් සක් දෙවිඳුට වදාළ වචනය සත්‍ය බවට පත්විය. එතැන් පටන් අපගේ මේ ලක්දිව ගෞතම බුදු සසුනට ඉතාමත් ම හිතකර වූ වටපිටාවකින් යුතු සොඳුරු දිවයිනක් බවට පත්විය.

නමුත් වරින් වර දකුණු ඉන්දියාවෙන් කඩාවදින ආක්‍රමණයන්ගෙනුත්, ඔවුන් විසින් අඛණ්ඩව කරනු ලබන මංකොල්ලකෑම්වලිනුත් ලක්දිව පීඩාවට පත්වූයේ සුළුපටු අයුරකින් නොවේ.

එමෙන්ම රාජ්‍ය ලෝභයෙන් එකිනෙකාගේ ඇණකොටාගැනීම් ද හේතුවෙන් වරින් වර ලංකා රාජ්‍යය ඉතා දුර්වල අඩියකට වැටුණේය. ලංකාවෙහි බලවත් සිංහල රජෙකු නොමැති අවස්ථාවන්හිදී පරිහානියට පත්වන්නේ එහි ආරක්ෂාවත්, ආර්ථිකයත්, ජනතා සමෘද්ධියත් පමණක්

නොවේ. ලංකාවෙහි ආධ්‍යාත්මික රැකවරණය සලසන සංඝයා වහන්සේ ද එකල්හි පිරිහීමට පත්වෙති. නොයෙක් දෘෂ්ටිවලින් ඔවුහු ආකූල ව්‍යාකූල වෙති. සිල් ගුණදම්වලින් බැහැර වෙති. ඍජු ගුණැති, පුණ්‍යානුභාවයෙන් හෙබි රජවරු නැති ඕනෑම කාලයකදී ඒ දුර්දශාව ලක්දිවට උදාවේ.

මහාවංශයේ ද්විතීය භාගයෙහි එවන් සත්‍ය තොරතුරු බොහෝ ය. මේ කොටසෙහි අවසාන පරිච්ඡේද කිහිපය තුළ දකුණු ඉන්දියානු ආක්‍රමණික දෙමළ මංකොල්ලකරුවන් නිසාවෙන් ලක්දිවට සිදුවූ හානිය මැනවින් විස්තර කරයි. සිංහල ජාතිය තමන්ට නායකයෙකු නැතිව අන්ත අසරණ අඩියකට පත්වී සිටි අයුරු මෙහි සටහන් වන්නේ කියවන්නවුන් හට සංවේගය ඇතිකරවමිනි. සිංහල ජාතියේත් බුද්ධ ශාසනයේත් වාසනාවකට මෙන් සිංහල රාජවංශයට අයත් කීර්ති නම් කුමරෙක් පහළ වූයේය. එවන් යුගයක හේ කීර්ති විජයබාහු නමින් රජව යළි ලක්දිව එක්සේසත් කොට විනාශ වුනු රටත් සසුනත් නගාසිටුවීය.

මෙවැනි අති අනර්ඝ වූ ඓතිහාසික ග්‍රන්ථයක් 'මුසාවකි' යි කිය කියා හෙළාදකින්ට පෙර කියවා බැලීම නුවණැති කාගේත් සාධාරණ යුතුකමකි. මහාවංශය කියවාගෙන යාමේදී බොහෝ වර අපට සිතුනේ 'මෙතෙක් කලක් මෙය කියවන්නට පමා වූයේ මොන අවාසනාවකට ද?' යන කාරණය යි. එතරම් ම වටිනා ඓතිහාසික තොරතුරුවලින් මහාවංශය සුපෝෂිත ය.

මෙම සරල සිංහල අනුවාදය උදෙසා සහය කරගත්තේ අතිපූජ්‍ය හික්කඩුවේ ශ්‍රී සුමංගල නායක

මාහිමියන් වහන්සේ සහ බටුවන්තුඩාවේ පඬිතුමා විසින් සකස් කරන ලද මහාවංශයත්, ෂට්ඨ සංගායනාවෙන් සකස් වූ මහාවංස පාළියත් ය. එමෙන් ම මහාවංශයේ සරල අනුවාදයන් රාශියක් තිබෙන බව අපට දකින්ට ලැබිණි. මහාවංශය නමැති ශ්‍රේෂ්ඨ ඉතිහාස කථාව සිංහල ජනතාවට කියවන්නට සැලැස්වීම උදෙසා ඒ ඒ පඬිවරුන් ගත් වෑයම සදා ප්‍රශංසනීය ය.

මහාවංශයෙහි ද්විතීය භාගයට අයත් මෙම මුල් කොටසෙහි තිබෙන්නේ පරිච්ඡේද විසි එකකි. දැනට අප විසින් සරල සිංහලෙන් අනුවාදිතව තිබෙන්නේ එම කොටස පමණි.

මෙම මහාවංශය කියවීමේදි ඇතැම්විට ශ්‍රද්ධාවෙන් අපගේ සිත පිනායයි. සිත පහන් වෙයි. එමෙන් ම ඇතැම් රජවරුන් විසින් කරන ලද නොයෙකුත් ක්‍රියාවන් ද ඇතැම්විට සිදුවන ලද කුමන්ත්‍රණයන් ද විශේෂයෙන් සිංහල ජාතියටත් රාජ්‍ය තන්ත්‍රයටත් සිදුවන විනාශයන් කියවනවිට කෙලෙස්වල ඇති භයානක ස්වභාවයත් සංසාරයෙහි ඇති නීච ස්වභාවයත් ධර්මයෙන් තොර වූ අසත්පුරුෂ ඇසුරේ භයානකකමත් නිතැතින් ම වැටහෙයි. එවිට අප තුළ ධර්ම සංවේගයක් හටගනී. මහාවංශ කර්තෘවර මහානාම මාහිමියන් වහන්සේ අපට යෝජනා කරන පරිදි ඒ ඒ තැන් වලදී ප්‍රසාදයත් සංවේගයත් ඇති කරගත මැනව.

මෙවර සිංහල අනුවාදයේදී අප විසින් පාළි ගාථාවන් රහිතව සකසන ලද්දේ මුද්‍රණ වියදම අඩුකර ගනු පිණිස ය. මෙය බොහෝ දෙනෙකුට සුවසේ කියවා සිංහලයාගේ ප්‍රෞඪ ඉතිහාසය පිළිබඳව නිවැරදි දැනුමක්

ලබාගත හැකිය. දැනට නානා මාධ්‍යයන් තුළින් ද අපගේ ඉතිහාසය පිළිබඳව පතුරුවා හරිනු ලබන විකෘතියට පත් දුර්මත දුරුවී ගොස් බොහෝ දෙනා හට යහපත සැලසේවා!

මෙයට,

ගෞතම බුදු සසුන තුළ

මෙත් සිතින්,

පූජ්‍ය කිරිබත්ගොඩ ඤාණානන්ද හිමි

ශ්‍රී බු.ව. 2563 නිකිණි මස 21 දින (2019.08.21)

පටුන

37.	තිස් සත්වන පරිච්ඡේදයේ දෙවන කොටස	15
	රජවරු පස්දෙනා	
38.	තිස් අටවන පරිච්ඡේදය	47
	රජවරු දසදෙනා	
39.	තිස් නවවන පරිච්ඡේදය	66
	රජවරු දෙදෙනා	
40.	සතළිස්වන පරිච්ඡේදය	76
	රජවරු අටදෙනා	
41.	සතළිස් එක්වන පරිච්ඡේදය	93
	රජවරු දෙදෙනා	
42.	සතළිස් දෙවන පරිච්ඡේදය	104
	රජවරු සයදෙනා	
43.	සතළිස් තුන්වන පරිච්ඡේදය	126
	රජවරු සිව්දෙනා	
44.	සතළිස් සතරවන පරිච්ඡේදය	138
	රජවරු තිදෙනා	
45.	සතළිස් පස්වන පරිච්ඡේදය	146
46.	සතළිස් සයවන පරිච්ඡේදය	156
	රජවරු සයදෙනා	
47.	සතළිස් සත්වන පරිච්ඡේදය	178
	රජවරු පස්දෙනා	
48.	සතළිස් අටවන පරිච්ඡේදය	191
	එක් රජු	

49.	සතළිස් නවවන පරිච්ඡේදය	203
	රජවරු දෙදෙනා	
50.	පනස්වන පරිච්ඡේදය	220
	රජවරු දෙදෙනා	
51.	පනස් එක්වන පරිච්ඡේදය	231
	රජවරු පස්දෙනා	
52.	පනස් දෙවන පරිච්ඡේදය	239
	රජවරු තිදෙනා	
53.	පනස් තුන්වන පරිච්ඡේදය	249
	ලක්දිව පැහැර ගැනීම	
54.	පනස් සතරවන පරිච්ඡේදය	254
	රජවරු සයදෙනා	
55.	පනස් පස්වන පරිච්ඡේදය	257
	රුහුණ ජයගැනීම	
56.	පනස් සයවන පරිච්ඡේදය	267
	අනුරපුර පැමිණීම	
57.	පනස් සත්වන පරිච්ඡේදය	275
	ඥාති සංග්‍රහය	
58.	පනස් අටවන පරිච්ඡේදය	282
	ලෝක ශාසන සංග්‍රහය	

නමෝ තස්ස භගවතෝ අරහතෝ සම්මාසම්බුද්ධස්ස
ඒ භාග්‍යවත් අර්හත් සම්මා සම්බුදුරජාණන් වහන්සේට නමස්කාර වේවා!

මහාවංශය

ශ්‍රේෂ්ඨ උත්තමයන්ගේ පරම්පරා කථාව

ද්විතීය භාගයේ පළමු කොටස

37

තිස් සත්වන පරිච්ඡේදයේ දෙවන කොටස

රජවරු පස්දෙනා

51. අනුරාධපුරයේ රජකළ ඒ මහසෙන් රජතුමා අසත්පුරුෂ භික්ෂුවකගේ ඇසුරට වැටීම නිසා දිවි ඇති තෙක් හොඳ හා නරක දෙක ම කොට කර්මානුරූපව මිය පරලොව ගියේ ඔය අයුරිනි.

52. එහෙයින් නුවණැති තැනැත්තා බිහිසුණු විෂඝෝර සර්පයෙකු දුටු විට වහා බැහැර කරන සෙයින් පින් පව් නොහඳුනන අසත්පුරුෂයා හා ඇසුර, දුරින් ම දුරුකොට තමාටත් අනුන්ටත් යහපතට හේතුවන දෑ කළයුත්තේය.

53. මහසෙන් රජුගේ අභාවයෙන් පසු එතුමාගේ පුත්කුමරු වන සිරිමේඝවණ්ණ කුමාරයා බු.ව.

845-873 (ක්‍රි.ව. 301-329) දී රජබවට පත්විය. මහාමන්ධාතු රජු සෙයින් ඒ සිරිමෙවන් රජු ලක්දිවට සියලු සම්පත් ලබාදෙන්නෙක් විය.

54. පව්ටු අසත්පුරුෂයන්ගේ වසඟයට ගිය සිය පිය මහසෙන් රජු විසින් විනාශයට පත්කරවන ලද මහාවිහාරයෙහි කලින් වැඩසිටි සියලු භික්ෂූන් වහන්සේලා රැස්කරවා,

55. උන්වහන්සේලා වෙත එළඹ වන්දනා කොට අසුන් ගෙන ආදර සහිතව 'ස්වාමීනී, සංඝමිත්‍ර නමැති පව්ටු භික්ෂුවගේ මිත්‍රයෙකුව සිටි මපියාණන් වහන්සේ විසින් වනසන ලද්දේ,

56. කවර කවර නම් වූ දේ දැ'යි විචාළේය. එවිට භික්ෂූන් වහන්සේලා සිරිමෙවන් රජුට මෙය පැවසූහ. 'මහරජතුමනි, ඔබතුමාගේ පියරජු අප මිහිඳු මහරහතන් වහන්සේ පිහිටුවා වදාළ මහාවිහාර සීමාව උදුරා දමන්ට මහන්සි ගත් නමුත්,

57. මහාවිහාර සීමා භූමියේ ඇතුලත පිහිටි බිම්ගෙයක අපගේ භික්ෂූන් වහන්සේලා සත් නමක් සැඟවී සිටියාහුය. එනිසා ඔබ පියාණන්ට ඒ කටයුත්ත කරගන්ට බැරිවිය.

58. ඔබතුමාගේ පියරජුගේ සිතට මහාවිහාරය පිළිබඳව වැරදි අදහස් කාවද්දා පියරජු ලවා ඔය බිහිසුණු පව් කරවන ලද්දේ සෝණ යන ඇමතියාත් පව්ටු සංඝමිත්‍රයනුත් විසිනි.

59. හේ සත්මහල් උසැති උතුම් ලෝවාමහාප්‍රාසාදය බිඳවා දැම්මේය. නානාප්‍රකාර මනරම් ආවාස

ගෙවල් ද බිඳවා ඒ සියල්ල මේ මහාවිහාරයෙන් අභයගිරියට ගෙන යන ලද්දාහ.

60. කකුසඳ, කෝණාගමන, කාශ්‍යප, ගෞතම යන සිව් බුදුවරයන් වහන්සේලා විසින් වැඩහිඳ පරිභෝග කරන ලද රුවන්වැලි මහසෑ මළුවේ ඒ අනුවණයෝ උඳු වැපිරුවාහුය. අහෝ! අසත්පුරුෂ බාලයන් හා ඇසුරෙහි ඇති බිහිසුණු බව බැලුව මැනව.'

61. සිය පියරජු විසින් කරන ලද බැරෑරුම් පව්කම් ගැන ඇසූ සිරිමෙවන් රජු අසත්පුරුෂ බාලයන් හා ඇසුර ගැන කළකිරුණේය. පියරජු විසින් අනුරාධපුරයෙහි වනසන ලද මහාවිහාරයට අයත් සියලු වෙහෙර විහාර යළි ප්‍රකෘතිමත් කළේය.

62. රජ තෙමේ පළමුකොට ලෝවාමහාප්‍රාසාදය යළි ගොඩනැංවීය. එය මහාපනාද රජුගේ උතුම් ප්‍රාසාදය සිංහල දේශය තුළ විදහා දැක්වීමක් බඳු විය.

63. එමෙන්ම පියරජු විසින් වනසන ලද සංඝයාගේ සියලු වාසස්ථාන, පිරිවෙන් ආදිය කරවා ඒවා පෙර තිබූ තැන ම පිහිටුවීය. සංඝයාට උවටැන් කළ ආරාමිකයන් පරිභෝග කරන ලද කෙත් වතු ඈ භෝගයන් සුදුසු ආකාරයෙන් පිහිටුවීය.

64. නුවණ නසාගත් මහසෙන් රජු විසින් මහාවිහාරීය සංඝයාගේ දානාදී ප්‍රත්‍ය පහසුකම් නසා ඒ ආවාසයන් සංඝයාගෙන් තොර කළ හෙයින්, නුවණින් යුක්ත වූ සිරිමෙවන් රජු යළිත් ඒවා බොහෝ සංඝයාගේ වාසස්ථාන බවට පත්කළේය.

65. ඒ සිරිමෙවන් නරේශ්වර තෙමේ පියරජු විසින් කරවන ලද ජෝතිවන විහාරයෙහි අඩාලව පැවති සියලු කර්මාන්තයන් ද සම්පූර්ණත්වයට පත්කොට නිමා කරවූයේය.

66. මනුජේන්ද්‍ර රජ තෙමේ සියල්ලට පෙර ශ්‍රමණරාජ වූ භාග්‍යවතුන් වහන්සේගේ ඖරසපුත්‍ර අප මිහිඳු මහරහතන් වහන්සේ පිළිබඳව විස්තර සංඝයා වහන්සේගෙන් අසා,

67. ලක්දිව සුපහන් කරවා වදාළ දීපප්පසාදක මිහිඳු මාහිමියන් වහන්සේ කෙරෙහි පැහැදී 'මහා මහේන්ද්‍ර ස්ථවිරෝත්තමයාණෝ ඒකාන්තයෙන් ශ්‍රී ලංකාද්වීපයට අධිපති වන සේක' යනුවෙන් සිතා,

68. මිහිඳු මහරහතන් වහන්සේගේ සිරුරෙහි ප්‍රමාණයට ම සරිලන පරිදි තනි රත්තරනින් පිළිම වහන්සේ නමක් කරවා වප් මස පුර අටවකට කලින් දිනය වන සත්වක දා,

69. මිහින්තලයට වැඩම කරවා 'ස්ථවිරඅම්බ' නමැති අම්බස්ථලයෙහි අටවක් දා වැඩහිඳීමට සලස්වා ඊට පසුවදා වන නවවක දා,

70. ඒ සිරිමෙවන් රජු සිය අන්තඃපුර ස්ත්‍රීන් හා ගෙවල් රකින්නන් පමණක් නැතිව අනෙත් සියලු නගරවාසීන් ද දිව්‍ය සේනා බඳු මහාසේනාවන් ද කැටුව,

71. ශ්‍රී ලංකාද්වීපයේ වැඩවාසය කරන සියලු භික්ෂූන් වහන්සේලා ද කැටුව, එමෙන්ම නගරයේ මහා සිරගෙදර මිනිසුන් ද නිදහස් කරවා,

72. මහා දන්සැල් පිහිටුවා, එමෙන්ම සියලු ප්‍රාණීන්ට බත්වැටුප් දී සියලු උපහාරයන්ගෙන් උපමා රහිත වූ පූජාවන් පවත්වමින්,

73. අපගේ ශාස්තෲන් වහන්සේගේ උතුම් පුත්‍රුවනක් වූ, ශ්‍රී ලංකාද්වීපයට ශාස්තෲන් වහන්සේ බඳු වූ, අප මිහිඳු මහරහතන් වහන්සේ වන්දනා කිරීමට පෙර ගමන් ගියේ භාග්‍යවතුන් වහන්සේට පෙර ගමන් යන සක්දෙවිඳු විලසිනි.

74. අම්බස්ථලයෙහි පටන් අනුරපුර මහා නගරය දක්වා මාර්ගය ඉතා සොඳුරුව සරසවන ලද්දේ විසාලා මහනුවර සිට සැවැත් නුවර දක්වා මාර්ගය සැරසූ කලක් මෙනි.

75. අප මිහිඳු මහරහතන් වහන්සේගේ පියාණන් වූ ධර්මාශෝක මහාධිරාජයා එදා මොග්ගලීපුත්තතිස්ස මහරහතන් වහන්සේගේ වැඩමවීමේදී කටයුතු කළ අයුරින් සිරිමෙවන් රජු ද මිහිඳු මහරහතුන්ගේ පිළිම වහන්සේ වැඩමවන උත්සවයට භෝගයන් පුදා,

76. එහි සිටි දුගී මගී යාචකාදීන් උදෙසා මහදන් පැවැත්වීය. භික්ෂූන් වහන්සේලා චීවර, පිණ්ඩපාත, සේනාසන, ගිලානප්‍රත්‍යය යන සිව්පසයෙන් සතුටු කරවීය.

77. 'එම්බා මහජනතාවෙනි, අපගේ මිහිඳු මහරහතන් වහන්සේ අනුරාධපුරයට වැඩම කරනා අයුරු මෙසේ බලව' යි කියා මහා යසස් ඇති සිරිමෙවන් රජතුමා මහත් වූ සත්කාරයෙන් ඒ මිහිඳු පිළිම වහන්සේ වැඩමවාගෙන,

78. අම්බස්ථලයෙන් පහළට බැස තමන් මුලින් ම ගමන් කරමින් භික්ෂූන් වහන්සේලා ද හාත්පස පිරිවරාගෙන පෙරහැර පැමිණෙන කල්හි,

79. පිරිස් පිරිවරාගත් මිහිඳු මහරහතන් වහන්සේගේ රනින් කළ පිළිම වහන්සේ සෝභමානව බැබළී ගියේ කිරි සයුර මැද සන්ධ්‍යාවෙහි රතු පැහැ ගැන්වී ගිය වළාවේ පැහැයෙන් බබළන මහාමේරු පර්වතරාජයා මෙනි.

80. මේ උත්සවය වනාහී ලෝකනායක වූ අප භාග්‍යවතුන් වහන්සේ රතන සූත්‍රය වදාරන්ට විසාලා මහනුවරට මෙසේ ම වැඩි සේකැයි මහජනයාට විදහා දක්වීමක් බඳු විය.

81. ඒ නරාසභ වූ සිරිමෙවන් රජු උතුම් මිහිඳු පිළිම වහන්සේට මේ අයුරින් සත්කාර සම්මාන දක්වමින් අනුරපුර නැගෙනහිර මහාද්වාරය අසළ තමන් විසින් කරවන ලද,

82. ස්වස්ථික හැඩය ගත් විහාරයට එදින සවස් වරුවේ එළඹ උතුම් ජිනපුත්‍රයන් වහන්සේගේ පිළිම වහන්සේ එහි තුන් දිනක් වඩාහිඳුවීය.

83. ඉන් පසු දොළොස්වක දා අප ශාස්තෲන් වහන්සේ පළමුකොට වඩින අවස්ථාවේ සරසන ලද රජගහ නුවර සෙයින් අනුරපුර මහා නගරය ද සොඳුරුව සරසා,

84. ඒ මහා මිහිඳු පිළිම වහන්සේ ස්වස්ථික හැඩය ගත් විහාරයෙන් පිටතට වැඩමවා මහාසාගර රළ සෝෂාව සෙයින් නගරයෙහි මහා උත්සව පවත්වන කල්හි,

85. මහා විහාරයට වැඩමවාගෙන අවුත් ජය ශ්‍රී මහා බෝමළුවෙහි තුන් මසක් වඩාහිඳුවා ප්‍රවේශ කරවා එසේ පවත්වන ලද විධීන් අනුව නුවරට,

86. වැඩමවාගෙන අවුත් අනුරාධපුරයෙන් ගිනිකොණට වෙන්ට, රාජමාළිගාව අසළින් මහා මිහිඳු පිළිම වහන්සේ උදෙසා අලංකාර විහාරයක් කරවීය.

87. විසාරද වූ සිරිමෙවන් රජතුමා අප මිහිඳු මාහිමියන් සමග සිරිලක වැඩි ඉට්ඨිය, උත්තිය, සම්බල, භද්දසාල, සුමන හා භණ්ඩුක යන ස්ථවිරයන් වහන්සේලාගේ ද පිළිම වහන්සේලා කරවා මහා මිහිඳු පිළිම වහන්සේ සමගින් එහි වඩාහිඳෙව්වේය.

88. මහ නුවණැති ඒ රජු පිළිම වහන්සේ වඩාහිඳුවන ලද විහාරයට ආරක්ෂාව සලස්වා පුදපූජාවන් පිණිස වියහියදම් ද ලබාදී, වාර්ෂිකව මේ අයුරින් ම උපහාර පූජෝත්සව පවත්වන්ට රාජ නියෝග කළේය.

89. සිරිමෙවන් රජුගේ පරම්පරාවෙන් පැමිණ මේ ලංකාද්වීපයෙහි රජ බවට පත්වූ සියලු රජවරු ඒ රජුගේ රාජාඥාව රකිමින් මහා මිහිඳු පිළිම වහන්සේට පැවැත්විය යුතු පූජා විධිවිධාන අද දක්වා නොකඩවා පවත්වනු ලබත්.

90. ඉන් පසු මහා පවාරණ දිනයේදී මහා මිහිඳු පිළිම වහන්සේ නගරයෙන් මහා විහාරයට වැඩමවා වාර්ෂිකව වප් මස දහතුන් වෙනිදා පුද පූජාවන් පවත්වන්ට නියෝග කළේය.

91. එමෙන්ම සිරිමෙවන් රජු අභයගිරි විහාරයේත්, තිස්සමහාරාමයේත්, වසභ විහාරයේත්, මහාබෝධි මණ්ඩපයේත් ගල් පඩිපෙළ ද මනරම් ප්‍රාකාර ද කරවීය.

92. මේ රජුගේ රාජ්‍ය පාලනයෙහි නවවන වර්ෂයේ එක්තරා බ්‍රාහ්මණ කුමාරිකාවක් දඹදිව කළිඟු දේශයේ සිට අපගේ භාග්‍යවතුන් වහන්සේගේ දළදා වහන්සේ මෙලක්දිවට වැඩමවාගෙන ආවාය.

93. පුරාණ සිංහල දළදා වංශ කථාවෙහි කියවෙන ආකාරයට සිරිමෙවන් රජතුමා දළදා වහන්සේ මහත් හරසරින් පිළිගෙන උතුම් සම්මාන දක්වා,

94. ඉතා පිරිසිදු පළිඟු මැණිකෙන් කරවන ලද කරඬුවක තැන්පත් කරවා, දෙවනපෑතිස් රජු විසින් රාජාරාම විහාරයෙහි කරවන ලද,

95. ධම්මචක්ක ගෘහය නමැති මන්දිරයෙහි එම ධාතු කරඬුව වඩාහිඳුවන ලද්දේය. එතැන් පටන් දම්සක් මැඳුර, දළදා මැඳුර නමින් ප්‍රචලිතව ගියේය.

96. ඉක්බිති රජතුමා සැදැහැබර, සතුටින් පිරීගිය සිතින් යුතුව නව ලක්ෂයක් කහවණු වියදම් කොට භාග්‍යවතුන් වහන්සේගේ දළදා වහන්සේ උදෙසා මහා පූජා සත්කාර උත්සවයක් කළේය.

97. ඉන් පසු අනුරාධපුර මහා විහාරයට උතුරින් පිහිටි අභයගිරි විහාරයට දළදා වහන්සේ වඩමවාගෙන ගොස් 'වාර්ෂිකව මෙබඳු පූජා දළදා වහන්සේ උදෙසා පවත්වන්ට ඕනෑ' කියා රාජ නියෝගයක් ද නිකුත් කළේය.

98. මේ සිරිමෙවන් රජු දහඅටක් විහාරයන් කරවීය. එමෙන්ම සත්වයන් කෙරෙහි අනුකම්පාවෙන් ස්ථිර ජලය ඇති වැව් ද කරවීය.

99. බෝධි පූජා ආදිය ඇතුළු පමණ නොකළ හැකි තරම් පින්කම් සිදුකර ගත් මේ සිරිමේඝවණ්ණ රජතුමා සිය රාජ්‍යයේ විසිඅටවෙනි වසරෙහිදී එතුමාට මරණින් මතු නියම වන යම් තැනක් ඇද්ද, එහි ගියේය.

100. මේඝවර්ණ රජුගේ අභාවයෙන් පසු සිය බාල සොයුරු වන ජෙට්ඨතිස්ස කුමාරයා බු.ව. 873-882 (ක්‍රි.ව. 329-338) දක්වා ලක්දිව සේසත් නංවා රජ විය. ඇත්දළ කැටයම් ශිල්පයෙහි අතිශය දක්ෂයෙකු වූ,

101. මේ ජෙට්ඨතිස්ස රජතුමා දුෂ්කර වූත්, විචිත්‍ර වූත් ඇත්දළ කැටයම් කරවා මේ ඇත්දත් කැටයම් ශිල්ප කලාව බොහෝ ජනයාට ඉගැන්වීය.

102. දෙටුතිස් රජු විසින් අණ කරන ලදුව, ඉර්ධි බලයෙන් මවන ලද්දක් බඳුව අප සිද්ධාර්ථ බෝධිසත්වයන් වහන්සේගේ සොඳුරු මනහර රුවක් ද,

103. එමෙන්ම ඇත්දළ කැටයමින් කළ හාන්සි පුටුවක් ද, ඡත්‍රයක් හෙවත් කුඩයක් ද, රුවන් මණ්ඩපයක් ද කරවීය. එබඳු වූ විචිත්‍ර ඇත්දළ කැටයම් ඇද්ද, ඒ ඒ තැන එබඳු කැටයම් කරවන ලද්දේ ඒ රජු විසිනි.

104. මේ දෙටුතිස් රජතුමා ශ්‍රී ලංකාද්වීපයෙහි නව වසක් රාජ්‍යානුශාසනා කොට, අනේකප්‍රකාර පින් කොට කර්මානුරූපව මිය පරලොව ගියේය.

105. ජෙට්ඨතිස්ස රජුගේ අභාවයෙන් පසු එතුමාගේ පුත්‍ර බුද්ධදාස කුමරු බු.ව. 882-911 (ක්‍රි.ව. 338-367) දක්වා ලක්දිව රජු බවට පත්විය. මේ බුද්ධදාස රජු සියලු රත්නයන්ට ආකරයක් වූ මහසයුර මෙන් සියලු ගුණයන්ට ආකරයක් බඳු විය.

106. සියලු උපායයන්ගෙන් ලක්වැසියාට සැපසේ වාසය කරන්ට සැලසූ මේ ධනවත් බුද්ධදාස රජු විසින් කටයුතු කරන ලද්දේ වෙසමුණි දෙව්රජු ආලකමන්දා පුරය රකින පරිද්දෙනි.

107. ප්‍රඥාවන්ත වූ, පින් ගුණයෙන් යුතු වූ, පවිත්‍ර වූ, කරුණාවට නිවසක් බඳු වූ මේ රජු (දානය, සීලය, පරිත්‍යාගය, ඍජුබව, මෘදු බව, තපස, ක්‍රෝධ රහිත බව, හිංසාවෙන් තොර බව, ඉවසනසුළු බව, විරුද්ධ නොවන බව යන) මේ දස රාජ ධර්මයෙන් යුක්ත වූයේය.

108. එමෙන්ම ඡන්දය, ද්වේෂය, මෝහය, භය යන සතර අගතිය දුරුකොට අධිකරණ විනිශ්චය කරවමින්, දානය, ප්‍රිය වචනය, අර්ථචර්යාව, සමානාත්මතාවය යන සතර සංග්‍රහ වස්තුවෙන් ලක්වැසියාට සංග්‍රහ කළේය.

109. බෝධිසත්වයෙක් සත්වයන් ඉදිරියේ ඇස්පනාපිට පෙනී සිටින සෙයින් ද, දරුවන්ට ආදරය දක්වන පියෙකු සෙයින් ද මේ බුද්ධදාස රජු සියලු සත්වයන් කෙරෙහි අනුකම්පාවෙන් යුතු විය.

110. දිළිඳු ජනයාට ධනය ලබාදීමෙන් ද, සුවපත් ජනයා සියලු භවභෝග සැප සම්පතින් ද, ජීවිත ආරක්ෂා සම්පත්තියෙන් ද, ඔවුන්ගේ සිත් පිරවීය.

111. මහා නුවණැති බුද්ධදාස රජ තෙමේ සත්පුරුෂයන්ට යහපත් ලෙස සංග්‍රහ කළ අතර අසත්පුරුෂයන්ට නිග්‍රහ ද කළේය. එමෙන්ම රෝගීන්ට වෙදකමින් සංග්‍රහ කළේය.

112. එක් දිනක් මේ බුද්ධදාස රජු උතුම් මංගල හස්තිරාජයා පිට නැගී අනුරපුර තිසාවැවෙන් ස්නානය කරනු පිණිස මහා මාර්ගයෙහි ගමන් කරමින් සිටියේ,

113. පුත්තභාග නම් විහාරය අසල තිබූ තුඹසක් මත කුසෙහි හටගත් රෝගයකින් පෙළෙන එක්තරා මහා නාගරාජයෙකු දකින්ට ලැබුණේය.

114. සිය කුසෙහි හටගත් ගෙඩි රෝගය පෙන්වනු පිණිස උඩුකුරුව වැතිරී සිටින නාගරාජයා දැක, 'මේ නාගයා රෝගීව සිටිතැ'යි රජ තෙමේ නිශ්චිතව ම තේරුම් ගත්තේය.

115. ඉක්බිති මංගල හස්තිරාජයා පිටින් බැසගත් දොස් රහිත වූ උතුම් රජු නාරජ සමීපයට එළඹ මෙබස් කීවේය.

116. 'එම්බා මහානාගය, තොප මෙතැන වැතිරී සිටීමට පැමිණි කරුණ මට හොඳින් වැටහේ. එහෙත් තෙපි වනාහී මහා තෙද ඇති, වහා කිපෙන සුල්ලහුය,

117. එහෙයින් තොප ස්පර්ශ කොට තොපගේ රෝගයට ප්‍රතිකර්මයක් කරන්ට මට නොහැකිය. එමෙන්ම ස්පර්ශ නොකොටත් නොකළ හැකිය. මා විසින් කුමක් කටයුතු දැ' යි රජු අසා සිටියේය.

118. මෙසේ ඇසූ කල්හි ඒ නාගරාජයා තමාගේ මුළු පෙණය ම තුඹසේ බිලය ඇතුලට පිවිසවා සන්සුන්ව වැතිර ගත්තේය.

119. ඉක්බිති වැතිරී සිටි නාගයා වෙත එළඹුනු රජ තෙමේ තමාගේ ඉණෙහි ගසාගෙන තිබූ තියුණු ආයුධය ගෙන එයින් නාගයාගේ උදරය පලා,

120. කුසෙහි තිබූ විෂ ගෙඩිය බැහැර කොට, උතුම් ඖෂධ ගල්වා එකෙණෙහි ම නාගයා සුවපත් භාවයට පත් කළේය.

121. එකල්හි රජ තෙමේ 'මා තුළ මහා කරුණාව ඇති බව තිරිසන්ගත සත්වයෝත් දන්නාහුය. මවිසින් යහපත් අයුරින් මෙලක්දිව රාජ්‍ය කරන ලද්දේය' යි තමන්ට ම ප්‍රශංසා කරගත්තේය.

122. ඒ නාගරාජයා තමා සුවපත් බවට පත් වූ බව දැක සතුටුව තමන්ගේ මහානර්ඝ නාග මාණික්‍යය රජතුමාට පූජා පිණිස දුන්නේය.

123. ඒ නාග මාණික්‍යය පිළිගත් බුද්ධදාස රජු අභයගිරි විහාරයෙහි පිහිටි ශෛලමය සම්බුද්ධ පිළිම වහන්සේගේ නේත්‍රා යුගලයෙහි තැන්පත් කළේය.

124. එක්තරා භික්ෂුනමක් ථූසවැටි නම් ගමෙහි පිඬු පිණිස හැසිරෙන්නේ වියළී ගිය බතක් ලැබුණි. ඒ බතට දමා වැළඳීම පිණිස කිරි ලබාගනු පිණිස පිඬුසිඟා වඩින්නේ,

125. පණුවන් සහිත වූ දීකිරි ලැබ එහි පණුවන් ඇති බව නොදැන බත් සමග වැළඳුවේය. භික්ෂුවගේ

කුසෙහි පණුවෝ බොහෝ සේ වැඩී වී ගොස් ඒ භික්ෂුවගේ ම උදරය කන්ට පටන් ගත්තාහුය.

126. එකල්හි හේ රජු කරා එළඹ තමන්ට සිදු වූ විපත දන්වා සිටියේය. එවිට රජු භික්ෂුවගෙන් මෙය ඇසුවේය. 'මේ බඩේ රුජාව හටගත්තේ කුමන ආහාරයකින් ද? එය වැළඳුවේ කවදා ද?'

127. ටුසවැටි ගමෙහිදී දීකිරි සමග බත් වැළඳූ බවත් ඉන්පසු අසනීප වූ බවත් භික්ෂුව කියා සිටියේය. එවිට රජු 'එසේ නම් මේ භික්ෂුව පණුවන් සහිත වූ කිරි වළඳා ඇතැ'යි අවබෝධ කරගත්තේය.

128. ඒ අවස්ථාවේදී ම එක්තරා අශ්වයෙකුට නහර විද ලේ ගනිමින් කළයුතු ප්‍රතිකාරයක් තිබුණේය. එවිට රජතුමා ඒ අශ්වයා හට ශිරාවේධ නමැති ප්‍රතිකර්මය කොට අසුගේ ලේ රැගෙන,

129. ඒ ශ්‍රමණ නමට අශ්ව ලේ පොවා මොහොතක් ගත වූ පසු ඔහු වළඳන ලද්දේ අශ්වයෙකුගේ ලේ යැයි පැවසීය. එය ඇසූ සැණින් ශ්‍රමණ තෙමේ වමනය කරන්ට පටන් ගත්තේය.

130. ලෙයත් සමග පණුවෝ පිටතට නික්ම ආහ. එයින් ම භික්ෂුව සුවපත් භාවයට පත්වූයේය. තමන් සුවපත් වූ සතුට ම ඒ භික්ෂුව විසින් රජුට දන්වා සිටියේය.

131. එක ම සැත් පහරකින් පණුවෝත්, ශ්‍රමණ නමත්, අශ්වයාත් සැබැවින් ම සුවපත් භාවයට පත්කරවන ලද්දාහ. 'මාගේ වෙදකම නම් හාස්කමෙකි' යි රජු සිතුවේය.

132. එක්තරා මිනිසෙක් වැවකින් දිය පානය කරද්දී නොදැනීමෙන් දියබරි බිජුවක් පෙවුනේය. ඒ හේතුවෙන් ඔහුගේ කුසෙහි දියබරියෙක් උපන්නේය.

133. ඒ දියබරියා සිය තුඩින් මිනිසාගේ කුසට පහර දෙයි. එයින් උපන් දුක් වේදනාවෙන් පෙළෙන මිනිසා රජු වෙත එළඹියේය. රජතුමා ඔහුගේ රෝග නිදානය විමසා,

134. 'මොහුගේ කුස තුළ සර්පයෙක් ඇත්තේයැ' යි දැන ඔහුට සතියක් ආහාර නොදී සිට හොඳින් ස්නානය කරවා සුවඳ විලවුන් ගල්වා ඇතුලු සුවපහසු යහනක,

135. නිදි කරවීය. එවිට ඒ තැනැත්තා ගැඹුරු නින්දට වැටුණේ සිය මුව දල්වාගෙන නිදන්ට වූයේය. එවිට ඔහුගේ මුඛය ආසන්නයේ,

136. හූයක බඳින ලද මස් කැබැල්ලක් තැබ්බවීය. මස් ගඳ ඉව කොට පිටතට ආ සර්පයා මස් කැබැල්ල ඩැහැගෙන යළි කුසට වදින්ට පටන් ගත්තේය.

137. එවිට රජතුමා සැණෙකින් හූයෙන් ඇදගත් සර්පයාව දියබඳුනක දමා මෙබස් පැවසීය.

138. 'අප සම්මා සම්බුදුරජුන් හට ජීවක නමින් විස්මිත වෙදැදුරෙක් සිටියේලු. ඔහු විසින් ලෝකයාට කරන ලද වෙදකම් ගැන අසන්ට ලැබෙන නමුත් කිම එයටත් වඩා දුෂ්කර දෙයක් මවිසින් කරන ලද්දේ ද?

139. ජීවක තෙමේ මහත් වෙහෙස ගෙන වුවත් මෙබඳු

වෙදකමක් සර්වාදරයෙන් මෙසේ ම කරනු ඇත්තේය. මෙහිලා මට සැකයක් නැත්තේ ම ය. අසිරියකි! මාගේ පුණ්‍ය බලය වැඩී යයි.'

140. හෙල්ලෝලී නම් ගමෙහි එක්තරා සැඩොල් ස්ත්‍රියක් සත් වතාවක් දරුගැබ් පිහිටා පුහු වී ගොස් සිටියාය. රජ තෙමේ ඇයව ද සුවපත් කොට දරුගැබ් පිහිටන්ට සැලැස්වීය.

141. එක්තරා භික්ෂුවක් වාත රෝගයකින් වකුටු වී ගොස් සිටි කල්හි සතපවන්ටත්, නැගිටුවන්ටත් වෙහෙසින් කළයුතු විය. නුවණැති රජතුමා ඒ භික්ෂුවගේ කුදුව වකුටු වීමට හේතු වූ වාත රෝගය සුවපත් කොට දුකින් මුදවාලීය.

142. එක්තරා මිනිසෙක් කලබලයෙන් මැඩි බිජු සහිත දියක් බොන්ට ගොස් ඔහුගේ නාසා සිදුරෙන් ජලය හිස්මොළට යද්දී මැඩි බිජුවකුත් ගියේය.

143. හිස්මොළයේදී මැඩි බිජුවෙන් මැඩියෙක් උපන. මැඩියා ලොකු වී හිස්මොළ අතර සිට වැසි කාලයට ඇවිදියි. එවිට මිනිසා බලවත් ලෙස දුකට පත්වෙයි.

144. රජ තෙමේ ඒ මිනිසාගේ හිස් කටුව බැහැර කොට මැඩියා ඉවත් කළේය. ඖෂධ බලයෙන් හිස්කබල එකට පිරිද්දූ සැණින් ප්‍රකෘතිමත් බවට පත්වූයේය.

145. මේ රජු ලංකාවාසීන්ගේ යහපත පිණිස ලක්දිව පුරා ගමක් ගමක් පාසා වෙදමැදුරු කරවූ අතර ඒවායෙහි සේවයට දක්ෂ වෛද්‍යවරුන් ද පත් කළේය.

146. එමෙන්ම මේ රජු සියලු වෛද්‍ය ශාස්ත්‍රයන්ගේ සාරවත් අරුත් කැටිකොට 'සාරාර්ථ සංග්‍රහය' නමින් මහා වෛද්‍ය ග්‍රන්ථයක් සම්පාදනය කොට අනාගත ලක්දිව රෝග චිකිත්සාව පිණිස වෛද්‍යවරුන් උදෙසා වෙන් කොට තැබුවේය. සෑම ගම් දහයකට ම එක් විශේෂඥ වෛද්‍යවරයෙකු බැගින් ද පත් කළේය.

147. වෛද්‍යවරුන්ගේ ජීවන වැටුප් පිණිස කෙත් විස්සක ආදායමෙන් අඩක් දුන්නේය. ඇතුන්ට ද අශ්වයන්ට ද බල සේනාවට ද ප්‍රතිකාර පිණිස වෛද්‍යවරු පත්කරන ලද්දාහ.

148. කොරුන්ට හා අන්ධයන්ට ද ඒ ඒ තැන ශාලාවන් කරවා ආහාරපාන ද ලබාදුන්නේය. ගමන් යන මහජනයාගේ විවේකය උදෙසා මහා මාර්ගයේ තැන තැන විවේක ශාලා කරවීය.

149. ධර්ම දේශකයන් වහන්සේලා හට සත්කාර කොට නිතර දහම් ඇසුවේය. ඒ ඒ තැන දහම් දෙසන ධර්ම දේශකයන් වහන්සේලාට ඒ වෙනුවෙන් වියහියදම් ද ලබාදුන්නේය.

150. මහත් දයාවෙන් යුතු මේ රජු සැපත් වෙන ඕනෑම තැනකදී ශල්‍යකර්ම පිණිස ආයුධ මිටියක් උතුරු සළුව යට ඉණේ රඳවාගෙන යමින් රෝදුකින් පීඩිත ජනයා දුටු දුටු තන්හි ඔවුන් රෝදුකින් නිදහස් කළේය.

151. දිනක් මේ රජතුමා දෙවියන් පිරිවරා ගත් සක්දෙවිඳු සෙයින් රාජාභරණයෙන් සැරසී සේනාව සමග යමින් සිටියේය.

152. ශ්‍රී සෞභාග්‍යයෙන් අගපත්ව රාජ ඉර්ධියෙන් විරාජමානව මාර්ගයෙහි ගමන් කරමින් සිටින රජු දුටු කල්හි සසරෙහි වෛර බැඳගෙන පැමිණි,

153. එක්තරා කුෂ්ට රෝගියෙක් රජු කෙරෙහි කිපුණේය. හේ පොළොවෙහි දැත් ගසමින්, හැරමිටියෙනුත් පොළොවට පහර දෙමින්,

154. අනේකප්‍රකාර ආක්‍රෝශ පරිභව වචනයෙන් රජුට නින්දා අපහාස කරන්ට පටන් ගත්තේය. මොහුගේ මේ විප්‍රකාරය ඈත සිට ම දුටු රජතුමා,

155. 'මා විසින් කිසිවෙකුට හෝ අප්‍රිය දෙයක් කළ බවක් මට මතක නැත. මොහු වනාහී පූර්ව ආත්මයක මා කෙරෙහි වෛර බැඳගත්තෙක් විය යුතුය. මොහුගේ වෛරය සංසිඳුවාලිය යුත්තේය' යි සිතා,

156. තමන් සමීපයේ සිටි පුරුෂයෙකු ඇමතුවේය. 'යව. අසවල් කුෂ්ට රෝගියා කුමන අදහසකින් එසේ කරන්නේ දැයි විමසා දැනගෙන එව' යි අණ කළේය.

157. ඔහු එතැනට ගොස් කුෂ්ට රෝගියාගේ යහළුවෙකු සේ ළඟින් ම වාඩිවූයේය. 'මිත්‍රය, තෝ කුමන කරුණක් නිසාවෙන් ඔතරම් කිපුණෙහි ද?' යි විචාළේය. හේ සියල්ල කීවේය.

158. 'ඔය බුද්ධදාසයා මාගේ දාසයෙකි. බලව. කළ පින් බලයකින් රජව සිටියි. දැන් ඇත්රජා පිටින් මා ඉදිරියෙන් යන්නේ මට අවමන් කිරීමට නොවැ.

159. ඔය බුද්ධදාසයා ඉදින් මා ඉන්නා පැත්තට ආවොත්තින් දාසයෙකුට කළයුතු සියලු නිග්‍රහයන් කොට මා කවුදැයි කියා දෙන්ට පුළුවනි.

160. ඉදින් හේ මා ඉන්නා පැත්තට නොඑයි නම් ඔහු මරා ලේ බොනවා ම යි. ඒ ගැන සැකයක් නෑ. ආයෙ වැඩිකල් දකින්නෙත් නෑ.'

161. එකල්හි රාජපුරුෂයා රජු වෙත ගොස් එකරුණ සැළකළේය. මහනුවණැති රජ තෙමේ 'එසේ නම් මොහු මාගේ පෙර ආත්මයක ඒකාන්ත වෛරක්කාරයෙකි' යි නිසැක බවට පත්ව,

162. වෛරී පුද්ගලයෙකුගේ වෛරය දුරුකළ යුත්තේ උපායශීලීව යයි සිතා 'හොඳා. එසේ නම් තා ගොහින් ඔහුට දිනුම දීපං' කියා අර පුරුෂයාව කුෂ්ට රෝගියා වෙත පිටත් කරවීය.

163. පුරුෂයා කුෂ්ට රෝගියා වෙත මිත්‍රයෙකුගේ වේශයෙන් පැමිණ මෙසේ පැවසීය. 'මිත්‍රයා, මා ද ඔය රජතුමා නසන්ට සිතා මෙතෙක් කාලයක් ගත වූයේය.

164. එහෙත් ඒ කටයුත්තට මිත්‍රයෙක් නොලැබීම නිසා මා හට රජු මරා දමන්ට අවස්ථාවක් නොලැබුණේය. දැන් තොප ලැබීම නිසා මාගේ මනෝරථය මුදුන්පත් කරගන්ට පුළුවනි.

165. එනිසා මිත්‍රය, දැන් එව. මාගේ නිවසෙහි වසව. මාගේ කටයුතුවලට අනුකූලව සිටුව. තව දවස් කිහිපයකින් රජු මරාගන්ට මට පුළුවන් වේවි.'

166. මෙසේ කියූ පුරුෂයා තම නිවසට කුෂ්ට රෝගියා කැඳවාගෙන ගියේය. ඔහු හොඳින් නහවා, සුවඳ විලවුන් ගල්වා, සිනිඳු සළුපිළි හඳවා,

167. රසමසවුලෙන් යුතු ප්‍රණීත බොජුන් වළඳවා, යොවුන් කාන්තාවන් ලවා ආදරය කරවා, මැනවින් පිළී අතුරන ලද යහනක නිදන්ට සැලැස්වීය.

168. මේ ක්‍රමයෙන් දින කිහිපයක් සත්කාර මැද ඉන්ට සලස්වා, පිනා ගිය ඉඳුරන් ඇතිව සැපවත්ව සිටින ඔහු තමන් කෙරෙහි අතිශය විශ්වාසයට පත් වූ බව දැනගත් පසු පුරුෂයා,

169. 'තොපට මේවා දෙන ලද්දේ රජු විසින් ය' කියා ප්‍රණීත ආහාරපාන ඔහු වෙත එළවීය. එවිට හේ දෙතුන් වතාවක් ප්‍රතික්ෂේප කළ නමුත් පුරුෂයාගේ ඇවිටිල්ල නිසා ම ආහාර ගත්තේය.

170. මෙසේ ඔහු තුළ ක්‍රමයෙන් රජු කෙරෙහි තද විශ්වාසයක් හටගත්තේය. දිනක් පුරුෂයා ඔහු වෙත පැමිණ රජු මිය ගිය බව පැවසුවේය. එකෙණෙහි ඔහු හටගත් ශෝකයෙන් ළය පැළී මිය ගියේය.

171. මේ අයුරින් බුද්ධදාස රජු සිරුරෙහි මෙන්ම මනසෙහි හටගන්නා රෝගයන්ට ද ප්‍රතිකාර කරවීය. අනාගත රෝගීන්ට ප්‍රතිකාර පිණිස ද ලක්දිව පුරා වෛද්‍යවරුන් තැබුවේය.

172. විසිපස් රියනක් උස්කොට ශෝභමාන ප්‍රාසාදයක් ලෙස මයුර නමින් පිරිවෙණක් කරවූයේය.

173. සමණගමත්, ගෝණපාලුගමත්, පිරිවෙණේ වියදමට පුද කළේය. ධර්ම ඝෝෂාව පතුරුවන භික්ෂූන් වහන්සේ උදෙසා භෝගයන් ද කැපකරුවන් ද ලබාදුන්නේය.

174. සිව්පස පහසුකමින් යුක්තව විහාරයන් ද, පිරිවෙණ් ද කරවූ අතර දිය පිරි වැව් ද, දන්සැල් ද, ප්‍රතිමා මන්දිර ද කරවූයේය.

175. මේ රජුගේ ම රාජ කාලයෙහි මහාධම්මකථී නම් තෙරුන් වහන්සේ සූත්‍ර පිටකය සිංහල භාෂාවට පරිවර්තනය කළේය.

176. මේ රජු හට දෙවිවරුන් හා සමාන අභීත වූ, ශූර වීර වූ පින්වත් පුත් කුමාරවරු අසූ දෙනෙක් සිටියෝය. අසූමහා ශ්‍රාවකයන්ගේ නම්වලින් යුතු ඒ කුමාරවරු ඉතා දැකුම්කළුයහ.

177. සාරිපුත්තාදී නම්වලින් යුතු සිය පුත්කුමාරවරුන් පිරිවරාගත් කල්හි බුද්ධදාස රජතුමා මහත් සේ බැබළී ගියේ සම්බුදුරජහු මෙනි.

178. මෙසේ බුද්ධදාස රජතුමා සිය රාජ්‍ය පාලනය ඉතා යහපත් අයුරින් විසිනව වසක් සිදුකොට සිරිලක්වාසීන් හට සෙත සලසා දෙව්ලොව පිටත්ව ගියේය.

179. බුද්ධදාස රජුගේ ඇවෑමෙන් පසු සාරිපුත්ත නමින් සිටි වැඩිමහල් පුත්කුමරු උපතිස්ස යන නාමයෙන් බු.ව. 911-953 (ක්‍රි.ව. 367-409) ලක්දිව රජ බවට පත්විය. මේ රජතුමා ද රජෙකු තුළ තිබිය යුතු සියලු ගුණාංගයන්ගෙන් යුක්ත විය. මෙතෙමේ නිති සිල් රකින්නෙකි. දයානුකම්පාවෙන් යුතු වූවෙකි.

180. මේ රජු (ප්‍රාණඝාතය, සොරකම, වැරදි කාම සේවනය, බොරු කීම, කේළාම් කීම, පරුෂ වචන කීම, හිස් වචන කීම, අන්සතු දෙයට ආසා කිරීම, ද්වේෂය, මිසදිටුව යන) දස අකුසල් දුරුකොට (දානය, සීලය, භාවනාව, පින් පැමිණවීම, පින් අනුමෝදන් වීම, වත් පිළිවෙත් කිරීම, වැඳුම් පිදුම් කිරීම, දහම් දෙසීම, දහම් ඇසීම, දෘෂ්ටිය ඍජු කරගැනීම යන) දස පින් කිරියවත් සමාදන්ව සිටියේය. දස රාජ ධර්මයන් ද, දස පාරමී ධර්මයන් ද පිරීය.

181. මේ රජු සිව්දිසාව ජයගත්තේ සතර සංග්‍රහ වස්තුවෙනි. රාජ රාජමහාමාත්‍යයින්ට සුදුසු වූ ඉතා ප්‍රණීත ආහාරපානාදිය මහාපාලි දන්හලෙහි ද සංඝයා උදෙසා දෙන්ට සැලැස්වීය.

182. විකලාංග වූවන්ට ද, ගර්භනී මාතාවන්ට ද, අන්ධයන්ට ද, අනෙකුත් රෝගීන්ට ද සුවසේ සිටිනු පිණිස ශාලාවන් ද, ආහාර පිණිස දන්සැල් ද කරවීය.

183. මංගල සෑයෙන් උතුරු දිසාවට වෙන්ට ස්ථූපයක්, පිළිමගෙයක් හා පිළිම වහන්සේනමක් කරවීය.

184. රජතුමා ඒවා කරවන විට ජනයා පීඩාවට නොපත් වේවා! යි සිතා සකුරු සහ සහල් ලබාදී පිරිමි තරුණයන් ලවා කරවීය.

185. එමෙන්ම මේ රජු රාජඋප්පල වැව, පොක්ඛරපාස වැව, ගිජ්ඣකූට වැව, වළාහස්ස වැව, අම්බුට්ඨි වැව හා ගොඩිගමු වැවත්,

186. ඛණ්ඩරාජ විහාරයත්, ස්ථිර ජලය ඇති බොහෝ වැවුත් කරවීය. ඒ ඒ තැන අප්‍රමාණ පින්කම් කරවීය.

187. දිනක් මේ රජු වැසි ඇදහැලෙන අවස්ථාවෙහි තමන් සැතපී සිටි ඇඳ තෙමෙන කල්හි රාත්‍රී වහලය සැදීමට ජනයා ගෙන්වීමෙන් ඔවුන් දුකට පත්වෙති යි සිතා එළිවනතුරු වාඩි වී කල් ගත කළේය.

188. මෙය දැනගත් එක්තරා ඇමතිවරයෙක් වහා පැමිණ රජුව උයනට කැඳවාගෙන ගොස් එහි ගෙයක නැවැත්වීය. මෙසේ රජතුමා තමා පිණිසවත් ලෝවැස්සාට දුක් පීඩා නොකළේය.

189. මේ උපතිස්ස රජුගේ කාලයෙහි වැසි නැති වීමෙන් දුර්භික්ෂ භයක් ද රෝග භයක් ද හටගෙන ලක්වැසියෝ මහත් පීඩාවට පත්වූහ. පාපාන්ධකාරය නැසීමට ප්‍රදීපයක් බඳු සොඳුරු සිත් ඇති රජු,

190. භික්ෂූන් වහන්සේලා වෙත එළඹ මෙසේ අසා සිටියේය. 'කිම ස්වාමීනී, මහර්ෂී වූ අප භාග්‍යවතුන් වහන්සේ විසින් ලොවෙහි මෙවන් දුර්භික්ෂාදී භය උපන් කල්හි ලොවට යහපත සලසනු පිණිස කරන ලද කිසිවක් නැද්ද?'

191. එවිට භික්ෂූහු එදා දඹදිව විශාලා මහනුවර ද දුක් භය රෝග යන ත්‍රිවිධ භය හටගත් අවස්ථාවෙහි අප භාග්‍යවතුන් වහන්සේ විසල්පුරයට වැඩම කොට රතන සූත්‍රය දෙසූ අයුරු සවිස්තරව උපතිස්ස රජුට පහදා දුන්හ. එය ඇසූ රජතුමා සර්වඥ ධාතූන් වහන්සේනමක් තැන්පත් කොට

37 වන පරිච්ඡේදය 37

තනි රනින් බුදුපිළිම වහන්සේ නමක් කරවා,

192. අප භාග්‍යවතුන් වහන්සේගේ ශෛලමය පාත්‍රා ධාතුන් වහන්සේ පිටතට වැඩමවා සිහිල් පැනින් පුරවා දෝතට ගෙන, අලංකාරව සරසන ලද රන්සිවි ගෙයින් යුතු රථයෙහි රන් පිළිමය වඩාහිඳුවා,

193. තමාත් සිල් සමාදන් වී, මහජනයා ද සීලයෙහි පිහිටුවා, මහදන්සැල් පවත්වා, සියලු ප්‍රාණීන්ට අභය දානය දී,

194. අනුරපුර මහ නගරය දෙව්ලොවක් ලෙසින් මනහර ලෙස සරසවා, ලක්වැසි සියලු භික්ෂූන් වහන්සේලා පිරිවරාගෙන,

195. මහ වීදියට පැමිණියාහුය. එකල්හි එහි වැඩමවා සිටි සංඝයා වහන්සේ උතුම් රතන සූත්‍ර දේශනාව සජ්ඣායනා කරමින් භාග්‍යවතුන් වහන්සේගේ පාත්‍රා ධාතුන් වහන්සේට පුරවා ගන්නා ලද පැන් ඉසිමින්,

196. රාජ මාලිගා සමීපයේ සිට වීදි මාර්ගයෙහි ප්‍රාකාර සමීපය දක්වා තුන්යම් රාත්‍රිය මුළුල්ලෙහි පැදකුණු කරමින් ගියාහුය.

197. අඳුර බිඳ හිරු නැගී එන කල්හි මිහිතලයට මහාවැසි ඇදහැලෙන්ට විය. රෝදුකින් පීඩිත සියල්ලෝ එයින් ම සුවපත් වූවාහුය. එවිට ඔවුහු ප්‍රීති සැණකෙළි පැවැත්වූහ.

198. ඉක්බිති රජතුමා අනාගතයේත් මෙවන් දුර්භික්ෂ රෝගාදී භයක් මේ ලංකාද්වීපයෙහි හටගන්නා

කල්හි මේ අයුරින් කටයුතු කරත්වා! යි රාජ නියෝගයක් පැනවීය.

199. දිනක් මේ උපතිස්ස රජතුමා රුවන්වැලි මහාසෑයේ පේසාවළලු මතට නැගී එහි සිටි කුඩා කුහුඹු ආදී සතුන් දැක මොණර පිලක් ගෙන ඔවුන්ව සෙමෙන් පිස දමා කැලෑ පෙදෙසකට යන්ට සැලැස්වීය.

200. ඉක්බිති දිය පුරවාගත් හක්ගෙඩිය ගෙන සෑය වටා ඇවිදිමින් සතුන් නැගීමෙන් අපවිත්‍ර වූ තැන් පිරිසිදු කළේය. එමෙන්ම රජ මාලිගයට නිරිතදිග කොණට වෙන්ට,

201. භික්ෂු සංඝයාගේ උපෝසථ කර්මාදිය උදෙසා පොහොය ගෙයක් ද, බුද්ධ ප්‍රතිමා මන්දිරයක් ද කරවීය. එයට ම යාබදව මනරම් උයනක් කරවා පවුරකින් වට කරන ලද්දේය.

202. මේ රජු තුදුස්වක, පසළොස්වක, පුර අටවක, අව අටවක යන පොහෝ දවස්හි අෂ්ටාංග උපෝසථ සිල් සමාදන් වූයේය.

203. මෙසේ උපෝසථ සිල් සමාදන් වී එහි වාසය කරමින් දහම් කථාවෙන් යුතුව, යහපත් චර්යාවෙන් කල් ගත කළේය. උපතිස්ස රජු තම දිවි තිබෙනා තුරු ම බොජුන් අනුභව කළේ සංඝයා උදෙසා දන් පිදෙන මහාපාලි දන්සැලෙනි.

204. උයනෙහි ඇවිද යන රජතුමා ලෙහෙනුන් උදෙසා ද තමාගේ බතින් සංග්‍රහ කොට ලෙහෙනුන්ගේ ආහාර දෙන භූමියක් ලෙස සිය උයන පත් කළේය. එය අද දක්වාත් එලෙසින් ම පවතී.

205. දිනක් වධයට නියම වූ සොරෙකු තමා වෙතට පැමිණවූ කල්හි රජු මහත් සංවේගයට පත් විය. ඉක්බිති සොරා ලෝහ සැළියක සඟවා,

206. රාත්‍රී වූ කල්හි ඔහුට අවවාද කොට ධනය ද දී රහසේ පලායන්ට සැලැස්වීය. සොරා වෙනුවට සොහොනින් මළ මිනියක් ගෙන්වා පසුවදා උදෑසන සොරා මරවා දවන ආකාරයක් පෙන්වමින් ඒ මළ මිනිය දවන්ට සැලැස්වීය.

207. එමෙන්ම ලංකාද්වීපයෙහි තිබෙන්නා වූ සියලු චෛත්‍යයන් හට මේ රජු පූජාවන් පැවැත්වීය. ථූපාරාම සෑයට රන්කොතක් කරවීය. රන් කඤ්චුකයක් ද පැළඳවීය.

208. මෙසේ උපතිස්ස රජු සතළිස් දෙවසරක් මොහොතකුදු අපතේ නොයවා බොහෝ පින්කම් කොට සක්දෙව්රජු හා එක්ව වසනු පිණිස දෙව්ලොව ගියේය.

209. උපතිස්ස රජුගේ බාල සොහොයුරෙකු වන මහානාම කුමරු අන්තඃපුර දේවියක සමග රහස් සබඳකමක් පැවැත්වීය. ඒ දේවිය විසින් කිසිදු සාධාරණ හේතුවක් නැතිව දැහැමි උපතිස්ස රජු ඝාතනය කරන ලද්දේය.

210. මහානාම කුමරු උපතිස්ස රජු ජීවත්ව සිටින කාලයෙහි අභයගිරියෙහි පැවිදිව සිටි කෙනෙකි. සිය සොයුරු රජු මරා දැමූ කල්හි සිවුරු හැර ගිහි බවට පත්ව බු.ව. 953-975 (ක්‍රි.ව. 409-431) ලක්දිව රජ බවට පත්වූයේය.

211. හේ සිය සොයුරු උපතිස්ස රජු මැරවූ දේවිය ම අගබිසව කරගත්තේය. මේ මහානාම රජු ආරෝග්‍යශාලා කරවීය. සංඝයාට දන් පුදන මහාපාලි බත්හල ද වැඩිදියුණුවට පත්කරවීය.

212. ලෝහද්වාර, රළගාම, කෝටිපස්සවිහය යන තුන් විහාරයන් ද කරවා අභයගිරිවාසී භික්ෂූන් හට පූජා කළේය.

213. මහානාම රජුගේ අගබිසව ද දිඹුලාගල පර්වතයෙහි විහාරයක් කරවා මහාවිහාරීය භික්ෂූන් වහන්සේලා උදෙසා පූජා කරගත්තාය.

214. මහානාම රජු ජරාවාස බවට පත්ව ගිය බොහෝ විහාරයන් ප්‍රතිසංස්කරණය කරවීය. නිතර දන් දීමටත්, සිල් රැකීමටත් ඇලී සිටියේය. වෙහෙර විහාරයන් ද පිදීය.

215. මේ රජුගේ කාලයෙහි තව දෙයක් සිදුවිය. එනම්, දඹදිව මහ බෝමැඬ සමීපයෙහි එක්තරා බ්‍රාහ්මණයෙක් උපන. හේ විද්‍යා ශිල්ප කලා ආදියෙහි ද ත්‍රිවේදයෙහි ද පරතෙරට පත්වූවෙකි.

216. එකල දඹදිව හටගෙන තිබූ අන්‍ය මතවාදයන් පිළිබඳව ද මනා දැනුමක් ඇතිව සිටි හේ සියලු වාද විවාදයන්ට විශාරදව සිටියේය. අන්‍යමත දරන්නන් හා වාද විවාද කරනු කැමතිව දඹදිව පුරා ඇවිද යන අතරවාරයේදී,

217. රැය නවාතැන් පිණිස දකුණු දඹදිව ආන්ද්‍රා ප්‍රදේශයෙහි එක්තරා විහාරයකට පැමිණියේය. එහිදී

හේ පාතාඤ්ජලී යෝග ශාස්ත්‍රය නමැති තීර්ථක ධර්මය සම්පූර්ණයෙන් ම සංස්කෘත ශ්ලෝකයෙන් කියමින් සිටියේය.

218. එකල්හි ඒ වෙහෙරෙහි වැඩසිටි රේවත නමැති මහ ස්ථවිරයන් වහන්සේ 'මොහු මහ නුවණැතියෙක් බව පෙනේ. මොහුව දමනය කරගත යුත්තේය' යි සිතා,

219. 'කොටලු හඬකින් කෑගසමින් සිටින මේ තැනැත්තා කවරෙක් ද?' කියා ඇසූහ. එවිට බ්‍රාහ්මණයා 'කිම? කොටලු හඬෙහි අරුත දන්නෙහි දැ'යි අසා සිටියේය.

220. 'එසේය. මම එය දනිමි' යි රේවත තෙරුන් පැවසූ කල්හි ඔහු තමන්ගේ පාතාඤ්ජලී තීර්ථක දෘෂ්ටිය ගෙන හැර දැක්වීය. පාතාඤ්ජලියෙන් උපුටා කී සියලු දෘෂ්ටීන් පහදා දුන් තෙරණුවෝ එහි සිය මතයට නොගැලපෙන විරුද්ධ තැන් ද ඇති බව පෙන්වා දුන්හ.

221. එකල්හි ලැජ්ජාවට පත් හේ 'එසේ නම් තොපගේ මතය ද අපගේ වාදය පිණිස ඉදිරිපත් කරව'යි චෝදනා කළවිට තෙරණුවෝ අභිධර්ම පාඨයක් කීහ. ඔහුට එය කිසිසේත් තේරුම් ගන්ට බැරි විය.

222. 'හෝ.... මෙය කවරෙකුගේ මන්ත්‍රයක් ද?' 'මෙය වනාහී අප බුදුරජුන්ගේ මන්ත්‍රයකි.' 'එසේ නම් මට ද ඔය මන්ත්‍රය දෙව.' 'මන්ත්‍රය දිය හැකි වන්නේ තොප පැවිදි වුවහොත් පමණි. හැකි නම් පැවිදිව මන්ත්‍රය ගනුව.'

223. මෙසේ පැවිදි වූ හෙතෙමේ මුළු ත්‍රිපිටකය ම උගත්තේය. ඉන් පසු 'මේ වනාහී නිවන පිණිස පවතින ඒකායන මාර්ගය' බවට පැහැදී බුද්ධ වචනය පිළිගත්තේය.

224. මොහු දහම් දෙසන විට බුදුරජුන්ගේ සෙයින් අති ගම්භීර ස්වරයක් නිකුත් විය. එනිසා ම බුදුරජුන්ට සෙයින් පැතිර ගිය කිතුඝෝෂාවක් ඇතිව දඹදිව් තලයෙහි 'බුද්ධඝෝෂ' නමින් ප්‍රසිද්ධියට පත්වූයේය.

225. මේ බුද්ධඝෝෂ තෙරණුවෝ ඤාණෝදය නමින් ප්‍රකරණ ග්‍රන්ථයක් සකසා අභිධර්මයෙහි ධම්මසංගිණීප්‍රකරණයට අත්ථසාලිනී නම් අටුවාවක් ද කළහ.

226. නුවණැති තෙරණුවෝ ඉන් පසු පිරිත් අටුවාව කරන්ට පටන් ගත්හ. එය දුටු සිය ගුරු දෙවි රේවත මහතෙරණුවෝ මෙවදන් පැවසූහ.

227. 'අප ළඟ මෙහි තිබෙන්නේ පරම්පරාවෙන් රැකගෙන ආ පාළි ත්‍රිපිටකය පමණි. ඒ ත්‍රිපිටකයට දුන් අර්ථයන් පිළිබඳ විස්තර කථාව හෙවත් අටුවාව මෙහි නැත්තේය. එමෙන්ම විවිධ නිකායන්ට අයත් ආචාර්ය පරම්පරාවන්ගේ මතවාදයන් ද මෙහි නැත්තේය.

228. එනමුදු ලංකාද්වීපයෙහි මහා ප්‍රඥාවෙන් යුතු මිහිඳු මාහිමියන් විසින් කරන ලද පිරිසිදු අටුවාවන් ඇත්තේය. ඒ වනාහී සම්මා සම්බුදුරජුන් විසින් වදාරන ලද, ත්‍රිවිධ සංගායනාවන් තුළින් ස්ථිර බවට පත්කරන ලද,

229. දම්සෙනෙවි සැරියුත් මහරහතුන් ප්‍රමුඛ රහතුන් විසින් වදාරන ලද කථා මාර්ගය ද මනාකොට බලා, සිංහල භාෂාවෙන් කරන ලද අටුවාව එහි ඇත්තේය.

230. එහෙයින් තොප ලංකාද්වීපයට ගොස් එහි සිංහල මහතෙරුන් වෙතින් හෙළ අටුවා හොඳින් අසා දැන මාගධී පාළියට නගාලව. එසේ නගා ගන්නා ලද පාළි අටුවාව සකල ලෝකයා හට ඒකාන්ත හිත සුව සලසනු ඇත.

231. සිය ගුරු දෙව් රේවත තෙරුන් මෙසේ කී කල්හි පහන් සිතැති, නුවණැති, බුදුගොස් තෙරහු තමන් සිටි වෙහෙරින් නික්මී මෙම මහානාම රජු දවස ලක්දිවට පැමිණියාහුය.

232. ඉක්බිති සියලු සත්පුරුෂ ජනයාට වාසස්ථාන වූ අනුරපුර මහා විහාරයට පැමිණ මහා පධානඝරයට (භාවනා උපදෙස් සහ දහම් ගැටලු විසඳන ශාලාවට) ගොස් එකල සංඝයාගේ ප්‍රධානව වැඩහුන් සංඝපාල මහතෙරුන් සමීපයෙහි හිඳ,

233. සියලු අයුරින් ථේරවාද බුද්ධ ධර්මයත්, පිරිසිදු සිංහල අටුවා කථාත් අසා මේ ස්ථවිරවාදී ධර්මය වනාහී අප භාග්‍යවතුන් වහන්සේගේ අභිප්‍රාය යැයි ස්ථිරව අදහාගෙන,

234. මහා පධානඝරයට සියලු සංඝයා වහන්සේ රැස්කරවා 'පාළි ත්‍රිපිටකයෙහි අරුත් විස්තර වන මේ සිංහල අටුවාවන් ලොවෙහි සිංහල නොදත් ජනයාට කියවීම පිණිස පාළියට නැගීමට මා හට

සියලු අටුවා පොත් දෙනු මැනව'යි ඉල්ලා සිටියහ. එවිට සංඝයා වහන්සේ මෙවන් කටයුත්තකට මේ බුදුගොස් තෙරනම ව්‍යක්ත ප්‍රතිබල දැයි විමසනු පිණිස,

235. 'මේ සිංහල අටුවාවන් පාළියට හැරවීමට තොප සතු සමර්ථතාව මේ තුළින් දක්වාලව'යි සංයුත්ත නිකායෙහි දේවතා සංයුත්තයට අයත් ජටා සූත්‍රයෙන් උපුටා ගත් ගාථා දෙකක් දුන්නාහුය.

236. එවිට බුදුගොස් තෙරණුවෝ හෙළ අටුවා සමගින් තුන් පිටකය ම ඇසුරු කොට 'විසුද්ධි මාර්ගය' නමින් ප්‍රකරණ ග්‍රන්ථයක් සංග්‍රහ කළහ.

237. ඉක්බිති ජය ශ්‍රී මහා බෝරජුන් සමීපයට සම්බුදුරජුන්ගේ අභිප්‍රායයෙහි දක්ෂ වූ සියලු සංඝයා වහන්සේ රැස්කරවූ බුදුගොස් තෙරණුවෝ තමන් විසින් ලියන ලද විසුද්ධි මාර්ගය කියවන්ට පටන් ගත්හ.

238. බුදුගොස් තෙරුන්ගේ සමර්ථතාව මහජනයාට දක්වනු කැමති දේවතාවෝ විසුද්ධි මාර්ග පුස්කොළ පොත අතුරුදහන් කළාහුය. බුදුගොස් තෙරුන්ට විසුද්ධි මාර්ග පුස්කොළ පොත මේ හේතුවෙන් දෙතුන් වරක් ම ලියන්ට සිදුවිය.

239. තුන්වෙනි වර විසුද්ධි මාර්ගය ලියා ජය ශ්‍රී මහා බෝරජු සෙවනේ කියවන්ට ගෙනා කල්හි අතුරුදහන්ව තිබූ අනිත් පොත් දෙකත් දේවතාවෝ එහි ගොස් තැබූහ.

240. එකල්හි එහි වැඩහුන් සංඝයා වහන්සේ පොත්

තුන එකට තබා කියවන්ට පටන් ගත්තාහු ග්‍රන්ථ වශයෙන් ද, අර්ථ වශයෙන් ද, පූර්වාපර ගැලපීම් වශයෙන් ද,

241. ස්ථවිරවාද වශයෙන් ද, පාළි ත්‍රිපිටක වශයෙන් ද, පද වශයෙන් ද, ව්‍යඤ්ජන වශයෙන් ද පොත් තුනෙහි ම කිසිදු වෙනසක් දකින්ට නොලැබුණේය.

242. එයින් ඉතා තුටු පහටු වූ මහා සංඝයා වහන්සේ 'මේ බුදුගොස් තෙරණුවෝ නිසැකව ම මෛත්‍රේය බෝධිසත්වයෝ ය' යි යළි යළිත් පවසමින් ඝෝෂා කළාහුය.

243. බුදුගොස් තෙරුන්ට පාළි ත්‍රිපිටකයත් එහි සිංහල අටුවාවත් ලැබුණේය. ඒ සියලු අටුවා පාළියට නැගීම පිණිස ය. තෙරණුවෝ මහාවිහාරයට අයත් දූරසංකර ග්‍රන්ථාකර පිරිවෙණෙහි වැඩවෙසෙමින්,

244. සියලු භාෂාවන්ගේ මූල භාෂාව වන පාළි මාගධී නිරුක්තියට සියලු හෙළ අටුවා ග්‍රන්ථයන් පරිවර්තනය කළහ.

245. ඒ පාළි අටුවා ග්‍රන්ථයෝ සියලු භාෂාවන් කතා කරන සත්වයන්ගේ හිත සුව පිණිස පවතින්නාහුය. ස්ථවිරවාදී සියලු ආචාර්යවරු පාළි අටුවා ග්‍රන්ථ බුද්ධ වචනය සෙයින් ම ගරු බුහුමනින් පිළිගත්තාහුය.

246. තමන් විසින් කළයුතුව තිබූ සියලු කාර්යයන් සම්පූර්ණත්වයට පත්කළ බුදුගොස් තෙරණුවෝ දඹදිව බුද්ධගයාවෙහි ජය ශ්‍රී මහා බෝ රජුන් වන්දනා කරනු පිණිස පිටත්ව වැඩියාහුය.

247. මහානාම රජතුමා ලංකා රාජ්‍යය විසිදෙවසරක් පාලනය කළේය. නොයෙක් විචිත්‍ර වූ පින්කම් කළ මේ රජු ද කර්මානුරූපව මිය පරලොව ගියේය.

248. මනාකොට රැස්කරගත් හමුදා බලයෙන් යුතුව ප්‍රණීත භෝග සුඛයෙන් පිනාගිය ඉඳුරන් ඇතිව වාසය කළ මේ සියලු රජවරු අවසානයේ මරණය ඉක්මවා ගත නොහැකි වූවාහුය. මෙසේ සියලු භවයෝ මරු වසඟයට යන්නාහුය යන සනාතන දහම අවබෝධ කරගන්නා තැනැත්තා තමන් රැස් කළ සියලු ධනයටත් ජීවිතයටත් ඇති ඇල්ම මනාකොට දුරුකෙරේවා!

මෙසේ හුදී ජන පහන් සංවේගය පිණිස කරන ලද මහාවංශයෙහි රජවරු පස්දෙනා නමැති තිස් සත්වන සම්පූර්ණ පරිච්ඡේදය නිමාවට පත්විය.

38

තිස් අටවන පරිච්ඡේදය

රජවරු දසදෙනා

01. මහානාම රජුට දාව දෙමළ දේවියකගේ කුසින් පුත් කුමරෙක් උපන. හේ නමින් 'සොත්ථිසේන' ය. එමෙන්ම ඒ මෙහෙසියගේ ම කුසින් ලද දියණිය 'සංඝා' නම් වූවාය.

02. මහානාම රජුගේ අභාවයෙන් පසු බු.ව. 975-975 (ක්‍රි.ව. 431-431) දී සොත්ථිසේන නම් කුමරු රජ බවට පත්විය. එකල්හි සංඝා කුමරිය විසින් සිය සොයුරු සොත්ථිසේන රජුව ඝාතනය කරවන ලද්දේ එදවසෙහි ම,

03. අණබෙර පතුරුවා තමන්ගේ ස්වාමිපුරුෂයා වන ඡත්තග්ගාහකට ලංකා රාජ්‍යය ලබාදුන්නාය. ඒ ඡත්තග්ගාහක රජු බු.ව. 975-976 (ක්‍රි.ව. 431-432) තමන් රාජ්‍යය කළ වසරක කාලයේදී වැවක් ද කරවා මරණයට පත්වූයේය.

04. එකල්හි ඡත්තග්ගාහක රජුගේ මිත්‍රයෙකු වූ නුවණැති ඇමතිවරයෙක් මියගිය රජු රජවාසල තුළ ම ආදාහනය කරවා 'කරල් සොරා' නමැති මහා බලයෙන් යුත් මිත්තසේන නමැත්තෙකු,

05. රාජ්‍ය ලාභයට සුදුසු යැයි සිතා රහසේ ම ඔහුව රාජ්‍යත්වයට බු.ව. 976-977 (ක්‍රි.ව. 432-433) දී පත් කළේය. ඒ මිත්තසේනයන් රජවාසල තුළ ම රඳවා 'රජ තෙමේ රෝගාතුර වූයේය' කියා,

06. ඇමතියා තනිවම රාජ්‍යය පාලනය කළේය. එක්තරා උත්සව දිනක් පැමිණියෙන් මහාජනයා රැස්ව 'ඉදින් අපගේ රජ්ජුරුවන් වහන්සේ සිටින සේක් නම් සැණකෙළි පිණිස අප සමග පැමිණෙත්වා' යි ඝෝෂා කරන්ට වූහ.

07. එය ඇසූ මිත්තසේන රජු සර්වාලංකාරයෙන් සැරසී මගුල් ඇතු පිටින් දළදා වඩින්ට ගොස් නැවත රජවාසලට එනු පිණිස දළදා මැදුරේ දොරටුව ළඟ සිට 'ඇතා ගෙන එව' යි කීවේය. ඇමතිවරු මගුලැතු ගෙනෙන්ට පමා විය.

08. එකල්හි මිත්සෙන් රජු දළදා මැදුර ඉදිරිපිට තනවා සුණු පිරියම් කරන ලද ඇත්රුව දැක එය අමතා 'මේ ඇතා මා හට යෝග්‍ය නොවේදැ'යි ඇසුවේය. 'මේ රජුගේ අණ'යි පැවසූ විට ඒ ඇත්රුව රජු වෙත පැමිණියේය. රජු ඇත්රුව මත නැගී අනුරාධපුර නගරය,

09. පැදකුණු කොට රජවාසලට ගොස් නැගෙනහිර දොරටුවෙන් පිටත පිහිටි පධමක

චෛත්‍යස්ථානයෙහි ඇත්රුව පිහිටුවන්ට කටයුතු කළේය.

10. ඒ මිත්සෙන් රජු රුවන්වැලි මහාසෑය, අභයගිරි සෑය, ජේතවන සෑය යන තුන් මහාසෑ වටා ඇත්පවුරු තොරණ් ආදිය කරවීය. බොහෝ පින් කරගත් ඒ රජු රාජ්‍ය ලාභයෙන් වසරකට පසු මරණයට පත්වූයේය.

11. දකුණු ඉන්දියාවේ සිට පැමිණි පණ්ඩු නමැති දෙමළෙක් ලංකාද්වීපය ආක්‍රමණය කොට යුද්ධ භූමියේදී මිත්තසේන රජු ඝාතනය කොට ලංකා රාජ්‍යය පැහැරගෙන බු.ව. 977-982 (ක්‍රි.ව. 433-438) දී ලංකාවේ රජ බවට පත්වූයේය.

12. එකල්හි සියලු වංශවත් සිංහල ජනයා නැගෙනහිර රුහුණු රාජ්‍යය බලා පලා ගියෝය. ආක්‍රමණික දෙමළ නායකයෝ මහවැලි ගඟෙන් මෙතෙර අධිපතිකම් කරන්ට පටන් ගත්හ.

13. එක් කලෙක අනුරපුර රාජවාසළ භාරව සිටි සුභ නමැත්තාට භයෙන් මයුර ශාක්‍ය වංශයට අයත් යම් ජනකායක් අනුරපුරයෙන් පැනගියාහු ද, ඔවුහු ඒ ඒ තැන වාසය කළාහුය.

14. ඔවුන් අතර සිටි ධාතුසේන නමැති කුටුම්බිකයෙක් (පවුල් ජීවිතය ගෙවන්නෙක්) නන්දිවාපි ගමෙහි වාසය කළේය. ඔහුගේ 'දාඨ' නම් පුත්‍රයා,

15. 'ඇඹුල් කැඳ' නම් ගමෙහි වාසය කරන්නේ සිය මයුර වංශික බිරිඳ නිසාවෙන් වංශයෙන් සමාන වූ 'ධාතුසේන' සහ 'සිලාතිස්සබෝධි' නම් පුතුන් දෙදෙනෙකු ලැබුවේය.

16. ඒ පුතුන්ගේ මවගේ සැදැහැති සොයුරෙක් බුදු සසුනෙහි පැවිදිව මේ අනුරාධපුරයෙහි දික්සඳ සෙනෙවියා පිරිවෙණෙහි වාසය කළේය. එකල්හි ඒ ධාතුසේන පුත්කුමරු,

17. සිය මාමා වන තෙරුන් වහන්සේ සමීපයට ගොස් පැවිදි බවට පත්වූයේය. දිනක් ධාතුසේන සාමණේර තෙමේ රුක් සෙවණක වාඩි වී ධර්මය සජ්ඣායනා කරන කල්හි මහාවැස්සක් ඇදහැලුනේය. එවිට එක්තරා නාගරාජයෙක් වැස්සට තෙමෙන සාමණේරයන් දැක,

18. වහා පැමිණ දරණවැලෙන් වටකොට පෙණය විදහාගෙන පොඩිනමත් පොතත් දෙක ම රැක්කේය. එවිට සිය මාමා වූ තෙරණුවෝ එය බලා සිටියහ.

19. දිනක් ධාතුසේනයන් කෙරෙහි උරණ වූ එක්තරා පැවිද්දෙක් ධාතුසේනයන්ගේ හිස මත කැලිකසළ හෙළීය. එවිට සාමණේර තෙමේ ඒ පැවිද්දා කෙරෙහි කිසි කෝපයක් නොඉපදවීය. තෙරණුවෝ එය ද බලා සිටියහ.

20. 'මොහු නම් ඒකාන්තයෙන් උතුම් සත්වයෙකි. ස්ථිරව ම ලංකා රාජ්‍යයෙහි පාලකයා වන්නේය. එනිසා මොහු රැකගන්ට ඕනෑ' යි සිතා ධාතුසේන සාමණේරයන් රැගෙන විහාරයට ගෙන ගියාහුය.

21. 'මොහු රාජ නීතිය මැනවින් දන්නා අයෙකු බවට පත්කළ යුතු යැ'යි සිතූ තෙරණුවෝ ගෝනිසාදි වෙහෙරට ගෙන ගොස් ධාතුසේනයන්ව හික්මවන

ලද්දාහුය. එකල ලක් රජය පාලනය කරන පණ්ඩු නමැති දෙමළ රජුට මෙය දැනගන්ට ලැබුණි.

22. ධාතුසේනයන් අත්අඩංගුවට ගැනීම පිණිස රාජ සේවකයෝ එවන ලද්දාහ. එම රාත්‍රියෙහි එක්තරා සිහිනයක් දුටු තෙරණුවෝ සාමණේරයන් ගෙන වහා විහාරයෙන් බැහැරට පැනගත්තාහුය.

23. තෙරුන් වහන්සේ ධාතුසේනයන් සමග නික්ම ගිය සැණින් රාජසේවකයෝ විහාරය වටකළාහුය. නමුත් ධාතුසේනයන්ව එහි දැකගන්ට නොලැබුණේය. ඒ දෙදෙනා වෙහෙරින් නික්ම ගොස්,

24. දකුණු දිසාවෙහි පිහිටි ගෝණ නමැති නදිය අසලට පැමිණියාහුය. එකල ඒ මහා නදිය දිය පිරී වේගයෙන් ගලාබස්නා හෙයින් එයින් එතෙර වෙන්ට ඕනෑකම තිබුණ නමුත් මෙතෙර නවතින්ට සිදුවිය.

25. 'පුතණ්ඩ, බලව. මේ නදිය අපට ඉක්මනින් එතෙර වෙන්ට නොදී වළක්වයි. තොපත් වැවක් බැඳ මේ නදියේ ගමන වළකාලව' යි තෙරණුවෝ පවසා සිටියහ. ඉක්බිති තෙරණුවෝ,

26. ධාතුසේනයන් සමග නදියෙන් එතෙර වීමට දියට බැස්සෝය. ඒ දෙදෙනා දුටු නාගරාජයෙක් එතැනට පැමිණ තමන්ගේ පිට පෙන්වා සිටියේය. නාගයාගේ පිටෙහි නැගී නදියෙන්,

27. එතෙරව ධාතුසේනයන් රැගෙන පිටිසර ගමක පදිංචි වූවාහුය. දිනක් මහතෙරණුවෝ කිරිබතක් ලැබ එය වළඳා ඉතිරි කිරිබත සිය පාත්‍රයෙන් ම ධාතුසේනයන්ට දුන්නේය.

28. සිය ගුරුදෙවි කෙරෙහි ගෞරවයෙන් යුතු ධාතුසේනයෝ කිරිබත් පාත්‍රය ගෙන කිරිබත බිම දමා වළඳන්ට පටන් ගත්තේය. එකල්හි තෙරණුවෝ එය බලා 'මොහු මහ පොළොව වළඳිනවා නොවැ' යි දැනගත්හ.

29. ආක්‍රමණික පණ්ඩු දෙමළ රජු ලංකා රාජ්‍යය පාලනය කොට පස්වෙනි වසරෙහිදී මරණයට පත්වූයේය. ඔහුගේ පුත්‍ර පාරින්ද නමැති දෙමළා බු.ව. 982-985 (ක්‍රි.ව. 438-441) ලංකාවේ රජ බවට පත්ව තුන් වසරක් රාජ්‍යය කොට මරුමුවට ගියේය. ඔහුගේ අභාවයෙන් පසු සිය බාල සොහොයුරෙකු වන,

30. කුඩා පාරින්ද නමැති දෙමළා බු.ව. 985-1001 (ක්‍රි.ව. 441-457) දී ලංකා රාජ්‍යයේ අධිපති බවට පත්ව සොළොස් වසරක් රාජ්‍ය කළේය. මේ ආක්‍රමණික කුඩා පාරින්ද දෙමළ රජු ලංකා රාජ්‍යය පැහැරගෙන රජ කරන සමයෙහි ධාතුසේනයන්ට පක්ෂව සිටි සියලු සිංහල ජනයා දැඩි පීඩනයකට ලක් කළේය.

31. ධාතුසේන කුමරු සිංහල ජනයා සංවිධානය කොට ආක්‍රමණික කුඩා පාරින්ද රජු හා යුද්ධ කළේය. මෙසේ දහසය වසක් ලක්රජය පාලනය කළ ආක්‍රමණික කුඩා පාරින්ද දෙමළ රජු පින් පව් දෙක ම කොට මිය ගියේය.

32. කුඩා පාරින්දගෙන් පසු යළිත් දෙමළ ආක්‍රමණිකයෙකු වූ තිරීතර නමැත්තා බු.ව. 1001-1001 (ක්‍රි.ව. 457-457) දී ලංකාවෙහි රජු බවට පත්වීය. ඔහු රජ වී දෙමාසයක් ගත වූ තැන ධාතුසේන කුමරු ඔහු හා මහ යුද්ධයක් කොට තිරීතරයා පරලොව යැවීය.

33. තිරීතරයා මළ කල්හි දාඨිය නමැති තවත් දෙමළ ආක්‍රමණිකයෙක් බු.ව. 1001-1004 (ක්‍රි.ව. 457-460) ලංකාවෙහි රජ බවට පත්විය. ධාතුසේන කුමරු ඔහු සමගත් යුද්ධ කොට ඔහුගේ තුන් වසරක රාජ්‍ය කාලය හමාර කරමින් ඔහු නසන ලද්දේය.

34. දාඨියගේ මරණයෙන් පසු පීඨිය නමැති තවත් දෙමළ ආක්‍රමණිකයෙක් බු.ව. 1004-1004 (ක්‍රි.ව. 460-460) ලංකාවේ රජ බවට පත්විය. ඒ පීඨිය රජු සත් මාසයකින් පරලොව යැවීය. ලංකා රාජ්‍යය බලෙන් පැහැරගත් දකුණු ඉන්දීය දෙමළ වංශය ධාතුසේන කුමරු හා යුද්ධ කිරීමෙන් නැත්තට නැති වී ගියේය.

35. ඉක්බිති ධාතුසේන නමැති ශ්‍රේෂ්ඨ පුරුෂයා බු.ව. 1004-1022 (ක්‍රි.ව. 460-478) දී ලංකාවෙහි රාජ්‍ය පාලකයා බවට පත්විය. ධාතුසේන රජු තමන්ගේ සොයුරා වන සිලාතිස්සබෝධි කුමරු හා එක්ව ලංකාද්වීපය වැනසූ දකුණු ඉන්දීය දෙමළ ආක්‍රමණිකයන්ව නැසීම පිණිස,

36. නොයෙක් උපාය මාර්ගයන් ඔස්සේ විසි එක් තැනකදී යුද කඳවුරු බැඳ ඒ දකුණු ඉන්දීය ආක්‍රමණික දෙමළුන් හා යුද්ධ කොට ඔවුන් කිසිවෙකුත් ඉතිරි නොකොට,

37. ලංකා භූමිය බලලෝභී ආක්‍රමණිකයන්ගෙන් පිරිසිදු කොට, මහාජනයාත් සැපයට පත්කොට, ආක්‍රමණික දෙමළුන් විසින් වනසන ලද බුදු සසුන ද යථා තත්වයට පත් කළේය.

38. ධාතුසේන රජ තෙමේ ආක්‍රමණික දෙමළුන්ට පක්ෂව කටයුතු කරමින් වංශවත් ගම් තුළ වාසය කළ වංශවත් සිංහලයෝ සිටියාහු ද, 'මොවුහු මාව හෝ සම්බුද්ධ ශාසනය හෝ නොරැක්කාහුය' යි ඔවුන් කෙරෙහි කිපී,

39. ඔවුන්ගේ ගම් රාජසන්තක කොට ගම් රකින්නවුන් බවට පත් කළේය. දෙමළ ආක්‍රමණ හේතුවෙන් නැගෙනහිර රුහුණට පලාගිය සියලු වංශවත් සිංහලයෝ යළි අනුරාධපුරයට පැමිණ ධාතුසේන රජුට උපස්ථාන කළාහුය.

40. ධාතුසේන රජු ඔවුන්ට යෝග්‍ය ආකාරයෙන් සත්කාර සම්මාන පුද කළේය. තමා සිටි දුක්ඛිත අවස්ථාවෙහි තමා අත්නොහැර සහායව සිටි ඇමතිවරුන්ව ද සතුටට පත් කළේය.

41. ගෝණ මහ නදිය හරස් කොට කුඹුරු දිය ස්ථිර කළේය. මහාපාලි බත්හලෙහි භික්ෂු සංඝයා උදෙසා ඇල්හාලේ බත් දෙවීය.

42. නුවණැති ධාතුසේන රජු විකලාංග වූවන්ට ද රෝගීන්ට ද උපස්ථානශාලා කරවීය. ගෝණ නදියේ ජලය සිත් සේ ගලා යා නොහැකි පරිද්දෙන් බැමි අහුරා කලා වැව බැන්දේය.

43. මහා විහාරයට ගමන් කරන මං මාවත් නිරාකුල අයුරින් සකස් කරවා ඉතා දැකුම්කළු ලෙස බෝධිඝරයක් ද කරවීය.

44. සිව්පස දානයෙන් භික්ෂූන් වහන්සේලා සතුටු කරවා දඹදිව ධර්මාශෝක මහරජු කළ සෙයින්

තුන් පිටකයෙන් ද භික්ෂු සංඝයාට සංග්‍රහ කළේය.

45. ස්ථවිරවාදී මහා සංඝයා උදෙසා කැපසරුප් අයුරින් භෝග සම්පත් පිළියෙල කොට දහඅටක් වූ විහාරයන් කරවීය. එමෙන්ම ලක්දිව පුරා දහඅටක් වැව් ද කරවීය.

46. කලා වැව විහාරය, කෝටිපස්සව විහාරය, දක්ඛිණගිරි විහාරය, වර්ධමාන විහාරය,

47. පණ්ණවල්ලක විහාරය, භල්ලාතසක විහාරය, පාසාණසින්න දේශයෙහි ධාතුසේන පර්වත විහාරය ද,

48. මංගණ විහාරය, ථූපවිට්ඨියට උතුරින් ධාතුසේන විහාරය, නැගෙනහිර අම්බවිට්ඨි විහාරය මෙන්ම අන්තරමේසිරි විහාරය ද,

49. අත්තාල විහාරය ද, තිස්සපිටිකයට පූර්වයෙහි ධාතුසේන විහාරය ද, නැගෙනහිර රුහුණෙහි දායගම විහාරය, සාලවාහ විහාරය, විභීෂණ විහාරය ද,

50. හල්ලිවාන විහාරය ද වශයෙන් ධාතුසේන නරශ්‍රේෂ්ඨ තෙමේ දහඅටක් විහාරයන් කරවීය. එමෙන්ම පාදුලක, හම්බලට්ඨි, මහාදන්තාදී වැව් ද දහඅටක් කරවීය.

51. එමෙන්ම ධාතුසේන නරශ්‍රේෂ්ඨ තෙමේ දහඅටක් කුඩා විහාරයන් ද, දහඅටක් කුඩා වැව් ද කරවා එම විහාරයන්ට ම පවරා දුන්නේය.

52. විසිපස් රියනක් උස්ව තිබූ මයුර පිරිවෙණෙහි අත්තිවාරම පමණට සුද්ධ කරවා එය එක්සිය විසි රියන් මහා ප්‍රාසාදයක් කොට කරවීය.

53. සිය සොයුරු සිලාතිස්සබෝධි හෙවත් කුමාරසේනයන්ට කලා වැවෙන් භාගයක් ද කුඹුරු යායවල් දෙසීයක් ද පවරා පූර්වභාගය වන ඤාතිසංග්‍රහය පිරිසිදු කළේය.

54. ජරාවාස වී ගිය ලෝවාමහාපාය අලුත්වැඩියා කරවීය. රුවන්වැලි මහාසෑය අභයගිරිය හා ජේතවනය යන තුන් මහාසෑයෙහි දිරාගිය ඡත්‍රයන් අලුතින් කරවීය.

55. දෙවනපෑතිස් රජු විසින් කරන ලද මහා බෝධි පූජාවන් සිහිගන්වමින් ජය ශ්‍රී මහා බෝධීන් වහන්සේට පැන් පහසු කරවන නහනමුර බෝධි මංගල්‍යයක් කරවීය.

56. ඒ නහනමුර මංගල්‍යය උදෙසා මහ බෝධිය ධෝවනය කරන පැන් දමනු පිණිස ලෝහයෙන් කරන ලද ඔරු නවයක් පූජා කළේය. අප මුනිඳුන්ගේ පිළිම වහන්සේට අලංකාර බුද්ධ අභිෂේකයක් කළේය.

57. ජය ශ්‍රී මහා බෝධීන් වහන්සේ ලංකාද්වීපයෙහි පිහිටුවාලීමෙන් පසු ලංකා රාජ්‍යය පාලනය කළ රජවරු සෑම දොළොස් වසරකට වරක් මහා බෝධි පූජෝත්සවයක් කළාහුය.

58. අප මිහිඳු මහරහතන් වහන්සේගේ ප්‍රතිමාවක් කරවා මිහිඳු මාහිමියන් පිරිනිවන් පෑමෙන් පසු ආදාහනය කරන ලද භූමියට වැඩමවා එහි ද උන්වහන්සේ වෙනුවෙන් මහා පූජෝත්සවයක් කරවනු පිණිස,

59. කහවණු දහසක් දී සිංහල ද්වීපයෙහි වංශ කතාව සියල්ලන්ට ශ්‍රවණය කරවන්ට අණ කළේය. එසේම එම පූජොත්සවයට වඩින සංඝයා වහන්සේ උදෙසා උක් සකුරු පුදන්ට ද අණ කළේය.

60. මේ ධාතුසේන රජු තමන් සාමණේරව සිටි කල තම හිසට කැළිකසළ හෙලූ භික්ෂූන් ගැන සිහිපත් වී තමා විසින් කරවූ පිරිවෙණෙහි ඒ භික්ෂූන් වාසය කළත් ඔවුන් හට සිව්පස ලාභය නොදුන්නේය.

61. අභයගිරි විහාරයේ පිළිසකර කටයුතු කරවමින් එහි බොහෝ දියුණුවට වැඩ කළේය. එමෙන්ම එහි වැඩහුන් ශෛලමය බුදු පිළිම වහන්සේට මණ්ඩපයක් සහිත මන්දිරයක් ද කරවීය.

62. බුද්ධදාස මහරජු විසින් ඒ පිළිම වහන්සේගේ නේත්‍රා යුගලට කරවන ලද අනගි නාග මාණික්‍ය යුගල ඒ වන විට නැසී ගොස් තිබූ හෙයින් යළි වෙනත් අනගි මාණික්‍ය දෙකකින් ශාස්තෘන් වහන්සේගේ පිළිමයට නේත්‍රා තැබ්බවීය. එසේම ඒ පිළිමයට රැස් වළල්ලක් ද කරවීය.

63. ඒ පිළිමයෙහි කෙස් කැරළි ද, සිරස්පත මුදුන් මැණික ද, ඝන නිල් මැණිකෙන් කරවීය. එමෙන්ම රන්වන් නළල්පට ද, ඌර්ණ රෝම ධාතුව ද, රන් සිවුර ද,

64. රනින් ම කරන ලද ශ්‍රීපාද ලාංඡනය ද, වාඩිවෙන පියුම ද රනින් ම කොට, එහි ආලෝක පූජා පිණිස මාහැඟි රන් පහනක් ද කරවීය. නානා පැහැගත් වස්ත්‍රයන් ද නොගිණිය හැකි තරම් පිදීය.

65. බහුමංගල චෛත්‍යයෙහි පිළිම ගෙවල් ද කරවීය. බෝසත් පිළිමයන් ද කරවීය. ශාස්තෘන් වහන්සේ උදෙසා කළුපැහැ ගලින් පිළිමයක් කරවීය.

66. ලෝකනාථයන් වහන්සේගේ උපසුම්භ නම් පිළිමයටත් රැස්වළල්ල හා සිරස්පත මුදුන මැණික කරවීය. එමෙන්ම අභිෂේක නම්,

67. බුදු පිළිමයටත් කලින් කියන ලද පළඳනා කරවීය. බෝධීන් වහන්සේගේ වම්පසින් බෝසත් මන්දිරයක් කරවීය.

68. එහි පිහිටුවන ලද මෙත් බෝසත් පිළිමයට සියලු රාජ පළඳනා කරවා පැළඳවීය. හාත්පස යොදුනක ප්‍රමාණයට එහි රැකවල් තැබ්බවීය.

69. එමෙන්ම විහාරයන් තුළ ධාතුරාජි නම් මං මාවත් ද, එසේම ලක්ෂයක් වියදම් කොට උතුම් මහා බෝධිඝරයක් ද කරවීය.

70. ථූපාරාමයට කරනු ලබන ස්ථූප පූජාව ලෙස ථූපාරාම සෑයෙහි දිරාගිය තැන් පිළිසකර කරවීය. දළදා මැදුරෙහි ද දිරාගිය තැන් පිළිසකර කරවීය.

71. දළදා වහන්සේ උදෙසා රන් කරඬුවක් ද මාහැඟි මැණිකෙන් ගහණ වූ රනින් ද ඝන කොට සැදූ රැස් වළල්ලක් ද රනින් කළ පියුමක් ද,

72. දළදා වහන්සේට පිදීය. දළදා වහන්සේ උදෙසා නොගිණිය හැකි තරම් පුද පූජාවන් කළේය. ලක්දිව පුරා වැඩවසන සියලු භික්ෂූන් උදෙසා සිවුරු පූජා කරවීය.

73. ඒ ඒ තැන පිහිටි විහාරයන්හි ජරාවාසව පැවති සියලු ගෘහයන් අලුත්වැඩියා කරවා ප්‍රාකාරයන් ද සංඝාවාසයන් ද මනහර අන්දමින් සුණු පිරියම් කරවීය.

74. රුවන්වැලි මහාසෑය හා අභයගිරි, ජේතවන යන මහා ස්තූපයන්හි ද මාහැඟි ලෙස සුණු පිරියම් කරවා එහි මුදුන රනින් කළ ඡත්‍රයන් ද පිහිටුවා, දියමන්තියෙන් කළ අකුණු සන්නාහකයන් ද තැබ්බවීය.

75. පවිටු මහසෙන් රජු විසින් මහාවිහාරය වැනසූ කාලයෙහි පටන් මිහින්තලයෙහි වාසය කළෝ ධම්මරුචි නිකායෙහි භික්ෂූන් වහන්සේලා ය.

76. ධාතුසේන රජතුමා මිහින්තලයෙහි අම්බස්ථල විහාරය කරවා එය මහාවිහාරවාසී ස්ථවිරවාදී භික්ෂූන් වහන්සේට පූජා කරන්ට කැමති වූ නමුත් එහි සිටි ධම්මරුචි නිකායික භික්ෂූන් එය තමන්ට ඉල්ලා සිටි හෙයින් ඔවුන්ට ම දුන්නේය.

77. ධාතූන් වහන්සේට උපස්ථාන පිණිස ගන්නා පැන් ඔරුව රන් ලෝහයෙන් කරවූයේය. දස අමුණකින් දන්වැටක් ද පැවැත්වීය.

78. අනුරාධපුරයෙහි ඇතුලත ද පිටත ද සියලු පිළිම ගෙවල් කරවා, පිළිම වහන්සේලා පිහිටුවා පූජා පැවැත්වීය. අන් රජවරුන් හා සමාන නොවූ මේ ධාතුසේන රජු දඹදිව සිටි ධර්මාශෝක අධිරාජයා හා සම විය.

79. ඒ ධාතුසේන රජු විසින් කරන ලද සියලු පින්කම් එකක් පාසා පිළිවෙළින් කියන්ට කවර නම් මිනිසෙක් සමත් වෙයි ද! මෙහි දක්වන ලද්දේ කටට ආ මාත්‍රයකි.

80. ධාතුසේන රජුට පුත් කුමාරවරු දෙදෙනෙක් සිටියහ. එයින් වැඩිමහල් කාශ්‍යප කුමාරයා වෙනත් බිසවකගේ කුසින් උපන්නෙකි. මහා බල ඇති මොග්ගල්ලාන කුමාරයා ප්‍රධාන බිසවගේ පුත්‍රයා ය.

81. එමෙන්ම සිය පණ මෙන් ආදරය කළ, දුටුවන් මන නුවන් බැඳගන්නා රූසිරි ඇති දූකුමරියක් ද රජුට සිටියාය. එකල්හි රජු තම සොයුරියකගේ පුත්‍රයා වන මිගාර කුමරුට ඇය සරණපාවා දී ඔහුට සෙන්පති තනතුර ද දුන්නේය.

82. දිනක් මිගාර සෙන්පති තෙමේ කිසි දොසක් නැති රජුගේ දියණියගේ කලවයට කසයෙන් පහර දුන්නේය. සිය දියණිය හැඳ සිටි ලෙහෙ වැකුණු වස්ත්‍ර දුටු රජතුමා,

83. මිගාර බෑණා විසින් සිය දියණියට පහර දුන් බව දැන ඔහුගේ මව් (රජුගේ සොයුරිය) නග්න කොට ගිනි තබා මැරවීය. ඒ හේතුවෙන් රජු කෙරෙහි වෛර බැඳගත් මිගාර සෙනෙවියා කාශ්‍යප කුමාරයා හා එක්ව,

84. සිය පියරජු කෙරෙහි කුමාරයාගේ සිත බිඳවීය. ඉන් පසු රාජ්‍යය ගැනීම පිණිස කාශ්‍යප කුමරුව කුමන්ත්‍රණයකින් පොළඹවා, මහජනයා ද පොළඹවා

ඔවුන් හා එක්ව ධාතුසේන රජු ජීවග්ග්‍රහයෙන් අල්ලා ගත්තේය.

85. මෙසේ කාශ්‍යප කුමාරයා සියලු පාපමිත්‍රයන්ගෙන් ලද සහයෝගයෙන් සිය පියාණන් වූ ධාතුසේන රජුට පක්ෂව සිටි ජනයාත් ඝාතනය කොට සේසත් නගා බු.ව. 1022-1040 (ක්‍රි.ව. 478-496) දී ලංකාවෙහි රජු බවට පත්විය.

86. එකල්හි මොග්ගල්ලාන කුමරු සිය සොයුරු කාශ්‍යප රජුට එරෙහිව යුද්ධ කරන්ට කැමති වූ නමුත් තමන්ට හමුදා සහායයක් නොලැබුණ හෙයින් හමුදාවක් පිළියෙල කරගනු පිණිස දකුණු ඉන්දියාවට පැන ගියේය.

87. මහා රාජ්‍යයක විනාශයෙන් හා පුත්‍රයන්ගේ වෙන්වීමෙන් ද බන්ධනාගාරයක සිරගත වීමෙන් ද දුක්ඛිතව සිටින ධාතුසේන රජු,

88. තවදුරටත් තදබල ලෙස දුකට පත්කරනු පිණිස අඥාන වූ මිගාර සෙනෙවියා කාශ්‍යප රජුට මෙසේ පැවසීය. 'මහරජුනි, ඔබවහන්සේගේ පියරජු විසින් රජපවුලට අයත් බොහෝ වස්තුව නිධන්ගත කොට සඟවාගෙන ඇත්තේය.'

89. 'නැත මිගාරයෙනි, එය නොවිය හැක්කකි' යි කාශ්‍යප රජු පිළිතුරු දුන්නේය. 'සැබැවින්ම ඔබවහන්සේ ධාතුසේනයන්ගේ සිත නොදනී. හේ නිධන් රකින්නේ ඔබවහන්සේට නොව මුගලන් කුමරු උදෙසා ය.'

90. එය අසා කෝපයට පත් කාශ්‍යප නමැති නින්දිත මිනිසා නිධන්ගත කොට ඇති වස්තුව අසන්ට සිය පියරජු සමීපයට දූතයන් පිටත් කරවීය.

91. 'අපව මරවන්ට අර පව්ටා විසින් අටවන ලද උගුලකි' යි දැනගත් ධාතුසේන රජු පිළිතුරු නොදී නිශ්ශබ්දව සිටියේය. දූතයෝ නිවට කාශ්‍යප රජු වෙත ගොස් ධාතුසේන නිහඬව සිටින බව සැළකළේය.

92. එයින් වඩාත් කිපුණු හේ ධාතුසේන රජු වෙත නැවත නැවතත් දූතයන් පිටත් කරවීය. එවිට ධාතුසේන රජු 'හොඳා. එහෙනම් මාගේ යහලු සෙනෙවියාත් දැක කලා වැවෙන් ජලස්නානය කොට,

93. මරණයට පත්වන්නෙමි' යි සනිටුහන් කොට, තමා වෙත පැමිණි දූතයන්ට 'එම්බා දූතයෙනි, ඉදින් මා කලාවැව සමීපයට ගෙන යව් නම් නිධානය ඇති තැන තොපට දැනගන්ට පුළුවනි' යි කීවේය. එවිට දූතයෝ ගොස්,

94. කාශ්‍යප රජුට එය සැළකළාහුය. ධනය කැමති කාශ්‍යප රජු ද වඩාත් තුටුපහටුව දිරාගිය ඇතෙකු යොදවන ලද රථයක් දී දූතයන් ධාතුසේන රජු වෙත යැව්වේය.

95. මෙසේ ධාතුසේන රජුව නංවාගත් රියදුරා රථය මෙහෙයවන අතරවාරයෙහි විළඳ කමින් යන්නේ ධාතුසේන රජුට ද විළඳ ස්වල්පයක් දුන්නේය.

96. ධාතුසේන රජු ඒ විළඳ ස්වල්පය අනුභව කොට

රියදුරා කෙරෙහි පැහැදී ඔහුට දොරටුපාල තනතුරෙන් සංග්‍රහ කිරීම පිණිස මොග්ගල්ලාන කුමාරයා හට දීමට ඒ මොහොතේම ලියවිල්ලක් ලියා ඔහු අත තැබීය.

97. මෙසේ සලකා බලන කල්හි අහෝ! සැප සම්පත් යනු විදුලියක් සේ සැලී යන දෙයකි. එහෙයින් කරුණු කාරණා සිතනු හැකි කවරෙක් නම් කුසල් දහම්හි හැසිරෙන්ට ප්‍රමාද වෙයි ද?

98. ධාතුසේන රජු කලාවැවට පැමිණෙන්නේ යැයි ඇසූ රජුට හිතවත් තෙරණුවෝ එදා පිඬු සිඟීමෙන් ලිහිණි මස් ව්‍යංජනයක් සහිත උඳු සහල් බතක් ලැබ,

99. 'අප රජතුමා මෙය අනුභව කරන්ට රුචි වන්නේය' යි සිතා එය සඟවාගෙන හිඳගත්තේය. ධාතුසේන රජු ද උන්වහන්සේ දැක සමීපයට ගොස් වන්දනා කොට එකත්පස්ව හිඳගත්තේය.

100. මෙසේ හිඳගත් තෙරහු ද රජු ද රාජ්‍ය ලාභයෙන් සතුටු වූ කලෙක පරිදි එකිනෙකා අන්‍යෝන්‍ය කතාබහ තුලින් මහා දුක නිවාගත්තාහුය.

101. තෙරණුවෝ ධාතුසේන රජුට ආහාර අනුභව කරවා, නොයෙක් අයුරු දහම් කථාවෙන් අවවාද කොට, අෂ්ට ලෝක ධර්මයෙහි පවතින ස්වභාවය පෙන්වා දී අප්‍රමාදී බවෙහි සමාදන් කරවීය.

102. ඉන් පසු කලා වැවට ගිය රජතුමා වැව් දියෙහි කිමිදී සුවසේ ජලස්නානය කොට, පැන් බී, රාජ සේවකයන් හට මෙය පැවසීය.

103. 'එම්බල, බලව. මාගේ ධනය මෙපමණි' යි කියා කලා වැව පෙන්වීය. එය ඇසූ රාජ සේවකයෝ ධාතුසේන රජු නුවරට ගෙන ගොස් කාශ්‍යප රජුට සැලකොට සිටියාහුය. එවිට කාශ්‍යප රජු,

104. 'මොහු ජීවත් වෙමින් සිය මොග්ගල්ලාන පුතු වෙනුවෙන් ධනය රකියි. ලක්දිව මිනිසුන්ව ද මා කෙරෙහි බිඳුවයි' කියා කෝපයට පත්ව,

105. 'මාගේ පියා මරා දමව' යි මිගාර සෙනෙවි හට අණ කළේය. එවිට ඉතා කෝපව සිටි සෙනෙවි තෙමේ 'මාගේ වෛරක්කාරයාගේ පිටුදැක්ම' යි සිතා තුටුපහටුව සර්වාලංකාරයෙන් සැරසී,

106. ධාතුසේන රජු ඉදිරියට පැමිණ රජු දෙස බලමින් ඔබ මොබ සක්මන් කළේය. එකල්හි මිගාර සෙනෙවියාගේ මේ ක්‍රියා කලාපය දුටු රජතුමා 'මේ පව්ටු තැනැත්තා දැන් මාගේ සිතත්,

107. කය සෙයින් ම පෙළා මාව නිරයට යවනු කැමතිව සිටියි. මොහු කෙරෙහි ද්වේෂය උපදවා ගැනීමෙන් මා කවර වූ මනෝරථයක් මුදුන්පත් කරගන්ට ද?' යි සිතා,

108. ඔහු කෙරෙහි මෙත් සිත පතුරුවමින් මෙය පැවසුවේය. 'මම මගේ මොග්ගල්ලාන පුතු හට මෙන්ම තට ද එකම සිතින් යුතු වෙමි.'

109. එකල්හි සෙනෙවි තෙමේ සිනහ නගමින් හිස සැලීය. එය දුටු රජතුමා 'ඒකාන්තයෙන් ම අද මාව මරනු ලබන්නේය' යි සනිටුහන් කරගත්තේය. එකල්හි ඒ සාහසිකයා,

110. ධාතුසේන රජුව නිරුවත් කරවා දෑත් පිටුපසට කොට මාංචු දමා නැගෙනහිර දෙසට මුහුණ හරවා ඇතුලු බිත්තියට හේත්තු කොට,

111. මැටි ගැස්සවීය. අහෝ! මෙවැනි දේත් දැක දැක කවර නම් නුවණැත්තෙක් භෝග සම්පත්වලට හෝ ජීවිතයට හෝ යසපිරිවරට හෝ ආසා කරයි ද?

112. ඒ ධාතුසේන නිරිඳාණෝ සිය පුත්‍රයා විසින් ඝාතනය කරන ලද්දාහුය. ස්වකීය රාජ්‍ය පාලනයේ දහඅටවන වසරෙහිදී ධාතුසේන රජු සක්දෙවිඳු හා එක්වීම පිණිස තව්තිසාවට ගියේය.

113. මේ ධාතුසේන රජු කලා වැව කරවන අවස්ථාවෙහි සමාධියට සමවැදී හුන් එක්තරා භික්ෂු නමක දැක ඔහුව ඒ සමවතින් නැගිටුවීමට උත්සාහ කොට,

114. නොහැකි වන්නේ ඒ භික්ෂුව අපවත් වූයේ යැයි වරදවා සිතා ඔහු මතට පස් දැම්මවීය. මෙසේ තමනුත් මැටි ගසා මරණයට පත්වීමට ඒ පාප කර්මයේ මෙලොව පලදුන් විපාකය මෙයයි.

115. භෝග සම්පත්වලින් අනූන වූ රජවරු දසදෙනා භෝග සම්පත් සමග ම මරු මුවට පත්වූවාහුය. භෝග සම්පත් ඇති පුද්ගලයන්ගේත් ධනයේත් තිබෙන මේ අනිත්‍ය ස්වභාවය දකිනා නුවණැත්තා ඒ අමා නිවන ම කැමති වෙයි.

මෙසේ හුදී ජන පහන් සංවේගය පිණිස කරන ලද මහාවංශයෙහි රජවරු දසදෙනා නමැති තිස් අටවන පරිච්ඡේදය නිමාවට පත්විය.

39

තිස් නවවන පරිච්ඡේදය

රජවරු දෙදෙනා

01. එකල්හි කාශ්‍යප නමැති ඒ පවිටු නරපාලකයා අස්ගොව්වෙකුත් අරක්කැමියෙකුත් යවා සිය බාල සොයුරු මොග්ගල්ලාන කුමරුන්,

02. මරවන්ට නොහැකි වූයේ භීතියට පත්ව අනුරාධපුරය අත්හැර සීගිරියට ගියේය. මිනිසුන්ට නැග ගැනීමට ඉතා දුෂ්කර වූ ඒ සීගිරිය අවට හොඳින් එළිපෙහෙලි කරවා,

03. ප්‍රාකාරයකින් වට කොට සිංහයෙකුගේ ආකාරයෙන් එහි නගින පියගැටපෙළ කරවීය. එහෙයින් ඒ පර්වතයට සීගිරිය යන නම ලැබුණේය.

04. එහි ධනය රැස්කොට නිධන්ගත කොට මනාව රැකගන්නා ලද්දේය. එහි තැන්පත් කළ ධනය රකිනු පිණිස ඒ ඒ තැන රැකවල්කරුවන් තැබ්බවීය.

05. එහි දර්ශනීය වූත් සිත්කළු වූත් රජවාසලක් තනවා ආලකමන්දායෙහි වාසය කරන වෙසමුණි රජු සෙයින් ඔහු සීගිරියෙහි වාසය කළේය.

06. මිගාර නම් සෙන්පතියාත් තමන්ගේ නමින් පිරිවෙණක් කරවූයේය. එසේම අභිෂේක නම් බුදුපිළිම වහන්සේට විහාර මන්දිරයක් ද කරවීය.

07. ඒ අභිෂේක නම් බුදුපිළිම වහන්සේට අභිෂේක පූජාව කරන ලෙස මිගාර සෙනෙවියා භික්ෂූන් වහන්සේගෙන් ඉල්ලා සිටිය ද, අභයගිරියෙහි පිහිටි ශෛලමය බුදුපිළිමයට වඩා උසස් අයුරින් අභිෂේක පූජාව කරගන්ට බැරිවූ හෙයින් 'ස්වාමිහුගේ රාජ්‍යයෙහිදී කරන හැටි දැනගන්නෙමි' යි සනිටුහන් කරගත්තේය.

08. කාශ්‍යප රජු ද තමා විසින් කරන ලද පාපකර්මයන් පිළිබඳව විපිළිසරයට පත්වූයේය. 'මෙයින් මම් කෙසේ නිදහස් වන්නෙම් දැ' යි සිතමින් අප්‍රමාණ පින් කළේය.

09. මේ කාශ්‍යප රජු නගරයේ දොරටුව අසළ මහා උයන්වතු කරවීය. ලංකාද්වීපය පුරා යොදුනක් යොදුනක් පාසා අඹ උයන් කරවීය.

10. පූර්වයෙහි බොහෝ සම්පත් ඇති ඉසුරුමුණි විහාරය ද දියුණු කොට උයන්වතුවලින් හා ගම්වලින් ලද ආදායම එම විහාරයට පවරා දුනි.

11. කාශ්‍යප රජු හට 'බෝධි' හා 'උප්පලවණ්ණා' නමින් දූකුමරියෝ දෙදෙනෙක් සිටියහ. ඒ දූකුමරියන්ගේ නමින් ද තමන්ගේ නමින් ද විහාරයක් කරවීය.

12. ඒ විහාරය සංඝයාට පුදන අවස්ථාවෙහි 'මෙය පියා මැරූ තැනැත්තහුගේ වැඩකි' යි ලෝකයාගෙන් ගැරහුම් පැමිණෙතැයි බියට පත් ස්ථවිරවාදී භික්ෂූහු එය පිළිගන්ට නොකැමති වූහ.

13. එනමුදු කාශ්‍යප රජු ස්ථවිරවාදී සංඝයාට ම එය පුදනු කැමතිව සංඝයාට නොදී එහි සම්බුදු පිළිම වහන්සේට විහාරය පූජා කළේය. එවිට භික්ෂූහු 'අපගේ ශාස්තෘන් වහන්සේ ලද සම්පතක් නොවැ' යි කියා එය පිළිගත්හ.

14. එමෙන්ම කාශ්‍යප රජු සීගිරි පර්වතය සමීපයෙහි කරවන ලද පළතුරු උයනෙහි ද විහාරයක් කරවීය. ඒ විහාරයට ද තමන්ගේ නම තබන ලදී.

15. චීවර, පිණ්ඩපාත, සේනාසන, ගිලන්පස යන සිව්පසයෙන් යුක්තව තවත් විහාරයක් උතුරු දෙසට පිහිටුවා උයනක් ද කරවා ධම්මරුචි නිකායෙහි භික්ෂූන් හට පූජා කළේය.

16. දිනක් ස්ත්‍රියක විසින් තැඹිලි කිරෙන් පිසින ලද කිරිබතක් ගිතෙල් දමා සකසන ලදුව ප්‍රණීත ව්‍යංජනයක් ද සමග අනුභව කළ රජතුමා,

17. 'අපගේ ආර්යයන් වහන්සේලාට ද මෙවන් මනෝඥ භෝජනයන් දන් දෙන්ට ඕනෑ' යි සිතා සියලු භික්ෂූන් වහන්සේලාට ද එවන් බොජුන් හා සිවුරු ද පිදීය.

18. කාශ්‍යප රජු සෑම පොහෝ දවසක ම අටසිල් සමාදන් වූයේය. මෛත්‍රී, කරුණා, මුදිතා, උපේක්ෂා යන සතර බ්‍රහ්ම විහරණයන් පුරුදු

කළේය. ඇතැම් ධුතාංගයන් ද සමාදන් වූයේය. දහම් පොත් ද ලියවීය.

19. අනල්ප වූ පිළිම ගෙවල් ද දන්සැල් ද කරවීය. හෙතෙම පරලොව උපතටත්, සිය සොයුරු මොග්ගල්ලානටත් අතිශයින්ම බිය වූයේය.

20. කාශ්‍යප රජු රාජ්‍යය ලබා දහඅට වසරක් ගත වූයේය. මහා භටයෙකු වූ මොග්ගල්ලාන කුමරු නිගණ්ඨ තීර්ථකයන් විසින් අණ දෙන ලද අග්‍ර වූ යහළු යෝධයන් දොළොස් දෙනෙකු සමග,

21. දකුණු දඹදිවින් ලක්දිවට පැමිණ අම්බට්ඨකෝලක පටුනෙහි කුඨාරි නම් විහාරයෙහි සේනා කඳවුරු බැඳගත්තේය.

22. එපවත් ඇසූ කාශ්‍යප රජු 'මොග්ගල්ලානයා අල්ලා සිරගත කරන්නෙමි' යි නික්මුනේය. නිමිති කියන්නුවන් විසින් මොග්ගල්ලානයන්ව අල්ලන්ට නොහැකි බවට අනාවැකි පවසද්දීත් මහත් බලසේනාවෙන් යුක්තව ගියේය.

23. මොග්ගල්ලාන කුමරු බලසේනාවෙන් සන්නද්ධව යෝධයන්ගේ ද සහය ලබන්නේ අසුරයන් හා යුද වදින සක්දෙවිඳු සෙයින් යුදභූමියට ගියේය.

24. මහා සේනා දෙක දිස්වූයේ වෙරළ බිඳගෙන එන සයුරු රළ ලෙසිනි. ඔවුනොවුන් වෙත එළඹෙන්නාහු මහා බිහිසුණු යුද්ධයක් හටගත්තේය.

25. කාශ්‍යප රජු තමන් ඉදිරියෙහි මහා මඩ වගුරක් තිබෙනු දැක එය මග හැර වෙනත් මගකින් යනු පිණිස ඇතු ආපසු හැරවීය.

26. මෙය දුටු කාශ්‍යප රජුගේ සේනාව 'එම්බා කොල්ලනි, අපගේ රජතුමා මේං පලායනවෝ' කියා මහ හඬින් කෑගැසූ කල්හි බලසෙනඟ බිඳී ගියේය. 'සතුරා පිටුදකින ලද්දේය' යි,

27. මොග්ගල්ලාන කුමරුගේ බලසේනාවෝ සෝෂා කරන්ට වූහ. එකල්හි කාශ්‍යප රජු ඉණේ රුවාගෙන සිටි සිරිය ගෙන සියතින් ම තම හිස සිඳ අහසට දමා ඉණෙහි තිබූ කොපුවෙහි සිරිය බහාගත්තේය.

28. කාශ්‍යප රජු අවසන් මොහොතේ කළ වීර ක්‍රියාව ගැන මුගලන් කුමරු අතිශයින් පැහැදුනේය. කාශ්‍යප රජුගේ ආදාහන කටයුතු සිදුකොට සීගිරියෙහි තිබූ සියලු ධනය ද රැගෙන උතුම් නගරය වන අනුරාධපුරයට පැමිණියේය.

29. මොග්ගල්ලාන කුමරුගේ සැපත්වීම ඇසූ මහා සංඝයා වහන්සේ විහාර මළු පෙත්මං හැමඳ මනාකොට සිවුරු හැඳපොරවාගෙන වැඩිමහලු පිළිවෙළින් සිටගත්තාහුය.

30. සක්දෙව්රජු නන්දන වනයට පිවිසෙන සෙයින් මහමෙව්නා උයනට පැමිණි මොග්ගල්ලාන කුමරු ඇත්පවුරෙන් බැහැර මහාසේනාව නවත්වා,

31. මහා සංඝයා වහන්සේ වෙත එළඹ වන්දනා කොට සංඝයා කෙරෙහි පැහැදී තමන්ගේ රාජ සේසත සංඝයාට පිදීය. එවිට සංඝයා වහන්සේ යළි මොග්ගල්ලාන රජුට ම එය දුන්නාහුය.

32. මොග්ගල්ලාන රජු සංඝයාට සිය රාජ්‍ය ඡත්‍රය පිදූ තැන 'ඡත්තවඩ්ඪී' නමින් ව්‍යවහාරයට පත්විය.

39 වන පරිච්ඡේදය 71

එහි පිරිවෙණ ද එනමින් ම හඳුන්වන ලද්දේය.

33. ඉක්බිති අනුරාධපුර නගරයට ගොස් ප්‍රධාන විහාර දෙකෙහි වැඩහුන් සංඝයා වහන්සේ බැහැදැක වන්දනා කොට බු.ව. 1040-1058 (ක්‍රි.ව. 496-514) දී ලංකා රාජ්‍යය ලබා දැහැමි ලෙස රට පාලනය කළේය.

34. 'මොවුහු මාගේ පියරජු ඝාතනය කිරීමේදී එයට පක්ෂව සිටියෝය' යි ඇමතිවරුන් කෙරෙහි කිපුණු මුගලන් රජු ඔවුන්ව තනතුරුවලින් බැහැර කරවීය. ඒ හේතුවෙන් මොග්ගල්ලාන රජුට - රාක්ෂසයා - යන නම ලැබුණේය.

35. මේ රජු දහසකට වැඩි ඇමතිවරු ඝාතනය කරන ලද්දාහ. ඇතැමුන්ගේ කන් නාසා කපවන ලද්දාහ. බොහෝ දෙනෙක් රාජධානියෙන් පිටුවහල් කරනු ලැබූහ.

36. පසු කලක මුගලන් රජු භාග්‍යවතුන් වහන්සේගේ ධර්මය ඇසීමෙන් වෛරය සංසිඳුවාගෙන, පහන් සිතින් යුතුව, මහ පොළොවට මහාවැසි ඇදහැලෙන සෙයින් මහා දන් පැවැත්වීය.

37. මේ රජු දුරුතු පුන් පොහෝ දා වාර්ෂිකව මහදන් පැවැත්වීය. එදා පටන් ගත් මහා දන්වැට අද (මේ මහාවංශය ලියන කාලය) දක්වා ම දුරුතු පුන් පොහොයට පවත්වනු ලැබේ.

38. සිය පියරජු වන ධාතුසේන නිරිඳුන්ව රථයෙන් කලාවැවට රැගෙන යද්දී රජුට විළඳ දුන් රියදුරා

මොග්ගල්ලාන රජුන් බැහැදැක පියරජු දුන් ලියවිල්ල දක්වා සිටියේය.

39. ඒ ලියවිල්ල දුටු මුගලන් රජු හඬන්ට පටන් ගත්තේය. පියා තුළ තමා කෙරෙහි පැවති දරු ස්නේහය වර්ණනා කොට ඔහුට ප්‍රධාන දොරටුපාල තනතුර දුන්නේය.

40. මිගාර සෙනෙවියාත් මොග්ගල්ලාන රජුට නොයෙක් අයුරින් කරුණු දක්වා අභිෂේක සම්බුද්ධ ප්‍රතිමාවට රිසි පරිදි අභිෂේක පූජෝත්සවය සිදුකළේය.

41. සීගිරියෙහි දළ්හ නමැති විහාරයත්, දාඨා කොණ්ඩඤ්ඤ නමැති විහාරයත්, අභයගිරි ධර්මරුචි නිකායික භික්ෂූන්ටත්, ජේතවන සාගලික නිකායික භික්ෂූන්ටත් පිදීය.

42. එමෙන්ම සීගිරි පර්වතය ද විහාරයක් කොට දික්සඳ සෙනෙවියා පිරිවෙණෙහි වැඩසිටි මහානාම තෙරපාණන්ට එය පිදීය.

43. 'රාජිණී' නමැති භික්ෂුණී සේනාසන අසපුවක් කරවා ජේතවන සාගලික නිකායික භික්ෂුණීන් හට එය පිදීය.

44. ලම්බකර්ණ වංශයෙහි උපන් දාඨාපභූති නමැති අයෙක් කාශ්‍යප රජුට සේවය කරමින් සිටියදී රජු කෙරෙහි කළකිරුණු සිතැතිව සිට,

45. මේරලියවග යන ප්‍රදේශයට වාසය පිණිස ගියේය. එහිදී ඔහුට සිලාකාල නමින් පුත්‍රයෙක් ලැබ හේ ප්‍රසිද්ධියට පත්වූයේය.

46. ඒ සිලාකාල පුත්‍රයාත් කාශ්‍යප රජු කෙරෙහි බියට පත්ව සිය ඤාතියෙකු වන මොග්ගල්ලාන කුමරු සමග ලක්දිවින් දඹදිවට පලාගිය ගමනේදී,

47. බුද්ධගයා බෝමැඩ පිහිටි විහාරයෙහි පැවිදිව සංඝයා වහන්සේට වත්පිළිවෙත් කරමින් සුපේශලව වාසය කරන්නේ,

48. දිනක් තමන්ට බොහෝ අඹ ලැබ ඒවා මහත් ආදරයෙන් සංඝයා උදෙසා පූජා කළේය. එයින් පැහැදීමට පත් සංඝයා වහන්සේ ඔහුට 'අම්බ සාමණේර' යන නම තැබූහ. එදා සිට හේ සිලාකාල සාමණේර හෙවත් අඹහෙරණ යන නමින් හඳුන්වනු ලැබීය.

49. 'කේශධාතු වංශය' නමැති බණපොතෙහි පෙන්වා ඇති පරිදි ඒ අඹහෙරණට භාග්‍යවතුන් වහන්සේගේ කේශ ධාතූන් වහන්සේලා ලැබුණේය. හේ සිවුරු හැර මොග්ගල්ලාන රජු දවස ඒ කේශ ධාතූන් වහන්සේලා රැගෙන ලංකාවට පැමිණියේය.

50. මුගලන් රජු කේශ ධාතූන් වහන්සේලා ආදර සත්කාරයෙන් යුක්තව පිළිගෙන මාහැඟි පළිඟු කරඬුවක වඩාහිඳුවා,

51. දීපංකර සම්බුදු පිළිම වහන්සේ වැඩහුන් උතුම් මැදුරෙහි ඒ කරඬුව වඩාහිඳුවා මහත් උත්සවාකාරයෙන් පුද පෙළහර දැක්වීය.

52. එමෙන්ම රජතුමා සිය මාමණ්ඩියගේ ද ඔහුගේ බිරිඳගේ ද ප්‍රතිමා රනින් කරවා අශ්ව රුවක් ද කරවා එහි තැබ්බවීය.

53. කේශ ධාතු කරඬුවත්, ඡත්‍රයත්, රුවන් මණ්ඩපයකුත්, චාමරයකුත්, අග්‍රශ්‍රාවක පිළිම වහන්සේලාත් කරවූයේය.

54. රජතුමා තමාටත් වඩා අධික කොට ඔහුට ඇප උපස්ථාන දුන්නේය. සිලාකාලයන් හට අසිග්ගාහක යන තනතුර ලැබුණි.

55. එයින් පසු හේ 'අසිග්ගාහක සිලාකාල' යන නමින් ප්‍රසිද්ධියට පත් වූයේය. මොග්ගල්ලාන රජු සියලු සැප සම්පත්වලින් යුක්ත කොට තම සොයුරු කුමරිය ඔහුට සරණපාවා දුන්නේය.

56. මෙතනදී මේ කේශධාතු ගැන විස්තරය කියන ලද්දේ ඉතා කෙටියෙනි. විස්තර වශයෙන් දැනගනු කැමතියන් කේශධාතු වංශ කථාව කියවා දත යුත්තේය.

57. ලක්දිව සාගරය වටා ආරක්ෂා සංවිධාන කරවා සතුරු ආක්‍රමණික ප්‍රහාරයන් පැමිණෙන්ට ඉඩ නොදී ලක්දිව නිර්භය කළේය. ධර්මය සහිත වූ බුදු සසුන ධර්මානුකූල අයුරින් පිරිසිදු කළේය.

58. උත්තර නමැති සේනාපති තෙමේ සිය නමින් පධානඝරයක් කරවීය. මෙසේ දහඅට වසක් රාජ්‍යය කළ මොග්ගල්ලාන රජු බොහෝ පින් රැස්කොට මිය පරලොව ගියේය.

59. ඉතා බලවත්ව සිටි කාශ්‍යප රජුන් පරදවා මනුලොව සිටීමේ පින අවසන් වී මරු පැමිණි කල්හි ඔහුව පරදවනු නොහැකිව මුගලන් රජු මරහුගේ දාසයෙක්

මෙන් වූයේය. එහෙයින් නුවණැත්තෝ මාර බලය නසා සැපයට පත්වන්නාහුය. තමාගේ ස්වභාවය දන්නහු විසින් පරම නිවන් සුවය සාක්ෂාත් කිරීමට ආසා කළ යුත්තේය.

මෙසේ හුදී ජන පහන් සංවේගය පිණිස කරන ලද මහාවංශයෙහි රජවරු දෙදෙනා නමැති තිස් නවවන පරිච්ඡේදය නිමාවට පත්විය.

40

සතළිස්වන පරිච්ඡේදය

රජවරු අටදෙනා

01. මුගලන් රජුගේ අභාවයෙන් පසු ඔහුගේ පුත්‍රයෙකු වූ කුමාර ධාතුසේන හෙවත් කුමාරදාස කුමරු බු.ව. 1058-1067 (ක්‍රි.ව. 514-523) දී ලංකාවෙහි රජකමට පත්විය. මේ කුමාර ධාතුසේනයන් දෙවියන්ට බඳු අතිශයින් බබළන රූපශෝභා ඇති, මහානුභාවසම්පන්න අයෙකි.

02. කුමාර ධාතුසේන රජු සිය පිය මුගලන් රජු විසින් කරවන ලද වෙහෙර විහාරයන්ගේ අලුත්වැඩියා කටයුතු කරවීය. එමෙන්ම ධර්ම සංගායනාවක් කොට බුද්ධ ශාසනය පිරිසිදු බවට පත් කළේය.

03. එමෙන්ම මහාසංඝයා වහන්සේට සිව්පසයෙන් යහපත් ලෙස සැලකුවේය. නොයෙක් පින්කම් කළ මේ රජු සිය රාජ්‍යයෙහි නවවන වසරෙහිදී අභාවයට පත්වූයේය.

04. කුමාර ධාතුසේන රජුගේ අභාවයෙන් පසු සිය පුත්කුමරු වන කීර්තිසේන කුමාරයා බු.ව. 1067-1067 (ක්‍රි.ව. 523-523) දී ලංකාවෙහි රාජ්‍ය පාලනයට පත්වූයේය. නොයෙක් පුණ්‍ය කටයුතුවල යෙදී සිටියදී මේ රජතුමාට සිය රාජ්‍යයෙහි නවවන මාසයේදී රජකම අත්හැර පරලොව යන්ට සිදුවූයේය.

05. එසේ වූයේ මේ රජුගේ මාමා කෙනෙකු වන සිව කුමරු විසින් කීර්තිසේන රජු මැරවූ බැවිනි. ලංකා රාජ්‍යයට පත් පළමුවෙනි සිවරජු වන මොහුට ලංකා රාජ්‍යයෙහි අධිපතිබව දැරිය හැකි වූයේ විසිපස් දිනකි. බොහෝ පින් කළ මේ පළමුවෙනි සිවරජු ද ඝාතනයට ලක් වූයේය.

06. ඉක්බිති දෙවෙනි උපතිස්ස රජු බු.ව. 1067-1069 (ක්‍රි.ව. 523-525) දී ලංකා රාජ්‍යයෙහි අධිපති වූයේය. ඒ අවස්ථාව මොහුට ලැබුණේ සීවක හෙවත් පළමුවෙනි සිවරජු නැසීම නිසා ය. මුගලන් රජුගේ සොයුරියගේ සැමියා බවට පත්ව,

07. අසිග්ගාහක තනතුර ලබා සිටි සිලාකාලයන් හට මේ රජුගෙන් සෙන්පති තනතුරට උසස්වීමක් ලැබුණේය. දෙවෙනි උපතිස්ස රජු තනතුරු දීමෙන් ජනතාවට සංග්‍රහ කළ අතර සෙන්පති සිලාකාලයන් හට භෝග සම්පත් සහිතව තම දූකුමරිය ද දුන්නේය.

08. මේ උපතිස්ස රජුට කාශ්‍යප නමින් එක් පුත්කුමරෙක් සිටියේය. අතිශයින්ම දක්ෂයෙකු

වූ මේ කසුප් කුමරු තමන් වැනිම ශූර වූ යහලු කුමාරවරු දහසය දෙනෙකුන් සමග,

09. ශිල්ප හදාළ හෙයින් මහා ධනවත්ව දානාදී පින්කම් කළේය. වැඩිහිටියන්ට ගරු සත්කාර දක්වමින් වීරියෙන් යුක්තව ධාර්මික වූ යහපත් ජීවිතයක් ගත කළේය.

10. සෙන්පති සිලාකාල තෙමේ රාජ්‍ය ලෝභයෙන් මුළාවට පත් සිතින් යුතුව දකුණු කඳුරටට පැන ගියේය. එහිදී මහත් බල සෙනඟක් රැස්කරමින්,

11. පිටිසරබද පළාත් මංකොල්ල කමින් අනුරාධපුරය වෙත පැමිණියේය. ඔහුගේ පැමිණීම ඇසූ කාශ්‍යප නමැති ජ්‍යෙෂ්ඨ කුමාරයා උතුම් මංගල හස්තිරාජයා පිට නැගී,

12. සිය පියරජු වන උපතිස්සයන් අස්වසා තම යහලු කුමාරවරුන් සමග සිලාකාල සෙන්පති ඉදිරියට ගියේය.

13. එකල්හි සිලාකාල හත් අට වාරයක් සැඟවී පලා ගියේ නැගෙනහිර බටහිර පළාත් ඉතා උපායශීලීව සිය වසඟයට ගත්තේය.

14. යළිත් සිලාකාල තෙමේ යුද්ධයට පැමිණි හෙයින් කාශ්‍යප කුමාරයා සිය යහලු යෝධයන් සමග නැගෙනහිර තිස්ස පර්වතයට හස්තිරාජයා පිටින් නැංගේය.

15. ඔහු එහි ගොස් පර්වත මුදුනෙහි සිටි සිලාකාල සොරු පලවා හැර ආ හෙයින් ඔහුට 'ගිරිකාශ්‍යප' යන නම පටබැඳුනේය.

16. දැඩි මාන්නයකින් සිටි සිලාකාල තෙමේ රජුට විරුද්ධව බොහෝ සෙයින් රටවැසියන් බිඳුවා පැරදවිය නොහැකි ලෙස යුද සේනා සංවිධානය කොට සියල්ල තමා වසඟයට ගෙන පැමිණ,

17. අනුරාධපුර නගරය වට කළේය. උපතිස්ස රජුගේ පක්ෂය ගත් හේවායෝ සත්දිනක් නොකඩවා යුද්ධ කිරීම හේතුවෙන් තුනී වී ගියාහුය. එකල්හි කාශ්‍යප කුමරු මෙසේ සිතීය.

18. 'මොවුන් නගරය වටකොට මේ කරන යුද්ධයෙන් සියල්ලෝ මැරෙති. අපගේ බලයත් පිරිහී ගියේය. මාගේ පියරජු ද මහලු ය. එසේ ම ඔහුගේ දෑස් ද නොපෙනේ' යි සිතා,

19. සිය මෑණියන්වත් පියරජුවත් මේරුකන්දරකයට ගෙන ගොස් එහි රඳවා පසුව සේනා බල සංවිධානය කොට අවුත් කාලසිලා සොරුව අල්ලා ගන්ට ඕනෑය කියා,

20. කාශ්‍යප තෙමේ තමන්ගේ යහලු යෝධයන් සමග රාජාභරණයන් ද රැගෙන මව්පියන් ද රැගෙන කඳුරට බලා නික්ම යන්ට පටන් ගත්තේය.

21. එදින මග කියන්නවුන් හට පාර හඳුනාගන්ට බැරි විය. ඒ හේතුවෙන් ඔවුහු මං මුළා වී ගියාහුය. රැය ගෙවෙන තුරු ඔබ මොබ ඇවිදිමින් සිට අනුරාධපුර නගරය සමීපයට ම ආවාහුය.

22. මෙය සිලාකාලට අසන්ට ලැබුණේය. වේගයෙන් පැමිණි ඔහු අවට වටලෑවේය. ඔවුන් අතර අතිශය බිහිසුණු සංග්‍රාමයක් හටගත්තේය.

23. දෙවියන් හා අසුරයන් අතර පැවති මහා බිහිසුණු යුද්ධයක් සෙයින් එය පැවතුනේය. එහිදී තමන්ගේ යහලු යෝධයන් ද යුද බිමෙහි ඇදවැටුනු හෙයින්,

24. මහා ඇත්රජු ද පසුබසින හෙයින් කාශ්‍යප කුමරු තමන්ගේ හිස සියතින් ම සිඳ ඇතරුවා අතට දුන්නේය. ඉක්බිති අතෙහි තිබූ කඩුවෙහි ලේ පිසදමා යළි එය කොපුවෙහි බහාගෙන,

25. දෙඅතින් ඇත්කුඹ වැළඳගෙන වැතිරුණේය. එය ඇසූ උපතිස්ස රජු ශෝකයෙන් පහර කන ලදුව මරණයට පත්වූයේය.

26. මෙසේ වසර එකහමාරක රාජ්‍යයෙන් පසු උපතිස්ස රජු මිය ගොස් දෙව්ලොව උපන්නේය. එකල්හි සිලාකාලයා බු.ව. 1069-1082 (ක්‍රි.ව. 525-538) දී සිංහල රාජ්‍යයේ අධිපති බවට පත්විය. ඉන් පසු ඔහුගේ පැරණි නාමය ද එක්කොට,

27. 'අම්බ සාමණේර සිලාකාල' හෙවත් 'අඹහෙරණ සලකල්' යන නම ව්‍යවහාර කළේය. මොහු දහතුන් වසරක් ලංකා රාජ්‍යය ධාර්මිකව පාලනය කළේය.

28. මේ රජු අනුරාධපුරයේ සංඝයා වහන්සේ උදෙසා දන් ලැබෙන මහාපාලි බත්හලෙහි මාහැඟි රාජභෝජන පූජා කළේය. මහජනයාගේ යහපත පිණිස ආරෝග්‍යශාලා ද තැනවූ අතර වැටුප් ද වැඩි කළේය.

29. දිනපතා ශ්‍රී මහා බෝධියට පුද පූජාවන් පැවැත්වීය. පිළිම වහන්සේලා ද කරවීය. ලක්වැසි සියලු භික්ෂූන් වහන්සේ උදෙසා තුන් සිවුරු ද පිදීය.

30. මේ රජු ලක්දිව වසන සියලු සතුන් හට අභය දානය දෙමින් 'සතුන් නොමරව්' යන අරුත ඇති 'මාඝාත' ආඥාව පැනවීය. තමන් විසින් රැගෙන ආ සර්වඥ කේශ ධාතූන් වහන්සේලා උදෙසා මාහැඟි පූජාවන් පැවැත්වීය.

31. එමෙන්ම අභයගිරි වෙහෙරට රහේර නමැති දියවර පූජා කළේය. ස්ථවිරවාදීන්ට අයත් පෙරදිග වෙහෙරින් 'කුන්ථ' නමැති,

32. ආසනය ගෙන අභයගිරි විහාරයෙහි පිහිටි බෝධිය අසළ තැන්පත් කළේය. සිලාකාල රජු දිවි ඇති තෙක් සීමා රහිත පින්කම් කළේය.

33. මේ සිලාකාල රජුට මොග්ගල්ලාන, දාඨාපභූති, උපතිස්ස යන නමින් පුත්කුමාරවරු තිදෙනෙක් සිටියහ. එයින් වැඩිමල් මුගලන් කුමරුට නැගෙනහිර පෙදෙසෙහි,

34. ආදිපාද තනතුර ප්‍රදානය කොට 'තෙපි ගොස් එහි වසව්' කියා එපෙදෙසට පිටත් කොට යැවීය. මුගලන් කුමරුත් එහි ගොස් වාසය කළේය.

35. දාඨාපභූති නමැති මද්දුම කුමරු හට අනුරපුරයෙන් දකුණෙහි පිහිටි කඳුරටෙහි අධිපති බව ලබාදී, මැනවින් රකිනු පිණිස දකුණු මුහුදු තීරය ද ලබාදී එහි පිටත් කොට යැවීය.

36. අතිශය සොඳුරු රූප ශෝභාවෙන් හෙබි බාල උපතිස්ස පුත්කුමරුට විශේෂ සැලකිලි දක්වමින් තමා අසලින් ම ඔහු වාසය කරවීය.

37. මේ සිලාකාල රජු රාජ්‍යයට පත්ව දොළොස් අවුරුද්දක් ගිය තැන, ලක්දිවින් ඉන්දියාවට වෙළඳාමේ ගිය එක්තරා තරුණයෙක් බරණැස කාසි රටට ගොස් 'ධර්මධාතුව' නමැති මිසදිටු ග්‍රන්ථයක් රැගෙන සිලාකාල රජු වෙත ආවේය.

38. ධර්මයත් අධර්මයත් වෙන්කොට හඳුනාගැනීමෙහි ප්‍රඥාවෙන් තොර වූ සිලාකාල රජු රන් ය සිතා පහන් දැල්ලට පතින පළඟැටියෙකු සෙයින්,

39. 'නිර්මල බුද්ධ ධර්මය' යි ඒ මිසදිටුවට රැවටී එය සාදරයෙන් පිළිගෙන, සත්කාර සම්මාන කොට, රජගෙය අසලින් ම,

40. විශේෂ මණ්ඩපයක් කරවා එහි තැබුවේය. අනතුරුව අවුරුද්දක් පාසා මහා පූජා පැවැත්වීම පිණිස ජේතවන සාගලික නිකායික භික්ෂූන්ට පවරා, 'සියලු සත්වයන්ගේ යහපත පිණිස මෙය පවතින්නේය' යි කියා පූජෝත්සව පවත්වන්ට චාරිත්‍රයක් ද කළේය.

41. මෙසේ සිලාකාල රජු අනල්ප වූ පින් ද කොට රාජ්‍ය ලාභයෙන් දහතුන් වසක් ගිය තැන කර්මානුරූපව මිය පරලොව ගියේය.

42. සිලාකාලගේ අභාවයෙන් පසු විකෘති බුද්ධි ඇති දාඨාපභූති නමැති මද්දුම කුමරු කඳුරට රාජ්‍යය ද ගෙන තමන්ගේ සහෝදර උපතිස්ස කුමරු මෙය නිසි ක්‍රමවේදය නොවේ යැයි කී කල්හි ඔහුව ද මරා බු.ව. 1082-1082 (ක්‍රි.ව. 538-538) දී අනුරාධපුරයෙහි රජ බවට පත්විය.

43. නැගෙනහිර ආදිපාද පදවිය දැරූ වැඩිමහල් මුගලන් කුමරුට මෙය අසන්ට ලැබුණේය. 'මොහු රාජ්‍යය ලබා නොසිටියදී ම මාගේ ධාර්මික බාල මලණුවන් මරා දැමීය.

44. මම් අද ම ලංකා රාජ්‍යය කරවන්නෙමි' යි දාඨාපභූති කෙරෙහි උදහස් වී මහා බලසෙනඟක් ගෙන රාහේර පර්වතයට පැමිණියේය.

45. එය ඇසූ දාඨාපභූති රජු ද බලසේනාවෙන් සන්නද්ධව කිරින්දක පර්වතයෙහි කඳවුරු බැන්දේය. මොග්ගල්ලාන ආදිපාද තෙමේ එය දැන,

46. 'මේ ලංකාවෙහි මිනිස්සු තට හෝ මට හෝ අපරාධ කළාහු නොවෙති. එහෙයින් අපි දෙදෙනා පමණක් යුද්ධ කරමු. අප දෙදෙනාගෙන් එකෙක් මළ කල්හි අනෙකාට ලංකා රාජ්‍යය හිමි වන්නේ ම ය.

47. එනිසා අන්‍යයෝ මේ යුද්ධයෙහි ලා ආයුධ නොගනිත්වා! අප දෙදෙනා පමණක් මෙහි හස්ති යුද්ධයක් කරමු' යි රජුට පණිවිඩයක් පිටත් කොට යැවීය.

48. 'යහපති. එය එසේ ම වේවා' යි කියා දාඨාපභූති රජ තෙමේ අප බුදුරජුට එරෙහිව ආ මාරයා සෙයින් පංචායුධයෙන් සන්නද්ධව ඇත්රජු පිට නැගී පෙරට ආයේය.

49. මොග්ගල්ලාන ආදිපාද තෙමේත් ආයුධයෙන් සන්නද්ධව ඇතුපිට නැගී පෙරට ආයේය. ඒ මහා හස්තීහු ඔවුනොවුන්ගේ පෙරට ආවෝය.

50. ඒ ඇතුන්ගේ හිසට හිස වදින ශබ්දය හෙණ හඬ සෙයින් ඇසුණේය. එකිනෙකාගේ දළ පැටලී තදින් වදින විට විදුලිය සෙයින් ගිනිසිළු පැන නැංගේය.

51. ලෙයින් වැකී ගිය සිරුරු ඇති හස්තීහු සන්ධ්‍යාවෙහි රත්පැහැ ගැන්වුනු වළාවන් බඳු වූහ. මොග්ගල්ලානයන්ගේ ඇතු විසින් දෙනු ලැබූ තියුණු ප්‍රහාරයෙන් දාඨාපභූතිගේ ඇතු පසුබැස්සේය.

52. එය දුටු දාඨාපභූති තෙමේ ඉණෙහි තිබූ සිරිය ගෙන සිය ගෙල සිඳගන්ට පටන් ගත්තේය. 'අහෝ! මලණ්ඩ, මෙසේ නොකරව'යි මොග්ගල්ලාන කුමරු ඔහුට වදිමින් ඉල්ලා සිටි නමුත්,

53. තමන් රජ වී සය මසක් හා දවසක් ගිය තැන දාඨාපභූති තෙමේ සිය රාජ්‍යයෙන් මෙන්ම ජීවිතයෙන් ද මෙසේ සමුගත්තේය.

54. මහා බල ඇති මොග්ගල්ලාන කුමරු දෙවෙනි මුගලන් නමින් බු.ව. 1082-1102 (ක්‍රි.ව. 538-558) ලංකා රාජ්‍යයෙහි ස්වාමියා බවට පත්වූයේය. මේ රජුට කලින් මුගලන් නමින් රජෙකු සිටි හෙයින් මොහු හට සුළු මුගලන් යන නම ව්‍යවහාර විය.

55. අසාමාන්‍ය කවි හැකියාවකින් යුතු මේ රජු තුනුරුවන් පිහිට කොට වාසය කළේය. දන්දීම, කෝප රහිතව සන්සිඳී සිටීම, ඉවසීම ආදී ගුණයන්ට නිවහනක් බඳු විය.

56. මේ රජු දානයෙන් ද, ප්‍රිය වචනයෙන් ද, අර්ථ චර්යාවෙන් ද, සමානාත්මතාවයෙන් ද මහාජනයාට සංග්‍රහ කළේය.

57. සිවුරු, පිණ්ඩපාත, සේනාසන, ගිලන්පස යන සිව්පසයෙන් මහාසංඝයා වහන්සේ පුදන ලද්දාහුය. එමෙන්ම ධාර්මික වූ ආරක්ෂාවන් ද පවත්වන ලද්දේය.

58. ධර්ම දේශකයන් වහන්සේලා අතිරේක පූජාවෙන් පූජා කරවා තුන් පිටකය අටුවාව සහිතව කියවීය.

59. දරුවන්ට ද රිසි පරිදි වැටුප් දෙවා සතුටු කරවූ ධර්මයට ද්වීපයක් බඳු මහ නුවණැති රජ තෙමේ හැම කල්හි ධර්මය සජ්ඣායනා කරවීය.

60. නරශ්‍රේෂ්ඨ වූ මේ රජු ධර්ම කාව්‍යයන් කරවා රාත්‍රී ධර්ම දේශනාව අවසන් වූ කල ඇත්කුඹෙහි මිනිසුන් හිඳවා ඒ කවි මහජනයාට අසන්ට සැලැස්වීය.

61. පර්වත මැදින් කිරිදිඔය බන්දවා පාසාණ වැවත්, ධන වැවත්, ගිරිතර වැවත් කරවීය.

62. උතුම් සද්ධර්මය පුස්කොළ පොත්වල ලියවීම දීර්ඝායුෂ ලැබීමට හේතු වේ යැයි සැලකූ රජ තෙමේ එසේ දහම් පුස්කොළ පොත් ලියවා තුනුරුවන්ට පිදීය.

63. මවක් සිය කුසින් උපන් දරුවා හට අනුකම්පා කරන සෙයින් මේ රජතුමාත් ලෝක සත්වයා කෙරෙහි මහත් සේ අනුකම්පාවෙන් යුතු විය. කැමති පරිද්දෙන් දන් දී තමාත් සැප සම්පත් අනුභව කොට රාජ්‍යය ලබා විසි වසරකින් අභාවයට පත්වූයේය.

64. මේ සුළු මුගලන් රජුට ප්‍රධාන බිසවක් සිටියාය. ඕ තොමෝ රජුගේ ඥාතීන්ට වස දීමෙන් මරවා සිය

පුත්‍රයා වන 'කීර්ති ශ්‍රී මේඝ' කුමරු බු.ව. 1102-1102 (ක්‍රි.ව. 558-558) රාජ්‍යයෙහි අභිෂේක කරවා තමා ම රාජ්‍ය පාලනයෙහි යෙදුනාය.

65. එසේ රාජ්‍යාභිෂේක ලද කීර්ති ශ්‍රී මේඝ රජු පළමුවෙන් කරන ලද්දේ තඹ උළුවලින් ජය ශ්‍රී මහා බෝධි ඝරය සෙවිලි කිරීමයි.

66. මේ රජු දුගී මගී යාචකාදීන් උදෙසා මහාදන් පවත්වන ලද්දේය. එමෙන්ම සියල්ලන්ට උපකාර ගත හැකි අයුරින් මාර්ග පාලකයෙකු සේ කටයුතු කළේය.

67. එකල සුළු මුගලන් රජුගේ මෙහෙසිය සෑම කටයුත්තෙහි ම ප්‍රධානත්වය ගෙන මැදිහත් වූවාය. ඇයගේ පරිපාලන දුබලතා හේතුවෙන් කීර්ති ශ්‍රී මේඝ රජුගේ රාජ්‍යය උඩුයටිකුරුව පෙරලී ගියේය.

68. රාජ්‍යයෙහි ප්‍රධානත්වය ගෙන කටයුතු කළ ඇමතිවරු සෑම දෙයකට ම අල්ලස් ගන්ට පටන් ගත්තාහුය. ජනපදයන්හි වාසය කරන බලවත් මිනිස්සු දුබල මිනිස්සුන්ව පීඩාවට පත්කොට අධිපතිකම් පැවැත්වූහ.

69. සිලාකාලගේ රාජ්‍ය කාලය තුළ සංගිල්ල නමැති ගමෙහි මයුර වංශයෙහි උපන් හයසීව නමැති එක්තරා පුද්ගලයෙක් සිටියේය.

70. ඒ හයසීවයන් හට අග්‍රබෝධි නමින් පුත්‍රයෙක් සිටියේය. එමෙන්ම මහානාග නමැති හයසීවගේ සොයුරියකගේ පුත්‍රයා ද ප්‍රසිද්ධව සිටියේය.

71. සිය සොයුරී පුත්‍ර මහානාග ද භයසීව පුත්‍ර අග්‍රබෝධි ද පෙනුමෙන් සුන්දරතරයහ. උදාර අදහස්වලින් යුක්තයහ. මින් මහානාග තෙමේ මහා බලවතෙකි.

72. කුඹුරු ගොවිතැන් වැඩ අත්හළ ඔවුහු වනයට ගොස් සොරකමින් දිවි ගෙවන්ට පටන් ගත්හ. දිනක් තලගොයි මසක් ලැබ එය සිය නැන්දණිය වෙත එවන ලද්දේය.

73. ඇය ද තලගොයි මස දැක මහානාගයන් විසින් එවන ලද්දේ යැයි දැන ඔහු වෙත වී පැසක් යැව්වාය. කම්මල්කරුවා අත සාවෙකුගේ මසක් ද පිස යැව්වාය. ඔහුත් එසේ ම කළේය.

74. සොයුරියගෙන් බිත්තර වී ද ඉල්ලා යැවීය. බිත්තර වී ගන්නා දාසයෙකු ද ඔහුට දී ආහාර පානාදියෙන් ද ඔවුන් පෝෂණය කළාය.

75. එකල දුර්භික්ෂයක් ඇති වූයේය. දිනක් එක් මන්ත්‍රධාරී පුද්ගලයෙක් භික්ෂු නමකගේ වේශයෙන් පැමිණ සැදැහැවතුන්ගේ නිවෙස්වල ආහාර පිණිස පිඬුසිඟා යයි.

76. ඔහු ඒ ගමට පිවිස කිසිදු ආහාරයක් නොලැබීය. අධික කුසගින්නෙන් පීඩිතව වෙව්ලන සිරුරෙන් යුතුව එගමින් නික්ම ගියේය.

77. මහ දයාවෙන් යුතු මහානාග තෙමේ මේ භික්ෂුව දැක්කේය. දැක කරුණාවෙන් යුතුව ඔහුගේ පාත්‍රය ගෙන යළිත් ගම පුරා පිඬුසිඟා ඇවිද්දේ,

78. කැඳිත්තක් පමණකවත් කිසිවක් නොලැබීය. එවිට මහානාග තෙමේ තමාගේ උතුරු සළුව ආහාරයකට

භුවමාරු කොට ඒ ආහාරය රැගෙනවිත් මොහුට දුන්නේය. ආහාර අනුභව කළ භික්ෂුවේශධාරී මන්ත්‍රකරු මහානාගයන් කෙරෙහි පැහැදුනේය.

79. 'මා විසින් මොහුව ලංකාවෙහි රජ කරවිය යුත්තේය' යි සිතා මහානාගයන්ව ද රැගෙන සැණෙකින් නැගෙනහිර ගෝකණ්ණ (ත්‍රිකුණාමලය) මුහුදු තෙර වෙත ගියේය.

80. ඉක්බිති මුහුදු වෙරළෙහි හිඳගත් මන්ත්‍රධාරියා මහානාගයන් ද ළඟ හිඳුවාගෙන අදාළ විධීන්ට අනුකූලව මන්ත්‍ර ජප කරන්ට පටන් ගත්තේය. ඒ දුරුතු පුන් පොහෝ දා රාත්‍රියෙහි නාගරාජයෙකු ඔවුන් ඉදිරියේ පෙනී සිටියේය.

81. 'පුත්‍රය, ඔය නාරජුව ස්පර්ශ කරව' කියා හේ මහානාගයන්ව පෙළඹවීය. එනමුදු භයට පත් මහානාග තෙමේ ඒ පෙරයමෙහි පැමිණි නාරජුව ස්පර්ශ නොකළේය.

82. මැදියම් රැයෙහි ද නාරජු යළි පැමිණියේය. එකල්හි ද මන්ත්‍රකරු මහානාගයන් හට ස්පර්ශ කරන්ට කී නමුත් භයට පත්ව එය නොකළේය. පශ්චිම යාමයෙහි නාගරාජයා වලිගය පමණක් පෙරට දැමුවේය. එවිට ඔහු ඇඟිලි තුනකින් නාගයාව ස්පර්ශ කළේය.

83. එය දුටු මන්ත්‍රධාරියා මෙසේ කීය. 'හෝ.... දරුව, මාගේ පරිශ්‍රමය සාර්ථක විය. තොපට රජවරු තිදෙනෙකු හා යුද්ධ කරන්ට සිදුවන්නේය. සිව්වෙනි රජුව ද මරා දමා,

84. මහලු බවට පත් තොප ලංකා රාජ්‍යය ලබා තුන් වසරක් ජීවත් වන්නේය. එසේ නමුත් තොපගේ වංශයෙහි උපදින්නා වූ රජවරු තිදෙනෙක් ලක් රජය පාලනය කරන්නාහ.

85. එහෙයින් දැන් තොප ගොහින් රජුහට සේවා කරව. පසුව මාගේ වචනයේ බලය දකින්ට තොපට හැකි වන්නේය' යන මේ වචන කියා පිටත් කරවීය. මහානාග ද ගොස් සිලාකාල රජු,

86. බැහැදැක ඔහුට උපස්ථාන කළේය. රජ තෙමේ මොහු රුහුණු රටෙහි වැඩෙහි යෙදුනෙකු බවට පත්කළේය. රුහුණෙහි උපදිනා බොහෝ බඩු අනුරපුරයට ගෙන ආවේ මහානාගයන් ය.

87. රජු මොහු කෙරෙහි බොහෝ සේ පැහැදුනේය. 'අන්ධ සේනාපති' නම් තනතුරක් ද මොහුට ප්‍රදානය කොට රුහුණට යෑමට ඒ කටයුත්තෙහි ම යෙදවීය.

88. හයසීවගේ අග්‍රබෝධි නමැති පුත්‍රයා ද සිය සහෝදරියකගේ පුත්‍රයා ද රැගෙන ගිය මහානාග තෙමේ තමන් ලද රුහුණු ප්‍රදේශය සම්පූර්ණයෙන් ම තමන්ට පක්ෂපාතී ලෙස හරවා ගත්තේය.

89. රුහුණ තමන් හට ප්‍රත්‍ය පහසුකම් සපයන ප්‍රදේශයක් බවට පත්කොට එහි වෙසෙමින් මහත් බල සෙනඟක් සහිතව කඳුරට බලයෙහි සිටි දාඨාපභූති රජු හා යුද්ධ කරන්ට ගිය කල්හි,

90. එකල රුහුණෙහි අධිපතිව සිටි මොග්ගල්ලානයන්ට බිය වූ මහානාග තෙමේ යළිත් රුහුණට ම ගොස්

වාසය කළේය. කීර්ති ශ්‍රී මේඝ රජුගේ කාලයේදී තමන්ට රාජ්‍යය සඳහා මාවත සකස් වී ඇති බව දැන,

91. 'දැන් අනුරාධපුර රාජ්‍යය අල්ලාගන්ට කාලය යැ'යි සිතූ මහානාග තෙමේ සේනා සංවිධානය කොට රුහුණෙන් නික්මී වහා අනුරාධපුරයට පැමිණියේය. එහිදී හටගත් යුද්ධයේදී කීර්ති ශ්‍රී මේඝ රජු ඝාතනයට ලක්වන විට රාජ්‍යය ලබා විස් එක් දිනකි.

92. මහානාග තෙමේ බු.ව. 1102-1105 (ක්‍රි.ව. 558-561) දී අනුරාධපුරයෙහි ලංකාවෙහි රජු බවට පත්ව පෙර පරිදි සියලු කටයුතු සලසා සොයුරියගේ පුත්‍රයාට ද අනුරාධපුරයට පැමිණෙනු පිණිස පණිවිඩයක් යැවීය.

93. හේ අනුරපුරයට එන අතරමගදී නිමිතිකරුවෙකුගේ කීමක් අසා යළි රුහුණට හැරී යන්නේ එහිදී මරණයට පත්වූයේය. කළ උපකාර සිහිකරන මහානාග රජු සිය මාමණ්ඩියගේ පුත්‍රයා වන අග්‍රබෝධි කුමරු යුවරජු තනතුරට පත්කළේය.

94. මහානාග රජු ජය ශ්‍රී මහා බෝධියෙහි මුල් නොසේදී යාම පිණිස බැම්මක් බැඳ රනින් ගෙයක් කොට එය රන් උළුවලින් සෙවිලි කරවීය. සම්බුදු පිළිම වහන්සේ නමක් ද එහි තැබ්බවීය.

95. රුවන්වැලි මහාසෑය, අභයගිරිය හා ජේතවනය යන තුන් සෑයෙහි සුණු පිරියම් කොට කොත් කැරළි ද සැකසීය. ඇත් පවුර ද කරවා එහි විචිත්‍ර කැටයම් ද කරවීය.

96. අනුරපුරයට උතුරෙන් පිහිටි ජම්බාල නමැති රෙදි වියන්නන්ගේ ගම්මානය ද තින්තිනික නම් ගම්මානය ද මහා විහාරයට සම්බන්ධ කොට දුන්නේය.

97. ජේතවනයට ඉහත්තැවේ තිබූ වසභ නමැති ගම්මානය ජේතවනයට ම දුන්නේය. තුන් නිකායෙහි සංඝයා වහන්සේ උදෙසා සිවුරු පිණිස වස්ත්‍ර පූජා පැවැත්වීය.

98. එමෙන්ම ජේතවන විහාරයට කුඹුරු තුන්සියයක් පුදා එහි සිටින භික්ෂූන් වහන්සේලාට සෑම කල්හි ම ලැබෙනු පිණිස කැඳ දන්වැටක් පැවැත්වීය.

99. දූරතිස්ස වැවෙන් සරුවෙන කුඹුරු දහසක් මහා විහාරවාසී තපස්වී භික්ෂූන්ට ද පුදා එහි ද නිති කැඳ දන්වැට පැවැත්වීය.

100. ගුණයෙහි ඇලුණු මහානාග රජ තෙමේ චිරමාතික වාරය ද මහාවිහාරයට ම දුන්නේය. එමෙන්ම මයූර පිරිවෙණෙහි අලුත්වැඩියා කටයුතු ද කළේය.

101. කාසිකඩ නමැති ගමෙහි මහාදේව රත්කුරව නමැති විහාරයේත් අනුරාරාමයේත් ජරාවාස වූ ගෘහපන්තීන් පිළිසකර කරවීය.

102. මෙසේ මහානාග රජ තෙමේ දෙව්ලොව ඉපදීමට උපකාරී වන බොහෝ පින්කම් ද කොට තුන්වසක් රාජ්‍යය ද කොට සක්දෙවිඳු හා එක්වීමට ගියේය.

103. මේ අට දෙනෙක් රජවරු තුටු සිතින් වසන වෙසමුණි දෙව්රජු සෙයින් රාජ්‍යශ්‍රීයෙන් විරාජමානව මිනිස්,

ඇත්, අස්, රථ, පාබල යන සේනාවන්ගෙන් ද දිලිහී සිටියාහුය. එහෙත් අවසන ඒ සියල්ල අත්හැර තමන්ට උපස්ථාන කළ පරිජනයන් ද රහිතව හුදෙකලාවේ සිය සිරුරු සොහොනට පිටත් කළාහුය. තම හට වැඩ කැමති නුවණැත්තා මෙය සිතා භවයෙහි සැප අකැමති වේවා!

මෙසේ හුදී ජන පහන් සංවේගය පිණිස කරන ලද මහාවංශයෙහි රජවරු අටදෙනා නමැති සතළිස්වන පරිච්ඡේදය නිමාවට පත්විය.

41

සතළිස් එක්වන පරිච්ඡේදය

රජවරු දෙදෙනා

01. මහානාග රජුගේ අභාවයෙන් පසු සිය මාමණ්ඩියගේ පුත්‍රයා වූ මහා පින් බලයකින් යුතු වූ, බුදුබව පතන අදහසින් යුතු වූ, යුවරාජ තනතුරු ලද අග්‍රබෝධි කුමරු බු.ව. 1105-1139 (ක්‍රි.ව. 561-595) දී ලංකාවෙහි රජ බවට පත්වූයේය.

02. ඒ අග්‍රබෝධි රජු තේජසින් හිරු මඬල බඳු විය. සෞම්‍ය ගුණයෙන් පුන් සඳ මඬල බඳු විය. නොසෙල්වෙන ගුණයෙන් සුමේරු පර්වත රාජයා බඳු විය. ගාම්භීර බවින් මහා සමුද්‍රය බඳු විය.

03. අකම්පිත ගුණයෙන් මහ පොළොව බඳු විය. සමව පැවැත්මෙන් සුළඟ බඳු විය. බුද්ධි බලයෙන් දිව්‍ය අමාත්‍යයෙකු බඳු විය. පිරිසිදු බවින් සරත් කාලයෙහි වලාකුළු රහිත අහස බඳු විය.

04. කම්සුවයෙන් සක්දෙවිඳු බඳු විය. ධන සැපතින්

වෙසමුණි රජු බඳු විය. ධර්මයෙන් සුද්ධ වාශිෂ්ඨයන් බඳු විය. වික්‍රමයෙන් සිංහරාජයෙකු බඳු විය.

05. දස රාජ ධර්මයෙන් රාජ්‍යය කරන්නේ සක්විති මහරජෙකු බඳු විය. දානයෙන් වෙසතුරු රජු සෙයින් ජනයා අතර මහත් ප්‍රසිද්ධියට පත්වූයේය.

06. අග්‍රබෝධි රජු සිය මාමණ්ඩිය උපරජ තනතුරෙහි පිහිටුවූ අතර සොයුරු කුමාරයා යුවරජ තනතුරෙහි පිහිටුවීය. සොයුරියගේ පුත්‍රයාව කඳුරට අධිපති තනතුරෙහි පිහිටුවීය.

07. යථායෝග්‍ය පරිදි ඒ ඒ තනතුරුවල ශ්‍රේෂ්ඨත්වය අනුව ඇමතිවරු පත්කරන ලද්දාහ. එමෙන්ම සතර සංග්‍රහ වස්තුවෙන් හා දස රාජ ධර්මයෙන් ද මහජනයාට සංග්‍රහ කරන ලද්දේය.

08. යුවරජු හට සේනාව ද සහිතව ලක්දිව දකුණු ප්‍රදේශය දුන්නේය. එහි වසමින් සිරිවඩ්ඪමාන නමැති වැව ද රජතුමා කරවීය.

09. මහ නුවණැති රජතුමා ගිරිවෙහෙර ද තනවා සංඝයා වහන්සේට පූජා කළේය. සංඝ භෝගයන් පිණිස දෙසියයක් කුඹුරු ද ගිරිවෙහෙරට පූජා කළේය.

10. අග්බෝ රජු තමන්ගේ දාඨා නමැති රාජදියණිය කඳුරටෙහි රජුට සරණපාවා දුන්නේය. එමෙන්ම සිරිසංඝබෝධි නමින් පිරිවෙණක් ද කරවීය.

11. මේ රජු තමන්ගේ නමින් පිරිවෙණක් කරවා මහාසිව තෙරපාණන්ට දුන්නේය. රජුගේ පරිවාර

ජනපදවැසියෝ ද රජු හා පිනට ම එක්රොක් වී සිටියාහුය.

12. මෙසේ සත්පුරුෂ ආශ්‍රයයෙන් යුක්තව පුරාතන රාජධර්මයන් ද රකිමින් ජරපත් වූ බොහෝ වෙහෙර විහාරයන් ද පිළිසකර කරවීය.

13. මේ අග්බෝ රජුගේ කාලයෙහි ලංකාවාසී බොහෝ කවීන් විසින් සියලු විස්තර වර්ණනාවන්ගෙන් යුතුව විවිධ විචිත්‍ර ශෛලීන්ගෙන් යුතුව බොහෝ කාව්‍ය ග්‍රන්ථයෝ සකසන ලද්දාහුය.

14. දක්ඛිණ වෙහෙරෙහි ඉතා සිත්කළු ප්‍රාසාදයක් කරවීය. මේ රජුහට ලක්දිව පුරා ඇති වෙහෙර විහාරවල මළුවල තිබූ කටු උදුරවා දමන්ට නව වසරක් ගත විය.

15. සියලු දෙය සාංඝික වන පරිදි කුරුන්ද නම් විහාරය ද කරවා, එනමින් ම වැවක් ද කරවා, තුන් යොදුනක් දුර පොල් උයනක් ද කරවා,

16. මහාසිව නමින් කුඹුරු යායක් ද අස්වද්දන්ට දී ලාභ සත්කාර සම්මාන සහිතව ආරාමිකයන් සියයක් ද දුන්නේය.

17. ඒ විහාරය අසල අම්බිලපණ්ණ නමින් වෙහෙරක් කරවා එනමින් ම යුතු ගම්මානයක් මහාවිහාරවාසී තපස්වී භික්ෂූන් වහන්සේලාට දුන්නේය.

18. උණ්ණවල්ලි විහාරයේ පිහිටි බොහෝ කලක් තිස්සේ වර්ණනා කරනු ලබන රතන නමැති මණ්ඩපයට ගමක් පූජා කොට එහි ශාස්තෘන්

වහන්සේ වෙනුවෙන් ශෛලමය පිළිම වහන්සේ නමක් තැන්පත් කරවීය.

19. කේලිවාතයෙහි සුමන නම් පර්වත විහාරයක් ද මහා තෙල්වලක් ද එහි බෝධිඝරයට ගල් පියගැටපෙළක් ද කරවීය.

20. මේ අග්බෝ රජු ලෝවාමහාප්‍රාසාදය අලුතින් පිළිසකර කරවා යළි සසුනට පූජා කරන උත්සවයෙහිදී තිස්හය දහසක් භික්ෂූන් වහන්සේලා උදෙසා තුන් සිවුරු පූජා කරගත්තේය.

21. සිය දියණියගේ නම වන දාඨා නමින් පැවති ගම්මානයක් ලෝවාමහාපායේ රැකවල් වියදම් පිණිස පිදීය. නුවණැති අග්බෝ රජු හත්ථිකුච්ඡි විහාරයෙහිත් ප්‍රාසාදයන් කරවීය.

22. දාඨාසිව නමැති තෙරපාණන්ගේ අවවාද මත මනාකොට පිහිටා සිට ධර්මානුකූලව රාජ්‍ය පාලනයෙහි යෙදෙමින් උන්වහන්සේට මැනැවින් උපස්ථාන ද කළේය.

23. එමෙන්ම මේ රජු මූගසේනාපති විහාරය ද සුවිසල් ලෙස කරවීය. ලජ්ජික නමැති ගම්මානය එහි විහාරයට දාසභෝගයක් ලෙස පිදීය.

24. දිවංගත මහානාග රජුහට පින් පිණිස ඒ රජුගේ නමින් පිරිවෙණක් ද කරවීය. එය ත්‍රිපිටකධාරී දාඨාසිව මහාතෙරුන් වහන්සේ හට පූජා කළේය.

25. එකල්හි ඒ තෙරණුවෝ තමන් වහන්සේ විසින් පිළිගන්නා ලද මහ පිරිවෙන, දුරුකරගත් ආසා

ඇති තපස්වී භික්ෂූන් වහන්සේලා හැටහතර නමක් උදෙසා පූජා කරගත්හ.

26. මහා පිරිවෙණෙහි වැඩවසන ඒ තෙරුන්ට ම වට්ටකාකාර පිටියෙන් භින්නෝරුද්වීපය පූජා කොට,

27. දක්ඛිණගිරිදළ්හ නමැති පිරිවෙණත් මහානාග පර්වත විහාරයත් කලාවැව විහාරය ආදියෙහිත් උපෝසථාගාරයන් කරවීය.

28. අභයගිරි විහාරයෙහි සුවිසල් පොකුණක් ද කරවීය. මිහින්තලාවෙහි ස්ථිර දිය පිහිටන සේ නාසොඬ නම් පොකුණ ද කරවීය.

29. එමෙන්ම මිහිඳු පර්වත බෑවුමෙහි මිහිඳු වැව ද මනාකොට කරවීය. ශ්‍රී මිහිඳු පිළිම වහන්සේ එතැනට වැඩමවාගෙන එන ලෙසත් නියෝග කළ කල්හි,

30. එදා මිහිඳු මහරහතන් වහන්සේ එතැනට වැඩම කොට වදාළේ යම් මාවතකින් නම් ඒ මාවතින් ම පිළිම වහන්සේ ද වැඩමවාගෙන එන ලෙස අග්බෝ රජු කතිකාවතක් ද කළේය.

31. මේ රජු තුන් නිකායට අයත් තුන් මහා ස්ථූපයන්හි රන් ඡත්‍ර කරවීය. සත් අට වාරයක් ම මාහැඟි රුවනින් තුන් සෑ පිදීය.

32. මේ රජු රුවන්වැලි මහාසෑයට විසිහතර බරකින් යුතු රනින් කළ ඡත්‍රයක් පිදීය. ඒ ඒ පූජ්‍යස්ථානයන්ට මාහැඟි රන් රුවන් පිදීය.

33. දළදා වහන්සේ වඩාහිඳුවීම පිණිස විචිත්‍ර වූ රුවනින් බබළන රන් කරඬුවක් ද කරවා පූජා කළ අතර මහාපාලී දානශාලාවෙහි ලෝහයෙන් බත් ඔරුවක් ද කරවීය.

34. මණිමේඛලා නම් වැවෙහි බැම්ම ද බැන්දවීය. මින්නේරිය වැවෙහි මහදිය ඇළ ද කරවීය.

35. මේ අග්බෝ රජුගේ කාලයෙහි ජෝතිපාල නමැති ස්ථවිරවාදී එක් මහතෙර නමක් දකුණු ඉන්දියාවේ සිට මෙහි පැමිණ ලක්දිව සිටි මිසදිටු ගත් වෛතුල්‍යවාදීන් හා වාද කොට ඔවුන් පරදවාලූහ.

36. එකල්හි දාඨාපභූති නමැති වෛතුල්‍යවාදී මිසදිටු මතය ගත් ආදිපාදවරයෙක් අතිශයින් ලැජ්ජාවට පැමිණ ජෝතිපාල මහතෙරුන්ට පහර දෙන්ට අත එසවීය. එසැණින් ම ඔහුගේ අතෙහි ගෙඩියක් හටගත්තේය.

37. එකල්හි අග්බෝ රජු ජෝතිපාල තෙරුන් කෙරෙහි පහන් සිතැතිව එවෙහෙරෙහි ම වස්සවා ගත්තේය. අධික මාන්නය නිසා උන්වහන්සේ කමා කරගන්ට නොපැමිණි දාඨාපභූති ආදිපාදවරයා ඒ රෝගයෙන් ම මරුමුවට පත්විය.

38. ඉක්බිති අග්බෝ රජු සිය සොහොයුරියගේ අග්බෝ නමැති පුත්‍රයා හට මහාදිපාද තනතුර ප්‍රදානය කොට ජෝතිපාල තෙරුන් රකින්ට නියෝග කළේය. නව ආදිපාදවරයා ද එලෙසින් කරන ලදී.

39. එමෙන්ම නීලගේහයේ කොටසක් කරවා උන්වහන්සේට ම පිදීය. මෙසේ බොහෝ පින්කම්හි

නියැලී සිටි පළමුවෙනි අග්බෝ රජු සිය රාජ්‍ය පාලනයෙහි තිස්හතරවන වසරේදී අභාවයට පත්වූයේය.

40. පළමුවෙනි අග්බෝ රජුගේ අභාවයෙන් පසු මහාදිපාද තනතුර හොබවමින් සිටි අග්බෝ කුමරු බු.ව. 1139-1149 (ක්‍රි.ව. 595-605) දී රජ බවට පත්වූයේය. කලින් සිටි අග්බෝ රජු වැඩිමහලු නිසාවෙන් මේ නව අග්බෝ රජු හඳුන්වනු ලැබුවේ සුළු අග්බෝ යන නමිනි.

41. පෙර රජදරුවන් විසින් පවත්වාගෙන ආ චාරිත්‍ර විධි කෙරෙහි දක්ෂ වූ මෙතෙමේ සිය මාමණ්ඩියගේ දියණිය වන දාඨා කුමරිය අගමෙහෙසිය බවට පත් කළේය.

42. ඒ මෙහෙසියගේ ඥාතියෙකු වන සංඝභද්‍ර කුමරු රජුගේ අසිග්ගාහක තනතුරට පත් කළේය. රාජ්‍ය ලෝභයෙන් තොර වූ මේ රජු සුදුසු පරිදි තනතුරු ලබාදුන්නේය.

43. මේ සුළු අග්බෝ රජු වේළුවනය නමින් විහාරයක් කරවා ජේතවන සාගලික නිකායික භික්ෂූන්ට පිදීය. ජම්බරතනගල්ල විහාරය හෙවත් රන්ගිරි දඹුල්ල ද මාපිටිය විහාරය ද කරවන ලද්දේ මේ රජු ය.

44. මේ සුළුඅග්බෝ රජුගේ කාලයෙහි දඹදිව කාලිංග රටෙහි පැවති යුද්ධයකින් මිය යන සත්වයන් දැක සංවේගයට පත් සිත් ඇතිව,

45. සිය රාජ්‍යය ද සිය රට ද අත්හැර දමා මේ ලක්දිවට පැමිණ පැවිදි වන්නෙමි යි දැඩිව අදිටන් කරගත්

කාලිංග රජු ජෝතිපාල මහතෙරුන් වෙත පැමිණ පැවිදි වූයේය. සුළු අග්බෝ රජු උන්වහන්සේට ද බොහෝ කල් උපස්ථාන කළේය.

46. උන්වහන්සේ වීරියෙන් යුතුව බවුන් වැඩූ කඳු මුදුනෙහි විහාරයක් කරවීය. මේ කළිඟු රජුගේ පැවිද්ද ගැන ඇසූ ඇමතියෙක් ද සිය බිසව සමග ලක්දිව අවුත් පැවිදි බව ලබාගත්හ.

47. ඇමතිවරයාගේ බිසව ලත් උතුම් පැවිදි බව ගැන ඇසූ සුළු අග්බෝ රජුගේ අගමෙහෙසිය ද ඒ භික්ෂුණියට සකස් කොට උපස්ථාන කළාය. රතනා නමින් මෙහෙණවරක් ද කරවූවාය.

48. සුළු අග්බෝ රජු අමාත්‍ය බව අත්හැර පැවිදි වූ භික්ෂුවට නැගෙනහිර කඩරොද වෙත්තවාස නමින් විහාරයක් කරවා දුන්නේය. එකල්හි ඒ භික්ෂුව තමන් ලද විහාරය පොදු සංඝයා හට පූජා කළේය.

49. කළිඟු රාජ තෙරුන් අපවත් වූ කල්හි මේ සුළු අග්බෝ රජු ශෝකයෙන් හඬා වැටුණේය. සුළුගල වෙහෙරෙහි ඒ තෙරුන් වීරිය ගෙන බවුන් වැඩූ තැන වෙහෙරක් ද කරවීය.

50. අපවත් වී වදාළ රාජ තෙරුන්ට පින් පිණිස පලංනගරය නම් ස්ථානය කළේය. මෙසේ රජ තෙමේ අපවත් වූ තෙරුන් නමින් බොහෝ පින්කම් කළේය.

51. දිනක් ජෝතිපාල මහතෙරුන් ථූපාරාම සෑය වන්දනා කරමින් සිටින කල්හි එකෙණෙහි ම සෑයෙන් අඩක් බිඳී උන්වහන්සේ ඉදිරියේ ඇදවැටුණේය.

52. දුකට පත් මහතෙරණුවෝ අග්බෝ රජු කැඳවා කඩා වැටී ඇති ථූපාරාම සෑය පෙන්වීය. ඒ දුටු රජු ද මහත් සංවේගයකට පැමිණ එකෙණෙහි ම සෑයේ කටයුතු කරවන්ට පටන් ගත්තේය.

53. ථූපාරාමයෙහි වඩාහිඳුවා තිබූ අප භාග්‍යවතුන් වහන්සේගේ අකු ධාතුන් වහන්සේ ලෝවාමහාප්‍රාසාදය තුළට වඩමවා මැනවින් රැකවල් දමා දිවා රාත්‍රී පූජා පැවැත්වීය.

54. ථූපාරාම සෑයේ ඉදිකිරීම් කටයුතු ප්‍රමාද වෙන්ට විය. එකල්හි ථූපාරාම සෑයට අධිගෘහිතව සිටි දේවතාවෝ ආරාමිකයන්ගේ වේශයෙන් රජු ඉදිරියෙහි රෑ සිහිනයෙන් පෙනී සිට,

55. 'එම්බා රජ්ජුරුවෙනි, ඉදින් ථූපාරාම සෑයෙහි ධාතු ගර්භය කරවන්ට ප්‍රමාද වන්නෙහි නම් අපි ධාතුන් වහන්සේ රැගෙන වෙන තැනකට යන්නෙමු' යි කියා සිටියහ.

56. සිහිනය දැක අවදි වූ සුළු අග්බෝ රජු තැතිගත් සිතින් යුතුව නොබෝ කලකින් ධාතු ගර්භයෙහි චිත්‍ර කැටයම් ආදී සියලු කටයුතු නිමවා,

57. පිළිම වහන්සේලා සිව් නමක් ද, ශෛලමය ආසනයක් ද, රන් ඡත්‍රයක් ද, ශෛල කැටයම් ද, ඇත්දත් කැටයම් ද ඒ ධාතුසරයෙහි මැනවින් කරවා,

58. මහඇමති ආදීන් විසින් කරවන ලද කරඬු එකසිය නවයක් ද, මුලින් ම දෙවනපෑතිස් රජු විසින් කරවන ලද ධාතු ගර්භයේ සියලු කටයුතු ද අලුතින් කරවන ලදී.

59. සියලු උත්සාහ ගෙන ඉතා උසස් ආකාරයෙන් මහා පූජාවක් කරවා ආදර බහුමානයෙන් යුතුව සර්වඥ අකු ධාතූන් වහන්සේ ලෝවාමහාපායෙන් පිටතට වඩමවාගෙන අවුත්,

60. ජෝතිපාල මහතෙරුන් ප්‍රමුඛ සංඝයා වහන්සේ පිරිවරා මහත් පුද පෙළහරින් යුතුව අකු ධාතූන් වහන්සේ සෑගැබෙහි ධාතු කරඬුවෙහි වඩාහිඳුවන ලද සේක.

61. මේ සුළු අග්බෝ රජු තමාත් සහිත මුළු ලක්දිව ම ථූපාරාම සෑ ගැබට පූජා කළේය. ඒ ධාතු ගර්භය පිහිටි ථූපාරාමයට රැකවල් පිණිස රාජමෙහෙසිය තමන්ගේ ආදායම් ගම්මානය ද පූජා කළාය.

62. භාග්‍යවතුන් වහන්සේ ලක්දිව දෙවනුව වැඩි ගමනේදී නාගදීපයෙහි (යාපනයෙහි) පිහිටුවා වදාළ කිරිපලු නුගරුක පිහිටි විහාරයට ධාතු මන්දිරයක් කරවීය. එමෙන්ම සර්වඥ ඌර්ණ රෝම ධාතූන් වහන්සේ උදෙසා ද ධාතු මන්දිරයක් කරවීය. ආමලසෑයෙහි ඡත්‍රය ද කරවීය.

63. එවෙහෙර වැසි සංඝයා හට කැඳ දන්වැට පිණිස ගම්මානයක් ද පූජා කළේය. අභයගිරි විහාරයට ද අංගණසාලක නම් ගම පූජා කළේය.

64. තමන්ගේ නමත් මෙහෙසියගේ නමත් එක්කොට 'දාඨාඅග්‍රබෝධි' නමින් විහාරයක් අභයගිරියෙහි කරවීය.

65. මේ දාඨා දේවිය අභයගිරියෙහි කපාලනාග විහාරය මනාකොට කරවූවාය. එමෙන්ම ඕතොමෝ ඒ

විහාරවැසි භික්ෂූන් වහන්සේලාට මැනැවින් උපස්ථාන ද කළාය.

66. සුළු අග්බෝ රජු ජේතවනයෙහි රජතචුම්බට නමින් ගෙයක් කරවීය. බෝධිඝරය අසළින් ළිඳක් ද කරවීය.

67. එමෙන්ම ගන්තලා වැව, වළාහස්ස වැව, ගිරිතලේ වැව ද කරවන ලද්දේ මේ සුළු අග්බෝ රජු විසිනි. මහාපාලී දානශාලාවේ ද බත්ඔරු කරවා දියුණුව ඇති කළේය.

68. දාඨා බිසව ද භික්ෂුණීන් උදෙසා ඉතා මැනවින් දන්වැට පැවැත්වූවාය. මෙසේ බොහෝ පින් කළ දෙවන අග්බෝ රජු සිය රාජ්‍යයෙන් දසවන වසරෙහිදී දෙව්ලොව ගියේය.

69. මෙසේ දානාදී පින්කම්හි ඇලී වසන භෝග සම්පත්තීන්ගෙන් අනූන වූ රජවරු පවා මරු වසඟයට ගියාහුය. එහෙයින් නුවණැත්තා සසරෙහි පවතින මේ සනාතන ස්වභාවය දැක සසර ගමන කෙරෙහි ඇල්ම අත්හැර පැවිදි බවට පත්ව දහමින් යුතුව නිවන දෙසට යොමුව ධර්මයෙහි හැසිරෙන්නේය.

මෙසේ හුදී ජන පහන් සංවේගය පිණිස කරන ලද මහාවංශයෙහි රජවරු දෙදෙනා නමැති සතළිස් එක්වන පරිච්ඡේදය නිමාවට පත්විය.

42

සතළිස් දෙවන පරිච්ඡේදය

රජවරු සයදෙනා

01. සුළු අග්බෝ රජුගේ අභාවයෙන් පසු අසිග්ගාහක තනතුර හොබවමින් සිටි සංඝභද්‍ර හෙවත් සංඝතිස්ස කුමරු බු.ව. 1149-1149 (ක්‍රි.ව. 605-605) දී ලංකා රාජ්‍යයෙහි ස්වාමියා බවට පත්විය. යුක්ති ධර්මයෙහි ඇලී සිටි ඒ රජු බුදු සසුනෙහිත් රටෙහිත් දියුණුව කැමති වූයේය.

02. මේ සංඝතිස්ස රජු ද යථායෝග්‍ය පරිදි ධානාන්තර ලබාදී ජනයාට හොඳින් සංග්‍රහ කළේය. එකල සුළුඅග්බෝ රජුගේ සෙන්පතියෙකුව සිටි මුගලන් නමැත්තා,

03. රුහුණෙහි වසන්නේ සංඝතිස්සයන් රජ වූ බව අසා මේ අභිනව රජු හා යුද වදිනු පිණිස මහා සේනාවක් සමග අවුත් මහගල්ල නම් ස්ථානයෙහි කඳවුරු බැඳගත්තේය.

04. එය ඇසූ සංඝතිස්ස රජ තෙමේ මුගලන් හා යුද වැදීම පිණිස සේනාව පිටත් කොට යැවීය. මහා සේනා බලයකින් යුතුව සිටි මුගලන් තෙමේ සිය සේනා බලයෙන් ඔවුන්ව බිය ගැන්වීය.

05. ඔවුන්ගේ ඇත් අස් ආදීන් ද ගෙන ඒ රාත්‍රියෙහි වෙහෙර නමැති තැනට ගොස් තවදුරටත් බල සෙනඟ රැස්කරගෙන එහි ම වාසය කළේය.

06. සංඝතිස්ස රජු එය අසා යළිත් කෙසෙල්කොටුව නම් තැනට ගොස් තම බල සෙනඟ යවා යුද්ධ කොට ඔහු පළවා හැර,

07. තෙමේ අනුරපුරයට පැමිණියේය. මුගලන් සෙනෙවි ද සිය නැසී ගිය සේනාවන් යළි ප්‍රකෘතිමත් කරවාගෙන කරේහේර නම් පෙදෙසට පැමිණියේය.

08. සංඝතිස්ස රජුගේ සෙන්පතියෙක් ද මිත්‍රද්‍රෝහීව සිට සිය පුත්‍රයාව රහසේ රජුට සතුරු මුගලන් වෙත යවා කිසියම් ආකාරයකින් තෙමේත් දුකට දොම්නසට පත්ව,

09. බලවත්ව රෝගීව සිටින බව බොරුවට අඟවා ඇඳෙහි වැතිර සිටියේය. එය ඇසූ සංඝතිස්ස රජු එකෙණෙහි ම සිය සෙන්පතිගේ සුවදුක් බලන්ට පැමිණ,

10. 'තොප සෝක නොකරව. කුමාරයාගේ කටයුතු බලමින් අනුශාසනා කරමින් අනුරාධපුරය රකුව. තොපට මාත් සමග,

11. යුද්ධභූමියට යාගන්ට හැකියාවක් නැත්තේය. තොප දැන් සිටින්නේ බලවත් රෝගෝපද්‍රවයකින් නොවැ' කියා කීවේය. ඉන් පසු සියලු ජනයා වෙන් කොට රජුට වළඳනු පිණිස බොජුන් ද නැති වූ කල්හි,

12. මහාපාලි බත්හලෙහි පිසින ලද ආහාරයක් රජුට ගෙනැවිත් දුන්නේය. එය දුටු රජතුමා කලකිරී ගිය සිත් ඇතිව 'මෙපමණකින් කුඩා නොවන්නේය.

13. මෙපමණකින් ඇති වේදැ'යි සිතා සිය පුත්‍රයාත් සමග සන්නද්ධ වාහනයෙන් යුක්තව ඇතු පිට නැගී වහා යුද්ධ පිණිස නික්ම ගියේය.

14. සංඝතිස්ස රජු පාචීනතිස්ස පර්වතයට යුද පිණිස ගියේ ස්වල්ප වූ බල සෙනඟක් සමග ය. එහිදී දෙපක්ෂය අතර යුද්ධය පටන් ගත්තේය.

15. ගිලන් වේශයෙන් ඇඳෙහි වැතිර හුන් ඒ මිත්‍රද්‍රෝහී සෙන්පතියා රජුට පිටුපසින් අවුත් යුද්ධය පටන් ගත්තේය. රජුගේ පුත්‍රයා ඔහු දැක 'මොහු මරන්නෙමි' යි කීවේය.

16. එකල්හි රජු 'දරුව, එය තට රිසි නොවේවා! මේ බල සෙනඟට යුද්ධය ඉවසිය නොහැකිය. ඉතා ස්වල්ප පිරිසක් නිසාවෙන් අප වැනසී යනු ඇතැ'යි පැවසීය.

17. ඉදිරියෙන් ආ මුගලන් සෙන්පතිගේ බලසෙනඟටත් පසුපසින් ආ මිත්‍රද්‍රෝහී සෙන්පතිගේ බලසෙනඟටත් මැදි වූ රජුගේ සේනාව දෙකඩ වී ගියේය. සොර සෙන්පතියාත් රටෙහි ස්වාමියා වූ රජුත්

දෙපැත්තෙන් දිස් විය.

18. එකල්හි සංඝතිස්ස රජුගේ ඇත්රජු මීරුක් සෙවණට පැමිණියේය. එහි අත්තක වැදුණු රාජඡත්‍රය බිම වැටුණේය.

19. එසැණින් මිත්‍රද්‍රෝහී සෙන්පතිගේ සේනාව වහා අවුත් සේසත රැගෙන ගොස් සිය මුගලන් සෙන්පති හට දුන්නාහ. සෙන්පති තෙමේ පර්වත මුදුනට ගොස් රජුගේ ඡත්‍රය උඩට ඔසොවා පෙන්වීය.

20. එකල්හි රජුගේ සේනාව සේසත දැක මේ අපගේ රජ නොවේදැ යි සිතා වැරදීමකින් මුගලන් සොරා වටා පිරිවරා ගත්තේය.

21. වහා ඇත්කඳින් බැසගත් රජුත්, පුත් කුමරාත්, රජුගේ සුහද අමාත්‍යයාත් අසල තිබූ මේරුමජ්ජර වනයට ගොස් රැක්ගොමු අතරෙහි සැඟවී ගියහ.

22. මුගලන් තෙමේ එයින් ලබන ලද ජය ඇතිව වාහන ආදියත් මිත්‍රද්‍රෝහී සෙන්පතියාත් ඔහුගේ පවිටු පුත්‍රයාත් රැගෙන,

23. අනුරපුර නගරයට පැමිණ බු.ව. 1149-1155 (ක්‍රි.ව. 605-611) ලංකා රාජ්‍යයෙහි අභිෂේක ලැබීය. අනතුරුව මුගලන් රජු වටහා ගත්තේ සතුරෙක් ජීවත්ව සිටියදී තමා හට රජ සැප නොලැබිය හැකි බවයි.

24. පලාගිය සංඝතිස්ස රජුගේ පුත්‍රයෙක් මාලිගාවෙහි මෙහි සිටී යැයි ඇසූ දළමුගලන් රජ තෙමේ මහත් සේ කිපුණේය. ඒ පුත් කුමරුගේ අත්පා කපා දමන්ට අණ කළේය.

25. රජුගෙන් අණ ලද වධකයා කුමාරයා□ගේ අත්පා කපනු පිණිස සූදානම් වූයේය. එකල්හි ශෝකයට පත් කුමරු හඬන්ට පටන් ගත්තේය.

26. 'අනේ මා කැවුම් කෑවේ මේ අත් දෙකිනි. මේ අත් කැපුවෝතින් මා කැවුම් කන්නේ කොයි අතින් දැ' යි කියා හඬා වැටුණේය.

27. එකල්හි රාජ අණ කරන්ට සිදුවීමෙන් හටගත් දුකින් යුක්තව හඬා වැලපුනු වධකයා ඒ කුමරුගේ වම් අතත් පයත් කපා දැම්මේය.

28. සංඝතිස්ස රජුගේ තව පුත්‍රයෙක් වන ජෙට්ඨතිස්ස කුමරු වෙස් වලාගෙන පලාගොස් කඳුරටෙහි මේරුකන්දර නම් ප්‍රදේශය බලා ගියේය.

29. පලාගිය සංඝතිස්ස රජුත්, පුත්‍රයා හා ඇමතියාත් රහසේ ම වේළුවනයට ගොස් එහි භික්ෂූන් වහන්සේලාගේ මගපෙන්වීම පරිදි කසාවත් හැඳගත්තාහුය.

30. භික්ෂූන්ගේ වෙස් ගත් පසු ඔවුහු රුහුණ බලා යනු පිණිස මින්නේරිය වැව අසළට පැමිණියෝය. එහි සිටි මුගලන් රජුගේ චරපුරුෂයෝ,

31. මේ තිදෙනාව හඳුනාගත්හ. ඔවුන්ගේ අත්පා බැඳ ඒ බව දන්වා රජුට හස්නක් යැවීය. එය ඇසූ රජු අතිශයින්ම,

32. තුටු පහටුව 'එසේ නම් වහා ඔවුන්ව එතැනින් රැගෙන සීගිරියට ගෙන ගොස් සැකක් බියක් නැතිව,

33. සංඝතිස්ස රජුගේත් ඔහුගේ පුත්‍රයාගේත් හිස් ගනිව්. ඇමතියා පමණක් පණපිටින් ම මා වෙතට රැගෙන එව්' කියා අණ කළේය.

34. රාජසේවකයෝ රජ අණ පරිදි ඔවුන් තිදෙනා රැගෙන සීගිරියට පමුණුවා ලැබූ රජ අණ පරිදි කටයුතු කරන්ට වූහ.

35. එකල්හි රාජපුත්‍ර තෙමේ ඒ රාජපුරුෂයන් හට මෙය කීය. 'එම්බා රාජසේවකයිනි, පළමුකොට මාගේ හිස සිඳිව්. එය මට සැපයෙකි.'

36. රාජපුරුෂයෝ එලෙසින්ම කළාහුය. දෙවනුව සංඝතිස්ස රජුගේ හිස සින්දාහ. 'අහෝ! කර්ම හා කර්මයන්ගේ ඵලය දන්නා ජනයෙනි, අසත්පුරුෂ බාලයන්ගේ කටයුතු දෙස බලව.

37. අහෝ! මේ භවභෝග සම්පත්තීහු ඒකාන්තයෙන් අනිත්‍යයහ. අස්ථිරයහ. තමාගේ වසඟයට නොපැමිණවිය හැක්කාහුය. භවත්නි, අනිත්‍ය වූ කාමයෙහි ඇලුණ තෙපි නිත්‍ය සුඛ වූ අමා නිවන කවර හෙයින් නොසොයව් ද!'

38. සංඝතිස්ස රජුට සුහදව සිටි අමාත්‍යයාට ද මුගලන් රජුගේ හසුන අසන්ට සැලැස්වීය. එය ඇසූ හේ හඬ නගා සිනහ වෙමින් මෙවදන් පැවසීය.

39. 'අහෝ! මා ජීවත්ව සිටියදී, මාගේ ස්වාමියාගේ හිස සිඳින ලදුව මවිසින් දකින ලද්දේය. අහෝ! මේ වැතිර සිටින මාගේ ස්වාමියා හැර මම් වෙනත් ස්වාමියෙකු සොයම් ද?

40. මෙහි මොහු මරා දැමූ පසු මොහුගේ ජායාව මම් අත්හරින්නෙම් ද. එම්බා අඥානයෙනි, තෙපි උමතු වූවහු යැයි හඟිමි.'

41. මෙසේ කියූ ඇමතියා තම ස්වාමියාගේ දෙපා දැඩිව වැළඳගෙන එහි ම වැතිරුණේය. ඇමතියා විසින් දැඩි ලෙස අල්ලාගත් ඒ රජුගේ පාදයන් අරවන උපායක් නොදක්නා වූ රාජසේවකයෝ ඇමතියා එසේ සිටියදී ම,

42. ඔහුගේ ද හිස සිඳ, තිදෙනාගේ ම හිස් ගෙන දළමුගලන් රජු වෙත දැක්වීය. ඒ දුටු රජු සංකා රහිතව නිර්භය බවට පත්වූයේය.

43. මිත්‍රද්‍රෝහී සෙන්පතියා හට කඳුරට රාජ පදවිය ලැබුණේය. සංඝතිස්ස රජු පාවා දීමට සහාය වූ ඔහුගේ පුත්‍රයා හට අසිග්ගාහක තනතුර ලැබුණේය.

44. දළ මුගලන් රජු අලුත් වස්ත්‍රයෙන් අනුරපුර තුන් මහාසෑය වසා පූජාවන් පැවැත්වීය. එසෙයින් ම ලංකාද්වීපයේ තිබෙනා සියලු ස්ථූපයන්ට ද මහත් පූජාවන් පැවැත්වීය.

45. ලෝකනාථයන් වහන්සේගේ කේශ ධාතූන් වහන්සේලාටත්, දළදා වහන්සේටත් ජය ශ්‍රී මහා බෝධියටත් සකස් කොට මහා පූජා සත්කාර කළේය.

46. වෙසක් මහෝත්සවය ආදී සියලු පූජාවන් චාරිත්‍රානුකූලව සිදුකළේය. ධාර්මික ක්‍රියාවෙන් සියලු බුද්ධ ශාසන කටයුතු පිරිසිදු කළේය.

47. මහා පූජාවන් පවත්වා ත්‍රිපිටක සජ්ඣායනාවන් කරවීය. බහුශ්‍රැත තෙරුන් වහන්සේලා අතිරේක ලාභයෙන් පිදීය.

48. ලංකාවාසී සියලු භික්ෂූන් වහන්සේලාට සිවුරු පූජා කළේය. සියලු ආවාසයන්හි කඨින චීවර පූජා පැවැත්වීය.

49. මේ රජු විසින් බුදුපිළිම වහන්සේලා ද කරවන ලද්දාහ. ජරාවාස වූ වෙහෙර විහාරයන් පිළිසකර කරවීය. තුන්සීයකට වැඩි ලුණුකෙත් ද සංඝයාට පිදීය.

50. කරාපිටියෙහි මුගලන් නමින් විහාරයක් කරවීය. පිටිගමෙහි විහාරයක් ද සගම විහාරය ද වටගම විහාරය ද කරවීය.

51. එමෙන්ම රත්වෙහෙරෙහි සෑගෙයක් ද කරවීය. දළමුගලන් රජු මෙසේ බොහෝ විහාරයන් කරවීය. සංඝයා උදෙසා බොහෝ භෝග ගම්මාන ද පිදීය.

52. මෙසේ මේ රජු අප්‍රමාණ පින්කම් කළේය. පෙර රජදරුවන් සතුව තිබූ සම්පත්වල අනිත්‍ය බව සිහිකරමින් සිටියදී,

53. කඳුරට රජුගෙන් සිදු වූ කිසියම් දොසක් හේතුවෙන් එම රජු සෙන්පතිව සිටි කාලයේ සංඝතිස්ස රජුට කරන ලද මිත්‍රද්‍රෝහී විප්‍රකාරය ද මතක් වී,

54. ඔහුව උපායෙන් අල්ලාගෙන අත්පා කපවා දැම්මේය. අසිග්ගාහක තනතුර හොබවමින් සිටි ඔහුගේ පුත්‍රයා හට සිය පියාට අත්වූ ඉරණම අසන්ට ලැබුණේය. හේ වහා සිය දරුවන් සමග රුහුණට පලාගියේය.

55. ඔහු එහි වාසය කොට සුළු කලකින් ජනපදය සිය අතට ගෙන මලය රටෙහි සැඟවී සිටි නැසීගිය සංඝතිස්ස රජුගේ පුත්‍රයෙකු වන ජෙට්ඨතිස්ස කුමාරයා සොයා ගියේය.

56. ඉක්බිති ඔහු සමග එක්වී රටත් ජනපදත් නසමින් අවුත් දොළුකන්දට පැමිණ කඳවුරු බැඳගත්තේය.

57. මුගලන් රජුට ඒ සියලු පවත් අසන්ට ලැබුණේය. හේ සන්නාහයෙන් සන්නද්ධව බලසේනා සහිතව ගොස් ඔවුන්ගේ ආසන්නයෙහි ම කඳවුරු බැඳගත්තේය.

58. එකල රජුගේ බොහෝ මිනිස්සු ජජ්ජර නමැති රෝගයෙන් පීඩිතව මිය ගියාහුය. එය දැනගත් අසිග්ගාහක තෙමේ,

59. වහා යුද්ධය පටන් ගත්තේය. රජුගේ සේනාව අතිශයින්ම දුර්වල වූයේය. බිඳීගිය යුද සෙනඟ පලාගියේය. පසුව දළමුගලන් රජු ද පලාගියේය.

60. සීගිරි පර්වතය අසලින් තනිවම යන දළමුගලන් රජු දුටු අසිග්ගාහක තෙමේ සිය පිරිස යොදවා රජුව එතැන ම මරවන ලද්දේය.

61. ඔහු පසුපසින් එන ජෙට්ඨතිස්ස කුමරුව ද ඝාතනය කිරීමේ අදහසින් අසිග්ගාහක තෙමේ 'එව, අවුත් රජ වෙව' යි කියා හසුනක් යැවීය.

62. 'මේ අසිග්ගාහකයා තමා දුකසේ ලත් රජය මට කෙසේ නම් දෙන්නේදැ' යි සිතා සැක කොට හැරී පලාගොස් කඳුරටට ම ගියේය.

63. මෙසේ අසිග්ගාහක විසින් දළ්හ හෙවත් දරුණු, දැඩි නමැති මුගලන් රජු මරවන ලද්දේ මුගලන් රජු රාජ්‍යය ලබා සය වසරක් ගත වූ තැනදී ය. බලවාහන සහිතව,

64. උතුම් අනුරාධපුරයට පෙරළා පැමිණි අසිග්ගාහක තෙමේ බු.ව. 1155-1164 (ක්‍රි.ව. 611-620) දී ලංකා රාජ්‍යයෙහි අණසක පැතිරවීම පිණිස අධිපති බවට පත්විය.

65. මේ රජු සිලාමේඝවර්ණ නමින් රජව සංඝයා වහන්සේ බැහැදැක වන්දනා කොට, ජය ශ්‍රී මහා බෝධියට ද වන්දනා කොට මහාසෑයට ද සත්කාර කළේය. මහාපාලි බත්හලෙහි දියුණුව ඇති කළේය.

66. ඉතා දුකසේ වසන සාගත කාලයෙහි ද ගිතෙල් උක් සකුරු යොදා සකසන ලද කිරිබතින් ද පෙරහන්කඩින් ද සංඝයාට උවටැන් කරවීය.

67. දුගී මගී යාචකාදීන්ට සියලු දානයෙන් සංග්‍රහ කළේය. මහත් දයාවකින් යුතු මේ රජු කුඩා දරුවන්ට කැවුම් පිණිස වියදම් දුන්නේය. අභයගිරි විහාරයේ වැඩහුන් සෙල්පිළිම වහන්සේ ද පිදීය.

68. ඒ සෙල්පිළිම වහන්සේ වැඩසිටි පිළිම ගෙය ජරාවාසව තිබූ හෙයින් එය ද නොයෙක් රුවනින් විසිතුරු කොට කරවීය.

69. ඒ සෙල්පිළිම වහන්සේට රැකවල් පිණිස යන වියදම් වෙනුවෙන් කොළවැව ද පිදීය. සියලු උපහාරයන්ගෙන් යුක්තව සියලු පූජාවන් පැවැත්වීය.

70. මේ රජ තෙමේ පින් බඳුනක සෙයින් රාජ්‍ය කරවන කල්හි කඳුරටට පලාගිය ජෙට්ඨතිස්ස කුමරුගේ මාමණ්ඩිය වන සිරිනාග නමැති නායකයෙක්,

71. දකුණු ඉන්දියාවට පැනගොස් කුලියට ගත් බොහෝ දෙමළ හේවායන් රැගෙන අවුත් ලංකාද්වීපයෙහි උතුරු ප්‍රදේශය අල්ලා ගන්ට පටන් ගත්තේය.

72. සිරිමෙවන් රජු එය අසා ඔහු හා යුද පිණිස ගොස් රාජමිත්‍ර නම් ගමෙහිදී ඔහුව ද ඔහු සමග පැමිණි දෙමළුන්ව ද නසා,

73. ඉතිරි වූ දෙමළ සේනාව ජීවග්ග්‍රාහයෙන් අල්ලාගෙන අවුත් ඔවුන්ට බොහෝ නින්දා පරිභව කොට ඒ ඒ විහාරයන්ට දාසයන් කොට දුන්නේය.

74. මෙසේ ජයග්‍රහණයට සපැමිණ අනුරපුරයට වන් රජු මුළු රටෙහි ම වියවුල් පිරිසිදු කොට කිසි අයුරකින් බියක් නැතිව වසන කල්හි,

75. අභයගිරි විහාරයෙහි වසන බෝධි නමැති භික්ෂුවක් බොහෝ භික්ෂූන් දුසිල්ව වසන බව දැක තමා නවක භික්ෂුවක් වශයෙන් සිටිමිනුත් සංඝයාගේ විනය පිරිහීම ගැන සංවේගව,

76. සිරිමෙවන් රජු කරා එළඹ ධාර්මික සංඝ කර්මයකින් භික්ෂු සංඝයා පිරිසිදු කිරීම පිණිස බලය ඉල්ලා සිටියේය. එකල්හි රජ තෙමේ ඒ බෝධි භික්ෂුව ලවා අභයගිරි විහාරයේ සිටි දුසිල් භික්ෂූන්ට ධාර්මික කර්මයන් කරවීය.

77. බෝධි භික්ෂුව මැදිහත් වීමෙන් නෙරපන ලද ඒ

සියලු දුසිල් මහණහු ඒකමතිකව කුමන්ත්‍රණය කොට රහසේ ම බෝධි භික්ෂුව ඝාතනය කොට ඔහු විසින් කළ ධාර්මික කර්මය යටපත් කළාහුය.

78. එපුවත ඇසූ සිරිමෙවන් රජු බොහෝ සෙයින් කිපුණේය. ඒ දුසිල් මහණුන් සියලු දෙන එක්කොට ඔවුන්ගේ අත් කපා බැඳුම් සහිත කොට පොකුණු පාලනයට යෙදවීය.

79. ඒ අර්බුදයට මැදිහත් වූ තව භික්ෂූන් සිය නමක් දඹදිවට පිටුවහල් කරවීය. බෝධි භික්ෂුවගේ උත්සාහය සිහිපත් කරමින් රජ තෙමේ සසුන පිරිසිදු කළේය.

80. ඔවුන් සමග උපෝසථ කරනු පිණිස එක්වන්නැයි ස්ථවිරවාදී භික්ෂූන් හට රජු විසින් ඇරයුම් කළ විට ඒ භික්ෂූහු එය ප්‍රතික්ෂේප කළාහුය. එකල්හි රජ තෙමේ ස්ථවිරවාදී භික්ෂූන් කෙරෙහි ද කිපී ආදර රහිතව,

81. ආක්‍රෝශ වචන පවසා, පරුෂ වචනයෙන් ගරහා ඒ සිල්වත් භික්ෂූන් සමා නොකරවාගෙන දකුණු දේශයට ගියේය.

82. ඒ රජු එහි වසන්නේ භයානක රෝගයකින් පීඩා විඳින ලදුව සිය රාජ්‍ය පාලනයට නව වසරක් ගිය තැන මිහිතලය අත්හළේය.

83. සිරිමෙවන් රජුගේ ඇවෑමෙන් පසු ඔහුගේ පුත්‍ර අග්‍රබෝධි නමැති කුමාරයා සිරිසංඝබෝධි නමින් ප්‍රසිද්ධව බු.ව. 1164-1164 (ක්‍රි.ව. 620-620) දී ලංකාවෙහි රජ බවට පත්වූයේය.

84. මේ තුන්වන අග්බෝ රජු සිය මලණුවන් වන මාන කුමරු උපරජ තනතුරෙහි අභිෂේක කරවා බල සේනා වාහන සහිතව දකුණු ප්‍රදේශය ඔහුට භාරදුන්නේය.

85. මේ රජු පෙර රජදරුවන් නොකඩ කොට පවත්වාගෙන ආ චාරිත්‍ර විධි නොනසා දැහැමි ලෙස රට පාලනය කළේය. සංඝයා වහන්සේට ද ගෞරව දැක්වීය.

86. එකල්හි මලය රටෙහි සැඟවී සිටි ජෙට්ඨතිස්ස කුමරුට මේ සියලු තොරතුරු අසන්ට ලැබුණේය. හේ වහා රිටිගලට පැමිණ මහජනයාට සංග්‍රහ කළේය.

87. මනා කල්පනාවකින් හෙබි ජෙට්ඨතිස්ස කුමරු නැගෙනහිරත් දකුණත් තමා යටතට ගෙන ක්‍රමයෙන් මහත් බල සේනාවක් පිළියෙල කොට අනුරාධපුරය බලා එන්ට පටන් ගත්තේය.

88. හේ දාඨාසිව ඇමතියා බටහිර දෙස අත්කරගන්ට පිටත් කොට යවා තමා සිරිපිටි ගමෙහි වාසය කළේය.

89. තෙවෙනි අග්බෝ රජු මේ සියලු පුවත් අසා දැන ඔවුන් හා යුද කරනු පිණිස යුවරජුව පිටත් කොට යැවීය. ඔහු බටහිරට ගොස් සේනා සහිතව සිටි දාඨාසිව ඇමතියා පලවා හැරියේය.

90. කැදැල්ලක සිටින කුරුලු පැටවුන් ලෙසින් මේ ළදරු මිනිසුන් නැසිය හැකිය කියා මයෙත් වැවට ආ අග්බෝ රජු දාඨාසිව ඇමතියාව අල්ලාගත්තේය.

91. ජෙට්ඨතිස්සයාව ද අල්ලාගන්නෙමි යි කියා අග්බෝ රජු අති වික්‍රමයෙන් යුතුව, සැක රහිතව ස්වල්ප සේනාවක් සමග පැමිණියේය.

92. ජෙට්ඨතිස්ස කුමරු එය අසා සන්නද්ධ බල වාහනයෙන් යුතුව වෙරළ බිඳගෙන පැමිණෙන සයුර සෙයින් රාජ සේනාව වසාගෙන පැතිරුණේය.

93. රජුගේ සේනාව බිඳී ගියේය. අග්බෝ රජු ඇතා පිට නැගී අප්‍රසිද්ධ වේශයක් ගෙන සැණෙකින් පලා ගියේය.

94. රාජ්‍ය ලාභය ලබා සය මසක් ගිය තැන සිදු වූ මේ දෙයින් පසු හේ ධනය, රට හා ඥාතීන් යන සියල්ල අත්හැර දඹදිවට පලාගියේය.

95. ඉක්බිති ජෙට්ඨතිස්ස කුමරු අනුරාධපුරයට පැමිණ බු.ව. 1164-1164 (ක්‍රි.ව. 620-620) දී ලංකාවෙහි රජබවට පත්ව පෙර රජදරුවන් සෙයින් නිසි ලෙස රාජ්‍ය කෘත්‍යයන් පැවැත්වීය. සසුන ද රැක්කේය.

96. හේ අභයගිරි මහා විහාරයට මහාදාරගිරි පර්වත විහාරය දුන්නේය. මහාමෙත් නමැති බෝධිඝරය මහාවිහාරික සංඝයාට දුන්නේය.

97. එමෙන්ම ජේතවනයට ගොඩිගමුව විහාරය දුන්නේය. මාතුලංගණ ගමත් උදුම්බරංගණ ගමත්,

98. පධානඝර වැසි මහානාග තෙරපාණන්ට දුන්නේය. කාශ්‍යපගිරි විහාරයට ගොදුරුගමක් කොට අම්බිලාපිකය දුන්නේය.

99. එමෙන්ම වේළුවනයට කැකුළුවිට ගම දුන්නේය. ගංගාමාති විහාරයට කෙහෙනාගම දුන්නේය.

100. අන්තරගංගා විහාරයට සුළුමාතිකාගම දුන්නේය. මයෙත් වැව කස්සප විහාරයට දුන්නේය. සහන් නගරය ද දුන්නේය.

101. කලාවැව විහාරයට උදයගම දුන්නේය. මේ විහාරයන්ට ද අනෙකුත් විහාරයන්ට ද ආදායම් ලැබෙන ගම්මානයන් බොහෝ පිදීය.

102. රන් කහවණු තුන් ලක්ෂයක් වියදම් කොට ජරාවාසව තිබූ විහාරයන් පිළිසකර කරවීය. එමෙන්ම ලක්වැසි සියලු භික්ෂූන්ට සිවුරු පූජා කරගත්තේය.

103. මේ රජුගේ සහෝදර පිරිස දඹදිවට පැනගොස් සිටි හෙයින් ඔවුන් යළිත් ලක්දිවට අවුත් ඒ ඒ තැන සැඟවී ගත්හ. ඔවුහු ලක්දිව නසන්ට පටන් ගත්තෝය.

104. එය ඇසූ ජෙට්ඨතිස්ස රජු කලාවැවට පැමිණ ඔවුන් හා යුද්ධ කරමින් සේනා වාහන සහිතව එහි ම වාසය කළේය.

105. දඹදිව ගිය තෙවෙනි අග්බෝ රජු දකුණු ඉන්දීය දෙමළ කුලී හේවායන් ද රැගෙන කලාවැවට පැමිණ යුද්ධ කරන්ට පටන් ගත්තේය.

106. එකල්හි මහත් බලසේනාවන්ගෙන් සන්නද්ධව ආයුධ සහිත වූ ජෙට්ඨතිස්ස රජු ද දාඨාසීවක නම් ඇමතියා දඹදිවට යවා ගෙන්වා ගන්නා ලද,

107. සන්නාහවලින් සරසන ලද ඇත්රජෙකුගේ පිට නැගී යුද්ධ කරමින් සිටියදී තමන්ගේ බල සෙනඟ

පසුබැස යනු දැක තමා හා ඇතුපිට නැග සිටි,

108. මහ ඇමතියා හට මේ වචන කීවේය. 'මාගේ හසුන මෙහෙසියට දැනුම් දෙව. පසුව තොප ද කැමති දෙයක් කරව,

109. මහාදේවිය පැවිදි බව ලබාගෙන ත්‍රිපිටකය සජ්ඣායනා කොට අභිධර්මයෙන් බණ කියා මා හට පින් දෙන්ට කියව'යි,

110. යන මේ හසුන දී යුද්ධයට ආ යම්තාක් දෙමළ භේවායින් ඇද්ද, ඔවුන් ද නසමින් තමාගේ ආයුෂ ද අවසන් කරගත්තේය.

111. එකල්හි යුද්ධයට පැමිණි වේළුප්පා නමැති දෙමළා දැක අත තිබූ බුලත් මඩිස්සලෙහි දමා තිබූ සිරිය,

112. එයින් එළියට ගෙන තමාගේ හිස මැනවින් සිඳ ඇත්කුඹ මත තබා සිරිය කොපුවෙහි දැමීය.

113. එකෙණෙහි මහාසේනාව මහහඬින් කෑගසමින් ඝෝෂා කළහ. මහඇමතියා ද වහා මාලිගයට ගොස් රජුන්ගේ පරාජය සැළකොට, රජු හිස සිඳගත් බවත් සැලකොට,

114. රජු විසින් දෙන ලද සංදේශයත් දේවියට කියවා එතුමිය සසුනෙහි පැවිදි කරවා අටුවා සහිත අභිධර්මය සජ්ඣායනා කොට අවසන් වූ කල්හි,

115. ධර්මාසනයෙන් බැස මිහිතලය මත වාඩි වී 'එව අමාත්‍යය. මාගේ ස්වාමි රජහු මිය ගිය ආකාරය දැන් මට දක්වාලව'යි නියෝග කළාය.

116. එකල්හි ඇමතියා එතුමිය ඉදිරියෙහි වාඩි වී තමන්ගේ හිස සිඳගෙන සිරිය කොපුවෙහි දමාගෙන 'දේවයන් වහන්සේ මළේ මේ අයුරිනි' යි දැක්වීය.

117. එය දුටු මහාදේවී භික්ෂුණිය වාවාගත නොහැකි අතිශය ශෝකයෙන් හදවත පැලී මිය ගියාය. මෙසේ රාජ්‍ය ලබා පස් මසකින් ජෙට්ඨතිස්ස රජු දෙවියන් අතරට ගියේය.

118. දිනන ලද සංග්‍රාම ඇති තුන්වෙනි අග්බෝ රජු සතුරන් මැඩ රාජ්‍ය ප්‍රකෘති තත්වයට පත්කරමින් යළිත් බු.ව. 1164-1176 (ක්‍රි.ව. 620-632) දී යළිත් අනුරාධපුරයෙහි රජ බවට පැමිණියේය.

119. මේ රජු සිය යුවරජු නමින් තමා විසින් කරවන ලද මහල්ලකරාජ නම් විහාරය පධානඝරවාසී තෙරපාණන්ට දුන්නේය.

120. එමෙන්ම හංකාරගම හා සාමගම ද ඒ තෙරුන්ට ම පිදීය. රජු පරිභෝග කළ කෙහෙල්ල ගම්මානයත් එහි සිටි සියලු පිරිවරත් තෙරුන්ට ම දුන්නේය.

121. එමෙන්ම ජේතවනයට මාමිණියාගම දුන්නේය. මයෙත් වැව අසල පිහිටි කාශ්‍යප විහාරයට සාලගම ද දුන්නේය.

122. මිහින්තලේ සිටි ධර්මරුචික භික්ෂූන් උදෙසා ඇඹුල්පදර ගම පිදීය. පොළොන්නරු නගරයෙහි මහාපානාදී නමින් දූපතක් සකස් කළේය.

123. මේ රජු සිය අන්තඃපුරයෙහි අකටයුතු කළ මාන නමැති යුවරජුට සම මෙතින් සමාව දී තිබියදී ඒ

රජුගේ ඇමතිවරු විසින් ඔහුව මරාදමන ලද්දේය.

124. එකල්හි රජුගේ පරම්පරාව රැකගනු පිණිස කාශ්‍යප නමැති කණිටු සොයුරු කුමරා යුවරජ තනතුරෙහි අභිෂේකය කරවීය.

125. මාන යුවරජුගේ ඝාතනය අසා දාඨාසිව තෙමේ බොහෝ දෙමළ කුලී හේවායන් රැගෙන සියඹලංගමුවට පැමිණියේය.

126. ඔහුගේ පැමිණීම දැනගත් තෙවෙනි අග්බෝ රජු සේනා බලවාහන සමග නික්ම ඔහු හා යුද්ධ කරන්නේ රාජ්‍යත්වයෙන් දොළොස්වන වසරෙහි යළි දඹදිවට පැන ගියේය.

127. මේ තෙවෙනි අග්බෝ රජු සියල්ල අත්හැර පැනයද්දී තමාව හඳුන්වා ගැනීම පිණිස වම් උරහිසින් සිරුර පළඳින ඒකාවැල නමැති මුතුපොට පමණක් ගෙන හුදෙකලාව නික්ම ගියේය.

128. ඉන් පසු බු.ව. 1176-1188 (ක්‍රි.ව. 632-644) දී රජ පැමිණි දාඨාසිව නමැති තැනැත්තා දාඨෝපතිස්ස නමින් ලක් ධරණී තලයෙහි රජු බවට පත්වූයේ රජෙකු පළඳින ඒකාවැල පවා නොමැතිව ය.

129. තෙවෙනි අග්බෝ රජු ද ලද ලද අවකාශයෙන් රාජ්‍යය උදෙසා යුද්ධ කොට යළි රාජ්‍යය ලබාගත්තේය. මෙසේ ඔවුහු වරින්වර එකිනෙකා පලවා හරිමින් රාජ්‍ය කළාහුය.

130. මේ අයුරින් වරින් වර සිදුවූ රජවරුන් දෙදෙනෙකුගේ යුද්ධයට ලංකාද්වීපය මුහුණ දීම හේතුවෙන් මහජනයා සියලු ධන ධාන්‍යයෙන් පිරිහී ගියේය.

131. දාඨෝපතිස්ස රජු නමින් රජ වූ දාඨාසිව විසින් පෙර රජදරුවන් සතුව තිබූ සියල්ල වනසා දමන ලදී. එමෙන්ම මහාවිහාරය, අභයගිරිය, ජේතවනය යන තුන් නිකායට අයත් ධාතු මන්දිරයන්හි තිබූ ධන සාරය පැහැර ගත්තේය.

132. රන් පිළිම වනසා රන් පැහැර ගත්තේය. රන් මාලාදී වටිනා පූජා භාණ්ඩ පැහැර ගත්තේය.

133. ථූපාරාම සැමුදුනෙහි සවිකර තිබූ රන්කොත ද පැහැර ගත්තේය. රුවන්වැලි මහාසෑයට පළඳවන ලද නොයෙක් මාහැඟි රුවනින් ගැවසී ගත් රන් ඡත්‍රය ද බිඳ පැහැර ගත්තේය.

134. මහාපාලි බත්හලෙහි තිබූ පෙර රජදරුවන් පුදන ලද වටිනා බත්ඔරු තමන්ගේ කුලී හේවා භටයින්ට දුන්නේය. කෝපයට පත් දෙමළ කුලී හේවායෝ රජගෙවල් හා ධාතු මන්දිරවලට ගිනි තැබුවෝය.

135. පසුව තමා කළ වැරදි සිහි වී විපිළිසර බවට පත්වූ දාඨෝපතිස්ස රජු තමා විසින් කරන ලද පව් කමා කරවීම පිණිස භෝග සම්පත් සහිත උයන්වතු ඇති විහාරයක් කරවීය.

136. ඒ රජුගේ සහෝදරියගේ පුත්‍රයා ජනතාව අතර ප්‍රසිද්ධව සිටියේ රතනදාඨ යන නමිනි. හේ මහාදිපාද තනතුර ලැබ පොහොසත් වී රජුට උපස්ථාන කළේය.

137. යුද බලය නිසාවෙන් තෙවෙනි අග්බෝ රජු නැවත රාජ්‍යත්වයට පත්වූ කල්හි සිය සොයුරු කාශ්‍යප යුවරජු තමන්ගේ සේනාවන් නඩත්තු කිරීම පිණිස,

138. නුවණින් නොවිමසා බලහත්කාරයෙන් ථූපාරාම සෑය බිඳවා දෙවනපෑතිස් නිරිඳුන් විසින් ද සුළු අග්බෝ නිරිඳුන් විසින් ද,

139. පෙර රජදරුවන් විසින් ද පූජා කරන ලද මාහැඟි වස්තූන් කිසි නීතියක් නොදත් පව්ටුන් පෙරටු කොටගෙන පැහැරගත්තේය.

140. එමෙන්ම දක්ඛිණ විහාරයෙහි සෑය ද බිඳ මාහැඟි වස්තූන් පැහැර ගත්තේය. මෙසේ කාශ්‍යප යුවරජ තෙමේ අන්‍ය වූ පූජ්‍ය සෑයන් ද බිඳවා මාහැඟි වස්තූන් පැහැර ගත්තේය.

141. දුර්නීතිය ම පෙරටු කොටගෙන මෙලෙසින් හානි සිදුකරන යුවරජු වළක්වන්ට හැකියාවක් තෙවන අග්බෝ රජුට නොතිබුණේය. 'අහෝ! පාපීන් පවින් වළක්වන්ට බැරි ම ය!'

142. ඒ විනාශය වැළැක්වීමට අසමත් වූ තෙවන අග්බෝ රජු පසුව ඔවුන් විසින් බිඳින ලද ථූපාරාම සෑය රන් කහවණු දහසක වියදමින් යළි සකස් කොට උත්සවයක් කළේය.

143. යළිත් වරක් දාඨෝපතිස්ස රජු විසින් තෙවන අග්බෝ රජු පරදවන ලද්දේ හේ හමුදාව එක්රැස් කරගැනීම පිණිස රුහුණට පලා ගියේය.

144. රුහුණට පලාගිය තෙවන අග්බෝ රජු ලංකා රාජ්‍යයෙහි අධිපති බවට පත්ව දහසය වන වසරෙහි රෝගයකින් පහර කන ලදුව මිය පරලොව ගියේය. එකල්හි තෙවන අග්බෝ රජුගේ කණිටු සොයුරු කාශ්‍යප යුවරාජයා,

145. දාඨෝපතිස්ස රජුව දඹදිවට පළවා හැර ලක්දිව එක්සේසත් කොට බු.ව. 1188-1197 (ක්‍රි.ව. 644-653) දී ඔටුණු නොපැළඳ ලංකාවෙහි රජ වූයේ දෙවන කාශ්‍යප නමිනි.

146. සත්පුරුෂයන්ගේ ඇසුරට පත් කාශ්‍යප රජු තමා අතින් සිදු වූ පාපී ක්‍රියාවන් පිළිබඳව පසුතැවීමට පත්ව 'මවිසින් කරන ලද පව් නසාලන්නෙමි' යි සිතා,

147. මල් උයන්, පළතුරු උයන්, වැව් ආදිය කරවූයේය. තුන් මහා සෑයට ද මහත් පූජා සත්කාර පැවැත්වීය.

148. ථූපාරාමයට ද මහත් පූජා සත්කාර පවත්වා එහි දියුණුවට ගමක් ද දුන්නේය. තුන් නිකායට අයත් සියලු භික්ෂූන් ලවා ධර්ම දේශනාදිය කරවීය.

149. මිරිසවැටියෙහි ඉතා සවිමත් අයුරින් ප්‍රාසාදයක් කරවා නාගසාලවාසී මහා ස්ථවිරයන් වහන්සේ එහි වස්සවා ගත්තේය.

150. ඒ ප්‍රාසාදයේ වසන තෙරණුවන් හට සිව්පසයෙන් උපස්ථාන කරමින් අටුවා සහිතව අභිධර්මය කියවා ගත්තේය.

151. නාගසාලාවෙහි ද ආවාසයක් කරවා එය ද එකී තෙරපාණන්ට ම පිදීය. මහානිට්ටිල ගමෙන් ලත් ආදායම ද ඒ තෙරුන්ට ම පිදීය.

152. ඉක්බිති හිටපු දාඨෝපතිස්ස රජු දකුණු ඉන්දියාවෙන් මහත් දෙමළ කුලී හමුදාවක් රැගෙන යළි ලක්දිවට පැමිණියේය. හේ කාශ්‍යප රජු හා යුද වදින්නට විය.

153. මනා ලෙස සේනාවන්ගෙන් සන්නද්ධව සිටි කාශ්‍යප රජු විසින් දාඨෝපතිස්ස රජුව මරණයට පත්කරන ලද්දේය. මේ දාඨෝපතිස්ස රජු දොළොස් වසරක් ලංකා රාජ්‍යය කළේය.

154. දාඨෝපතිස්ස රජුගේ සොයුරියකගේ පුත්‍රයෙකු වන දාඨෝපතිස්ස නමින් ම යුක්ත වූ තැනැත්තා ද ඒ මහා යුද්ධයෙන් බියට පත්ව දකුණු ඉන්දියාවට පලා ගියේය.

155. මෙසේ සියලු සැප සම්පත්තීහු ඒකාන්තයෙන් අනිත්‍යයහ. එමෙන්ම ඒවා ඉතා දුර්ලභයහ. ඒවා සෝභමානව පවතින්නේ ක්ෂණයකි. එහෙයින් සිය හිතසුව කැමති තැනැත්තා මෙවන් සම්පත් කෙරෙහි ආලය අත්හැර ධර්මය පෙරටු කොට ගන්නෙක් වන්නේය.

මෙසේ සුදී ජන පහන් සංවේගය පිණිස කරන ලද මහාවංශයෙහි රජවරු සයදෙනා නමැති සතළිස් දෙවන පරිච්ඡේදය නිමාවට පත්විය.

43

සතළිස් තුන්වන පරිච්ඡේදය

රජවරු සිව්දෙනා

01. මෙසේ දිනන ලද සංග්‍රාම ඇති, සත්පුරුෂයන්ගේ ආශ්‍රය ඇති කසුප් රජු මහාපාලි බත්හලෙහි දන් වළඳින සංඝයා වහන්සේට ලැබිය යුතු භෝජන දියුණුවට පත් කළේය.

02. නාගසාලවාසී ඒ ධර්මකථික මහා ස්ථවිරයන් වහන්සේට ම මහා පූජාවන් පවත්වා උන්වහන්සේ ලවා ධර්ම දේශනා කරවීය.

03. ස්වකීය සහෝදරයාගේ ආවාසයෙහි වැඩවසන කටකන්දරවාසී තෙරපාණන් සඳහා මේ දෙවන කසුප් රජු මැනවින් සංග්‍රහ කොට සියලු පාලි ත්‍රිපිටකය පුස්කොළ පොත්හි ලියවීය.

04. එවෙහෙරෙහි ජරාවාස වූ ගොඩනැගිලි ද පිළිසකර කරවීය. සෑය ද අලුත්වැඩියා කරවීය. ඒ ඒ තැන සංඝයා උදෙසා උදව් උපකාර සැලැස්වීය.

05. රුවන්වැලි මහාසෑය, අභයගිරිය හා ජේතවනය යන තුන් මහාසෑය උදෙසා නානා මාණික්‍යයෙන් බබළන සිළුමිණි තුනක් කරවීය. පැවිද්ද ලබන සියක් දෙනෙකුට වස්ත්‍ර දානයෙන් පූජා පැවැත්වීය.

06. මේ දෙවන කසුප් රජුට බොහෝ පුත් කුමාරවරු සිටියහ. ඔවුන් අතර සිටි වැඩිමහලු පුත්‍රයා ප්‍රසිද්ධ වූයේ මානක යන නමිනි. ඒ සියල්ලෝ ම නිසි කලවයසට නොපැමිණ සිටියහ. බාලයහ. මෝරා ගිය නුවණ නැත්තාහුය.

07. ඒ අතරවාරයෙහි දෙවන කසුප් රජු සුවකළ නොහැකි වූ කිසියම් අසාධ්‍ය රෝගයකින් පෙළුනේය. 'අහෝ! මාගේ පුත්‍රයෝ සියලු දෙන ද තවම කුඩා දරුවෝ ය. මොවුහු රාජ්‍ය බලය උසුලන්ට තරම් හැකියාව නැත්තෝය' යි සිතා,

08. රුහුණෙහි වාසය කරන මහා නුවණැති සිය බෑණනුවන් කැඳවා තමන්ගේ පුත් කුමාරවරුන්ව ද සියලු ලංකා රාජ්‍යය ද ඔහුට පැවරුවේය.

09. ඉක්බිති රුවන්වැලි මහාසෑය, අභයගිරිය හා ජේතවනය යන තුන් මහාසෑයට සුවඳ මල් ආදිය පුදා භික්ෂු සංඝයා වහන්සේට ද සිව්පසය පුදා තමා අතින් බුදු සසුනට සිදු වූ සියලු වරදට කමා කරවා ගත්තේය.

10. මෙසේ ඒ දෙවෙනි කසුප් රජු මිත්‍රාමාත්‍ය ජනයා කෙරෙහි ධර්මයෙහි හැසිර ස්වකීය රාජ්‍යයේ නවවන වර්ෂයේදී කර්මානුරූපව මිය පරලොව ගියේය.

11. රුහුණේ සිට පැමිණි කසුප් රජුගේ බෑණනු වූ මාණ කුමරු සිය මාමණ්ඩිය වූ දෙවන කසුප් රජුගේ ආදාහන කෘත්‍යය ගරු බුහුමන් සහිතව කරවා ජනයා හට සංග්‍රහ කරන්නේ මුලින් ම දෙමළ ජනයාව පරිපාලන කටයුතුවලින් බැහැර කළේය.

12. එකල්හි දෙමළ සේනාව ද සමගි සම්පන්නව 'එසේ නම් අපිත් මොහුව බැහැරට දමමු' යි එහි ම රැඳී සිටියේ මාණ කුමරු කිසියම් කටයුත්තකට බැහැර ගිය අවස්ථාවෙහි දෙමෙල්ලු අනුරාධපුරය අල්ලා ගත්හ.

13. ඉක්බිති දෙමළ ජනයා 'සියලු ලංකා රාජ්‍යය අල්ලාගනු පිණිස ඔබට එන්ට කාලයයි' කියා හත්ථදාඨ කුමරුට දකුණු ඉන්දියාවෙන් එනු පිණිස හසුන්පත් යැවූහ.

14. එකල්හි මාණ කුමරු ද රුහුණෙහි වාසය කළ ස්වකීය පියා හට වහා එනු පිණිස හසුනක් යැවීය. එය අසා පිය තෙමේත් රුහුණේ සිට නොබෝ දිනකින් පැමිණියේය.

15. මාණ කුමරු සහ ඔහුගේ පියා විසින් කුමන්ත්‍රණය කරන ලදුව දෙමළ ජනයා එකිනෙකා කෙරෙහි බිඳවන ලද්දේය. එයින් පසු සියල්ලෝ සම පැවතුම් ඇතුව වාසය කළෝය.

16. ඉක්බිති මාණ කුමරු සිය පියාණන්ව බු.ව. 1197-1197 (ක්‍රි.ව. 653-653) දී ලංකා රාජ්‍යයෙහි රජු බවට අභිෂේක කළේය. ඒ රජු තුන් නිකායට අයත් විහාරයන් උදෙසා රන් කහවණු දහස බැගින් පිදීය.

17. ඉක්බිති මේ රජු සංඝයාටත් රටටත් සංග්‍රහ කොට රාජ කුලයෙහි තිබූ සියලු වස්තුව සතුරන්ගෙන් රැකගනු පිණිස රුහුණට පිටත්කොට හැරියේය.

18. හත්ථදාඨ තෙමේ ද දෙමළුන්ගෙන් ලද පයිංඩය අසා මහත් වූ දෙමළ භට සේනාවක් සමග වහ වහා මේ ලක්දිවට ගොඩබැස්සේය.

19. එසේ පැමිණි සියලු දෙමළ සේනාව එකට එකතුව අනුරපුරය බලා එන හත්ථදාඨයා පිරිවරා ගත්තේය.

20. මාන කුමරු ද ඒ සියලු පුවත් අසා 'දැන් යුද්ධ කරන්ට කාලය නොවේ' යැයි සිතා සාරවත් මාහැඟි වස්තූන් සමග පියරජු ද රුහුණට යවා,

21. තෙමේත් නැගෙනහිර දෙසට ගොස් ජනයාට සංග්‍රහ කරමින් වාසය කළේය. එකල අනුරපුරයෙහි විසූ දෙමළ පක්ෂයෙන් ලද උපකාර හේතුවෙන් හත්ථදාඨයා අරාජික නුවර අල්ලාගෙන,

22. තමන්ට දාඨෝපතිස්ස යන නම ආරූඪ කරවාගෙන බු.ව. 1197-1206 (ක්‍රි.ව. 653-662) දී ලංකා රාජ්‍යයට පත්වූයේ ඔහුගේ මාමණ්ඩියට අයත් ඒ නමින් ම ව්‍යවහාර කරමිනි.

23. ඉක්බිති මේ දෙවන දාඨෝපතිස්ස රජු සිය පියාණන්ගේ නැගණියගේ පුත්‍රයා වන අග්‍රබෝධි නම් කුමරු ගෙන්වා යුවරජ තනතුරෙහි තබා දකුණු දේශය ද ඔහුට භාර දුන්නේය.

24. එමෙන්ම තමා හා ඇසුරෙන් සිටියවුනට නිසි පරිදි තනතුරු ප්‍රදානය කළේය. සංඝයාටත් ලෝකයාටත් කළයුතු සියලු කටයුතු කළේය.

25. මහාපාලි බත්හලේ සංඝයා උදෙසා මීකිරි සහිත බත් ද වස්ත්‍ර ද දුන්නේය. කිරිබත් ද දුන්නේය. ධර්මය ද ඇසුවේය. පෙහෙවස් ද සමාදන් වූයේය.

26. එමෙන්ම සියලු පූජාවන් කරමින් ධර්මය ද දේශනා කරවමින් නොයෙක් පින්කම් කරමින් තමන්ගේ යහපත ද සලසා ගත්තේය.

27. කාශ්‍යප විහාරයට සේනා නමැති ගම්මානය පිදීය. පධානඝරවැසි තෙරපාණන්ට මහගල්වැව පිදීය.

28. මයූර පිරිවෙණට කසගම දුන්නේය. ථූපාරාමයට පුන්නේලිය ගම පුදා සෑයට ද සත්කාර කළේය.

29. එමෙන්ම අභයගිරි විහාරය උදෙසා කපුරු නමින් පිරිවෙණක් කරවීය. තිපිටුල්ල නමින් විහාරයක් කරවා එය අභයගිරියට දුන්නේය.

30. ඒ තිපිටුල්ල විහාරය කරද්දී එය මහා විහාර සීමාවට ඇතුලත්ව කළ හෙයින් එසේ නොකරන ලෙස ස්ථවිරවාදී භික්ෂූහු රජුගෙන් ඉල්ලා සිටියහ. ස්ථවිරවාදී භික්ෂූන්ගේ වචනයට ඇහුම්කන් නොදුන් රජු බලහත්කාරයෙන් ම එය කරවීය.

31. එවිට ස්ථවිරවාදී භික්ෂූහු රජු කෙරෙහි නොසතුටු සිත් ඇත්තාහු 'මේ රජු වනාහී සැදැහැ නැතියෙකි' යි කියා ඔහුට පත්තනික්කුජ්ජන කර්මය කළාහුය.

32. සැදැහැයෙන් තොර යම් උපාසකයෙක් භික්ෂූන්ට අලාභ හානි පිණිස උත්සාහ කරයි නම්, නැතහොත් ආක්‍රෝශ පරිභව කරයි නම්, අප භාග්‍යවතුන් වහන්සේ විසින් වදාරන ලද්දේ,

33. ඔහුට පත්තනික්කුජ්ජන කර්මය කරන ලෙස ය. ඒ අනුව ස්ථවිරවාදී භික්ෂූහු රජුට ඒ කර්මය කළාහුය. නමුත් මහජනයාට තේරුම් ගියේ වෙනත් අයුරකිනි.

34. භික්ෂූන් වහන්සේලා පාත්‍රය උඩුකුරුව ගෙන පිඬු පිණිස හැසිරෙන්නාහු, ඔහුගේ නිවසේදී මුනින් නමන්නාහ යනුවෙන් කතිකා කළ බවයි.

35. එකල්හි දෙවෙනි දාඨෝපතිස්ස රජු කිසියම් අසාධ්‍ය රෝගයකින් පීඩිතව සිට ලංකා රාජ්‍යය ලබා නව වසකින් මරණයට පත්වූයේය.

36. මාණවම්ම කුමරුගේ පියා වන දප්පුල රජු රුහුණට ගොස් නොයෙක් පින් රැස්කරමින් එහි වාසය කළේය.

37. මෙතැන් පටන් මේ දප්පුල රජුගේ වංශය පිළිබඳව නිරවුල් කොට පවසන්නෙමු. ඒ විස්තරය මෙතන්හි කීමෙන් අවුල් නැතිව දත හැක්කේය.

38. ශාක්‍ය වංශයෙහි උපන් තැනැත්තෙක් මහාතිස්ස නමින් ප්‍රසිද්ධියට පත්ව මහපින් ඇතිව නොයෙක් ගුණධර්මයන්ගෙන් යුක්තව වාසය කළේය.

39. රුහුණු රටෙහි අධිපතිව සිටි අයෙකුට ධන්‍ය පුණ්‍ය ලක්ෂණයෙන් හෙබි සංඝසිවා නමින් දියණියක් සිටියාය. ඕ තොමෝ මොහුගේ බිරිඳ වූවාය.

40. මොවුන් හට පුතුන් තිදෙනෙක් වූහ. වැඩිමල් පුත් කුමරු අග්‍රබෝධි නම්. දෙවැන්නා දප්පුල නම්. බාල පුතු මණිඅක්ඛික නම් වූයේය.

41. එමෙන්ම ඔවුනට එකම දියණියක් සිටියාය. ඕ රජු වෙත පැමිණියාය. වැඩිමහල් පුත්‍රයා වන අග්‍රබෝධි කුමරු රුහුණු රට තමන්ගේ වසඟයට ගත්තේය.

42. මහා ධනවතෙකු වූ හේ රුහුණු මාගමෙහි මහපාලි නමින් ම සංඝයා උදෙසා අලුතින් බත්හලක් කරවීය. එහි ම දාඨාඅග්ගබෝධි නමින් පිරිවෙණක් ද කරවීය.

43. කාණ ගමෙහි දෑස් නොපෙනෙන අයටත්, ගිලනුන්ටත් උවටැන්හල් කරවීය. ප්‍රතිමා නම් විහාරයෙහි පිළිමගෙයක් ද කරවීය.

44. නුවණැති හේ ඉර්ධියෙන් මවන ලද දෙයක් පරිද්දෙන් එහි ශෛලමය මහා බුදු පිළිම වහන්සේ නමක් කරවන ලදී.

45. එමෙන්ම තමන්ගේ නමින් සාලවාන විහාරයක් ද කරවීය. පිරිවෙන් විහාරයක් ද කරවීය. කතරගම ද විහාරයක් කරවීය.

46. ධම්මසාල විහාරයෙහි අලුත්වැඩියා කටයුතු කරවීය. නුවණින් යුතු හේ ඒ විහාරයෙහි තිබූ වැසිකිළි තෙමේ ම පිරිසිදු කළේය.

47. භික්ෂු සංඝයා වළඳා ඉතිරි වූ බොජුන් වැළඳූ හේ ඉතා සැදැහැයෙන් යුතුව සංඝයා වහන්සේ උදෙසා මණ්ඩ නමැති ගම ද පිදීය.

48. මෙබඳු පින්කම් ද වෙනත් බොහෝ පින්කම් ද කොට මරණින් මතු ඔහු දෙවියන් අතරට ගිය කල්හි ඔහුගේ දෙවෙනි සහෝදර සාමිදප්පුල නම් කුමරු රුහුණෙහි අධිපති විය.

49. ඒ දප්පුල තෙමේ සතුරන් මැඬ අධිපතිබව පැවැත්වීය. මහා දන් පැවැත්වීය. තමන් පාලනය කරන රුහුණු රට නිර්භය බවට පත් කළේය.

50. දප්පුලයන් කෙරෙහි සතුටට පත් මහජනයා 'මෙතෙමේ අපගේ මහා ස්වාමී' යි කීහ. එතැන් පටන් ලංකාවෙහි 'මහා ස්වාමි' යන නම ව්‍යවහාරයට පත්විය.

51. සිලාදාඨ රජු හට මේ දප්පුලයන් ගැන පුවත් අසන්ට ලැබුණේය. රජ තෙමේ වඩාත් සතුටු විය. බොහෝ ධනයත් සමග තමාගේ දියණිය ද දප්පුලයන් හට සරණ පාවා දුන්නේය.

52. අනාගතයෙහි රජකමට යෝග්‍ය වූවෙකු කිරීම පිණිස දප්පුලයන්ට යුවරාජ පදවිය ද පිරිනැමීය. මාණවම්ම ආදී ඔහුගේ පුත්‍රයෝ මහා යස පිරිවරින් යුක්ත වූවාහුය.

53. පාසාණදීපවාසී මහ තෙරුන් වෙතින් ධර්මය ඇසූ දප්පුල තෙමේ උන්වහන්සේ කෙරෙහි මහත් සේ පැහැදී ගරු බුහුමන් දක්වනු පිණිස,

54. රුහුණෙහි වෙහෙරක් කරවා උන්වහන්සේට පිදීය. මහ තෙරණුවෝ ද තමන් ලද එවෙහෙර සිව් දිසාවෙන් වඩින මහා සංඝයා උදෙසා පූජා කරගත්හ.

55. එමෙන්ම අඹමල් වෙහෙර ආදී බොහෝ විහාරයන් ද කරවීය. කිහිරැලි වෙහෙර කොට දෙවියන්ට පූජා කළේය.

56. අනුරාරාම ප්‍රාසාදය ජරාවාසයට ගොස් තිබූ හෙයින් එය ද අලුත්වැඩියා කොට මුතුමාලාවලින් එල්ලා සැරසීය. එමෙන්ම සිරිවඩ්ඪ නමැති ප්‍රාසාදයක් ද කරවීය. අඹමල් වෙහෙර ද පිළිසකර කරවා,

57. මැනැවින් පිරිසිදු කරවා එහි දෙතිස් නමක් සංඝයා වහන්සේ වැස්සවීය. මහ නුවණැති හේ සංඝයාට නිතර සිව්පසයෙන් උපස්ථාන කළේය.

58. කේවට්ටගම නමින් වූ ගම්මානය නාග විහාරයට දුන්නේය. එසේ ම රාජ විහාරයට ගෝණගම දුන්නේය.

59. ඒ දප්පුල යුවරජ තෙමේ තිස්ස විහාරයට කන්තික පර්වත විහාරය දුන්නේය. එමෙන්ම සිතුල්පව් විහාරයට ගොන්නවිටිය දුන්නේය.

60. අරියාකර විහාරයට මල්වතුගම දුන්නේය. එහි ම ඉතා මනස්කාන්ත වූ පිළිම ගෙයක් කරවීය.

61. එහි වැඩහුන් හිටි පිළිම වහන්සේ මාහැඟි උර්ණ රෝම ධාතුවකින් පිදීය. ඒ පිළිමයට රන්පටක් ද කරවීය. සියලු පූජා විධීන් ද කරවන ලද්දේය.

62. අරියාකර විහාරයෙහි සෑය ජරපත්ව තිබෙනු දැක එහි සුණුපිරියම් කරවීය. එමෙන්ම පසළොස් රියනක් උසැති මෙත් බෝසත් රුවක් ද අලුතින් කරවීය.

63. ඒ යුවරජු මෙසේ අප්‍රමාණ පින්කම් තෙමේත් මනාකොට කළේය. තමන්ගේ පිරිවර ජනයා ලවාත් කරවීය.

64. දප්පුල යුවරජුගේ පරිවාර ජනයා ද බොහෝ පින්කම් කරන්නෝ වූහ. ඔවුන් විසින් වියපැහැදම් කොට අනේක විහාරයෝ කරවන ලද්දාහ.

65. එක්තරා කලෙක ඒ දප්පුල යුවරජ තෙමේ රුහුණු රටෙහි සංචාරය කරන්නේ ගම්මාන නොමැති වනපෙතෙහි සේනා සංවිධානය කොට රාත්‍රී කාලය වාසය කළේය.

66. මැනැවින් ස්නානය කළ හේ සුවඳ විලවුන් ද ගල්වා ප්‍රණීත භෝජන අනුභව කොට සිත්කලු ගෙයක සුව යහනක සැතපී නිදන්ට වන්නේය.

67. එකල්හි නිදි නොලබන්නා වූ දප්පුල යුවරජ තෙමේ එයට කරුණු කිම් දැ'යි සිතන්ට විය. දහවල් කාලයේ තමා විසින් කරන ලද සියලු කටයුතු සිහි කරන්නේ,

68. තමන්ගේ කිසිදු අභ්‍යන්තර දෝෂයක් නොදක්නේ බාහිර කරුණක් මෙයට හේතු වන්නේ යැයි සිතා තමා නිදි නොලැබීමේ බාහිර කරුණු සෙවීම පිණිස මිනිසුන් මෙහෙයවන්ට සිතුවේය.

69. සේවකයන් කැඳවා මෙසේ කීය. 'නිසැකව ම මාගේ ආර්යයන් වහන්සේලා මේ රාත්‍රියෙහි තෙමෙමින් රුක් සෙවනේ වැඩසිටිනවා විය යුතුය. උන්වහන්සේලා වඩමවාගෙන එව්.'

70. එකල්හි මහජනයා පන්දම් දල්වාගත් අත් ඇතිව වනයට ගොස් සංඝයා සොයන්නාහු මාගමින් වැඩි භික්ෂූන් වහන්සේලා ඒ වනයේ රුක්මුල්හි වැඩසිටිනු දුටු ඔවුහු,

71. දිව ගොස් දප්පුල යුවරජු හට එකරුණ සැලකළාහුය. යුවරජ තෙමේ වහා භික්ෂූන් වෙත දිව ආයේය. භික්ෂූන් වහන්සේ දැක සතුටට පත්ව තමන්ගේ වාසස්ථානයට පමුණුවාගෙන,

72. භික්ෂූන් උදෙසා නිති දන් දීම පිණිස පඬු පොවා සකසන ලද සිවුරු හැමවිට ම හැම තැන ම තමා රැගෙන යන හෙයින් එයින් සිවුරු උන්වහන්සේලාට දී උන්වහන්සේලාගේ තෙත් සිවුරු,

73. පසු දින හොඳින් වියලවා පා ධෝවනාදිය කොට ඒ සියලු භික්ෂු සංඝයා ඇතිරිලි එලන ලද සුව පහසු යහන්හි වඩාහිඳුවා,

74. බෙහෙත් පිළියෙල කොට තෙමේ ම ඒවා පිළිගන්වා පෙරවරු කාලයෙහි කළයුතු දන් පැන් පිදීම් ආදිය කරවා,

75. කැපකරු උපස්ථායකයන් ද ලබාදී උන්වහන්සේලාට කැමති පරිදි තමන් වහන්සේලාගේ ගමන වඩින්ට සැලැස්වීය. මෙසේ පුණ්‍ය කටයුතුවල ම ඇලීමෙන් ඔහු දවස ගත කළේය.

76. මේ අයුරින් පිනට ම නැඹුරු වී වසන්නා වූ ඒ උතුම් නර තෙමේ රටත්, ජනපදයත්, සියලු ජනයාත් පුණ්‍ය කර්මයන්ට ම යොදවා වාසය කරන කල,

77. මාණවම්ම කුමරු නැගෙණහිරට ගොස් බලසේනා එක්කොට ගෙන සිය පියා වන දප්පුල යුවරජුගේ සේනාවත් ධනයත් ගෙන්වාගෙන,

78. අනුරාධපුර රජු සමග යුධ කරනු පිණිස තිපුවුල්ල

නමැති ගමට ගියේය. දාඨෝපතිස්ස රජු එය අසා මහත් බල සෙනඟක් ගෙන තඹලගමට ගියේය.

79. එහි දී ඔවුහු එකිනෙකා එකට මුණගැසී මහා යුද්ධයක් ආරම්භ කළේය. දාඨෝපතිස්ස රජුගේ යෝධයෝ සේනා සහිතව සිටි මාණවම්ම කුමරු ඝාතනය කළේය.

80. එය ඇසූ දප්පුල යුවරජ තෙමේ ද සෝක හුලින් පහර කන ලදුව මරණයට පත්විය. මෙතෙමේ අනුරාධපුරයෙහි වෙසෙමින් සත් දිනක් රජකම් කළේය.

81. රුහුණු රටේ වෙසෙමින් තුන් වසක් රජකම් කළේය. එනිසා ඔහු පිළිබඳ කථා රුහුණු රටෙහි මෙන්ම මේ අනුරාධපුරයෙහිත් පවතියි.

82. මෙසේ පර සතුරන් නසා මිනිසුන් විසින් ලබන්නා වූ සේනා සම්පත් යනු ක්ෂණයක් පවතින විදුලි එළියක් වැන්න. නුවණැති කවරෙක් නම් මෙවන් සම්පතකට ඇලුම් කරයි ද!

මෙසේ හුදී ජන පහන් සංවේගය පිණිස කරන ලද මහාවංශයෙහි රජවරු සිව්දෙනා නමැති සතළිස් තුන්වන පරිච්ඡේදය නිමාවට පත්විය.

44

සතළිස් සතරවන පරිච්ඡේදය

රජවරු තිදෙනා

01. හත්ථදාඨ රජුගේ ඇවෑමෙන් පසු ඔහුගේ බාල සොයුරු වන අග්බෝ කුමරු තුන්වෙනි සිරිසඟබෝ නමින් බු.ව. 1206-1222 (ක්‍රි.ව. 662-678) දී ලංකාද්වීපයෙහි රජ බවට පත්විය.

02. මෙතෙමේ සම්මා දිට්ඨියෙන් යුක්ත වූ ධාර්මික රජෙකි. එනිසා හේ අප්‍රමාණ පුණ්‍ය කටයුතුවල ඇලී වාසය කළේය.

03. තුන් නිකායට ම අයත් භික්ෂූන්ගේ දානමානාදී කටයුතු සොයා බැලීය. මහාපාලි බත්හල ද දියුණුවට පැමිණවීය. සතුන් මැරීම තහනම් කොට 'මාඝාත' ආඥාව පැනවීය.

04. තනතුරු කෙරෙහි ආලය රහිතව ඒවා සුදුසු පරිදි ප්‍රදානය කළේය. ශිල්ප ගෝත්‍රාදී කරුණින් යුතු

ජනයා හට සුදුසු සංග්‍රහයන් කළේය.

05. මහා නුවණැති මේ තුන්වන සිරිසඟබෝ රජු කිසියම් තැනකදී භික්ෂූන් වහන්සේලා දුටුවිට උන්වහන්සේලාට සත්කාර කොට හැමට සෙත සලසන පිරිත් ධර්මය කියවා ගත්තේය.

06. නාගසාලවනවාසී මහා නුවණැති, සිල්වත්, බහුශ්‍රැත වූ දාඨාසිව මහා තෙරපාණන් වෙත එළඹ,

07. ඒ තෙරුන් වෙතින් අප සම්මා සම්බුදුන්ගේ ධර්මය මනාකොට අසා ධර්මය කෙරෙහි අතිශයින් ම පැහැදී සියලු ශාන්තිය ඇතිකරන්නේ,

08. තමන්ගේ පැරණි ඥාති රජවරු පවිටු හා දුෂ්ට සිතින් යුතුව ස්ථවිරවාදී භික්ෂූන් වහන්සේලාට කරන ලද නොයෙක් අකටයුතු, කරදර පීඩා ආදිය ගැන අසා,

09. මහා විහාරයේ ජරාවාස වූ පිරිවෙන් යළි ප්‍රකෘතිමත් කරන ලද්දේය. ඒ ඒ තැන බොහෝ ආදායම් ලබන භෝග ගම් ද ස්ථවිරවාදී සංඝයාට පුදන ලද්දේය.

10. එකල්හි නැසීගිය ප්‍රත්‍ය පහසුකම් ද යළි දළුලා වැඩෙන වෘක්ෂයන් සෙයින් වැඩෙන්ට කටයුතු කළේය. සංඝයා උදෙසා සුදුසු තැන්වල දානයන් තැබ්බවීය.

11. මේ රජුගේ නමින් පධානඝරයක් කරවා දාඨාසිව තෙරපාණන්ට පිදීය. මහා නුවණැති ඒ තෙරණුවෝ එය පිළිගෙන සංඝයාගේ පොදු පරිහරණයට දුන්නේය.

12. හරත්තාලගම ද, කිහිම්බිලගම ද, කනකගම ද, තුලාධාරගම ද, අන්ධකාරකගම ද,

13. එමෙන්ම අන්ධකාරගම ද, අන්තුරේළිගම ද, බාලවගම ද, ද්වාරනායකගම ද, මහානිකඩ්ඩිකගම ද යන මේ භෝග උපදනා ගම් ද දුන්නේය.

14. මේ තුන්වැනි සිරිසඟබෝ රජතුමා ඉහත කී ගම් මෙන්ම වෙනත් ආදායම් උපදින ගම් ද සංඝයාට පුදා තමන්ගේ ඥාතීන් ද ආරාමිකයන් කොට දුන්නේය.

15. අභයගිරි ධම්මරුචික නිකාය ද ජේතවන සාගලික නිකාය ද යන ඉතිරි නිකායන් දෙකට ද අයත් ප්‍රත්‍ය පහසුකම් අඩු විහාරයන් දැක, එමෙන්ම අසා, ආදායම් උපදනා බොහෝ ගම් එකී විහාරයන්ට පිදීය.

16. බොහෝ ගම් පිදීය යන කීමෙන් ඇති ඵලය කිම? තුන් නිකායට ම අයත් විහාරයන්ට බොහෝ ආදායම් උපදනා ගම් දහසක් නිරවුල් කොට පිදීය.

17. උතුම් ත්‍රිවිධ රත්නයේ ගුණ සිහි කරන්නා වූ හෙතෙම තමන්ගේ වම් උරයෙන් කය සරස පහළට දමන ලද ඒකාවලිය ද ගෙන තෙරුවන් ගුණ සිහිකරන නවගුණ වැලක් බවට පත්කරගත්තේය.

18. මෙසේ හේ සියලු කටයුත්තෙහි ලා ධර්මය ම පිහිට කොට සිටියේය. ඔහුට අනුව හික්මෙන්නා වූ සියලු පරිවාර ජනයා ද ධර්මයට අනුව කටයුතු කරන්නෝ වූහ.

19. එකල මේ රජුගේ පොත්තකුට්ඨ නමැති දෙමළ සේවකයෙක් 'මාටම්බිය' නමැති අද්භූත වූ මනහර වූ පධානඝරයක් කරවීය.

20. එකල්හි රජ තෙමේ භූතකල්ල නම් ගමෙහි අඹවැව ද. තන්තවායිකවාටික නම් ගම ද, නිධීලවෙට්ටි ගම ද දාසයන් සහිතව ඒ පොත්ථකුට්ඨ හට තෑගි කළේය.

21. මේ රජු කපුරු පිරිවෙණ ද, කුරුන්දපිල්ලක පිරිවෙණ ද, එසෙයින් ම මහාරාජාගාරයෙහි ද ප්‍රාසාදයක් කරවීය.

22. මහා ධනවතෙකු වූ මේ රජු වෙනත් තැන්වල ද විහාරයන් උදෙසා ගම් තුනක් පූජා කරගත්තේය. පොත්ථසාත නමැති නුවණැති සෙන්පතියෙක් ජේතවනයෙහි,

23. රාජ පිරිවෙණ නමින් පිරිවෙණක් කළේය. මහාකන්ද නමැති දෙමළ තෙමේ සිය නමින් පිරිවෙණක් කොට පිදීය.

24. එසෙයින්ම තව අයෙක් චුල්ලපන්ථ නමින් පිරිවෙණක් කරවීය. සේහාලඋපරාජ නම් පිරිවෙණක් ද කරවීය. රජුගේ සංඝතිස්ස නමැති උපරාජයා ද උපරාජ නමින් පිරිවෙණක් කරවීය.

25. මෙසේ අන්‍ය වූ බොහෝ විහාරයෝ ද කරවන ලද්දාහ. ඒ රජුගේ දැහැමි කටයුතු අනුව ගිය පරිවාර ජනයා ද දැහැමි වූවාහුය.

26. යම් ජන නායකයෙක් පින් හෝ පව් කරන්නේ ද සිය රටවැසි මහජනයා ද ඔහු විසින් කරනු ලබන

ඒ ඒ දෙය දැක එය කරන්නාහ. නුවණැත්තා මෙකරුණ හොඳින් දන්නේය.

27. ඒ රජුට 'ජෙට්ඨා' නමැති මහා පිනැති අගමෙහෙසියක් සිටියාය. ඕ තොමෝ භික්ෂුණී සංඝයා උදෙසා ජෙට්ඨාරාම නමින් පිරිවෙණක් ඉදිකළාය.

28. එමෙන්ම ඕ ඒ මෙහෙණවරට ම පණ්ණපාසාණ භූමියෙහි ගම් දෙකක් පූජා කළාය. යාබද සෙල්ගම ද භික්ෂුණීන්ට උවටැන් පිණිස ආරක්ෂකයන් සියයක් ද දුන්නාය.

29. මහත් ධනය ඇති කඳුරට මාණ්ඩලික රජු ද මණ්ඩලගිරි විහාරයෙහි සැයට මාහැඟි ධාතුඝරයක් කරවීය.

30. හේ තෙමේ ම ලෝවාමහාපායෙහි මැද කූටාගාරයෙහි වහළ ද සෙවිලි කළේය. මහත් යස පිරිවර ඇති බෝධිතිස්ස නමැති අයෙක් ද බෝධිතිස්ස නමින් වෙහෙරක් කළේය.

31. ලංකාවෙහි වසන සියලු මාණ්ඩලික ප්‍රධානීහු ඒ ඒ තන්හි සිය සවි ඇති පරිදි අනල්ප වූ විහාරයන් ද පිරිවෙන් ද ඉදිකළාහුය.

32. මේ තුන්වැනි සංඝබෝධි රජු හෙවත් අග්බෝ රජුගේ කාලය පුණ්‍ය කර්මයන්ගෙන් ම නිම වූ සෙයක් විය. වැඩි විස්තර කියැවේ ය යන භයෙන් සියල්ල විස්තර නොකරන ලද්දේය.

33. මීට පෙර යම් යම් කරුණු පෙන්වා දෙමින් මූලික

වශයෙන් කිවයුතු කථාවක් තිබුණේ ද, එසේ කියාගෙන ආ කථාව ද මේ කියුම් නිසා අවුල් වී ගිය සෙයක් මට හැඟේ.

34. මේ රජු පසු කලෙක පොළොන්නරු නගරයට වාසය පිණිස ගියේය. නොයෙක් පින්කම් කරමින් එහි ම වාසය කරන්ට පටන් ගත්තේය.

35. සුව නොකළ හැකි රෝගයකින් පීඩිත වූ මේ රජු තමන්ගේ කාලය අවසන් වී මරණයට ළං වී ඇති බව දැන මහජනයා කැඳවා,

36. ධර්මයෙන් යුක්ත අවවාදයන් කොට මරණය කරා ගියේය. රජුගේ අභාවයෙන් බලවත් සෝකයට පත් මහජනයා බොහෝ සෙයින් හඬා වැලපුනාහුය.

37. මේ රජුගේ ආදාහන කටයුතු සියල්ල කිසි අඩුපාඩුවකින් තොරව කරන ලද්දේය. මොහුගේ ආදාහනයෙන් පසු ඉතිරි වූ අළු පවා ඖෂධයක් වශයෙන් ගෙන,

38. රාජ භාණ්ඩ සියල්ල ද, සියලු බලවාහන ද මනාකොට ආරක්ෂා කරගෙන අනුරාධපුරයට පැමිණියේය.

39. මෙසේ තුන්වැනි සිරිසඟබෝ හෙවත් අග්බෝ රජු තමන් රාජ්‍යය ලබා දහසය වසරකින් දෙව්ලොවට සම්ප්‍රාප්ත වූයේය. එකල්හි පොත්ථකුට්ඨ නමැති දෙමළ තෙමේ බු.ව. 1222-1224 (ක්‍රි.ව. 678-680) ලංකා රාජ්‍යය විචාළේය.

40. පොත්ථකුට්ඨ තෙමේ දාඨාසිව නමැති යුවරජු අල්ලා සිරගෙයි දැම්මේය. එමෙන්ම ඔහුට පැනගත නොහැකි ලෙස දැඩි රැකවල් යෙදීය.

41. සිංහල රජෙකුගෙන් තොරව රාජ්‍යය භුක්ති විඳින්ට නොහැකි යැයි සිතූ පොත්ථකුට්ඨ තෙමේ ධනපිටියේ විසූ දත්ත නමැති පුරුෂයෙකු ගෙනවුත්,

42. ඔහු රාජවංශයෙහි උපන්නෙකු හෙයින් අනුරාධපුරයෙහි රාජාභිෂේක කරවීය. ඔහුව නමින් පමණක් රජු හැටියට තබාගෙන පොත්ථකුට්ඨ තෙමේ සියලු රාජ්‍ය කටයුතු විචාළේය.

43. මේ දත්ත රජු බු.ව. 1222-1224 (ක්‍රි.ව. 678-680) තමන්ගේ නමින් ධනපිටියෙහි විහාරයක් කරවා තවත් නොයෙක් පින්කම් රැස්කළේය.

44. දත්ත රජ තෙමේ සිය රාජ්‍යත්වයෙන් දෙවර්ෂයක් සම්පූර්ණ වන විට මරණයට පත්වූයේය. ඔහු මියගිය කල්හි පොත්ථකුට්ඨ දෙමළ තෙමේ අනාථ වූ මාණවකයෙකු දැක,

45. උණ්හ නගරයෙහි උපන් හත්ථදාඨ නමැති ඒ මාණවකයා ගෙන්වාගෙන බු.ව. 1224-1224 (ක්‍රි.ව. 680-680) දී ලංකාවෙහි රාජ්‍යාභිෂේක කරවා කලින් පරිද්දෙන්ම තෙමේ රාජ්‍ය කටයුතු විචාරමින් සිටියේය.

46. ඒ හත්ථදාඨ රජු කාලදීඝාවික නම් පධානඝරයක් කරවා වෙනත් පින්කම් ද කරමින් සිට සය මසකින් මිය පරලොව ගියේය.

47. මෙසේ ධන ධාන්‍යයෙන් ද යාන වාහනයෙන් ද යුක්ත වූ රාජ්‍යයෙහි බොහෝ උපද්‍රව තිබෙන බව අවබෝධ කරගන්නා නුවණැත්තෝ ඒ කෙරෙහි ඇති ආසාව දුරුකොට මනෝඥ වූ පුණ්‍ය කර්මයන්හි ඇලුණෝ වෙත්වා!

මෙසේ හුදී ජන පහන් සංවේගය පිණිස කරන ලද මහාවංශයෙහි රජවරු තිදෙනා නමැති සිව්සතළිස්වන පරිච්ඡේදය නිමාවට පත්විය.

45

සතළිස් පස්වන පරිච්ඡේදය

01. ඒ හත්ථදාඨ රජුගේ ඇවෑමෙන් පසු බු.ව. 1224-1259 (ක්‍රි.ව. 680-715) දී මාණවම්ම කුමරු අනුරාධපුරයෙහි රජු බවට පත්වූයේය. සැබැවින් ම මේ මාණවම්ම රජු කවර ගෝත්‍රයකට අයත් වූවෙක් ද? කවරෙක්හුගේ පුත්‍රයෙක් ද? කෙසේ නම් ලංකා රාජ්‍යයට පත්වූයේ ද?

02. මහාසම්මත ඔක්කාක ශාක්‍ය රාජවංශයෙහි උපන්, උපතින් ම ලත් ගුණ වාසනාවෙන් යුක්ත වූ මේ මාණවම්ම රජු වනාහි ථූපාරාමය බිඳලූ කසුප් රජහුගේ පුත්‍රයා ය.

03. ඒ කසුප් රජුගේ බිසව වූයේ කඳුරට මාණ්ඩලික රජුගේ දියණිය වූ සංඝා කුමරිය යි. ඒ කුමරිය සරණ පාවා ගත් පසු කසුප් තෙමේ උතුරු ප්‍රදේශයෙහි සැඟවී වසන කාලයෙහි,

04. හත්ථදාඨ හෙවත් දාඨෝපතිස්ස නමැති එකල ලක්දිව සිටි රජු ඒ වග නියත වශයෙන් ම දැනගත් විට කසුප් රජ තෙමේ දකුණු ඉන්දියාට පලාගොස් නරසිංහවම්ම (නරසිංහ වර්මන්) රජු කරා,

05. එළඹ තමන්ගේ කාශ්‍යප යන නම පවසා ඒ රජු හා එක්ව වසන්ට පටන් ගත්තේය. මේ කාශ්‍යප තෙමේ සියලු උපායයන්ගෙන් ඒ නරසිංහවම්ම රජු සතුටට පත් කළේය.

06. නරසිංහවම්ම රජුගේ සුහදශීලී බව වටහාගත් කසුප් තෙමේ තමන්ගේ බිරිඳ වන සංඝා කුමරිය ද එහි කැඳවාගෙන දිව රෑ දෙක්හි ඒ රජු ඇසුරු කරමින් කල් ගෙවීය.

07. කසුප් විසින් කණ්ඩුවෙට්ඨි රටෙහි රජුව ද සතුටු කරවන ලද්දේ ඒ රජු සියලු දේ දෙන අයුරින් මොහුට මහත් සැප සම්පත් දුන්නේය.

08. එහිදී සංඝා කුමරිය කසුප් යුවරජ හා එකට වාසය කිරීමෙන් දියණී කුමාරිවරු සිව් දෙනෙකු ද පුත් කුමාරවරු සිව් දෙනෙකු ද බිහිකළාය.

09. ඉක්බිති එක් දිනක් නරසිංහවම්ම රජු මාණවම්ම කුමරු සමග මඟුල් ඇතු පිට නැගී කැමති පරිදි සංචාරය කරමින් සිටින්නේ,

10. එහි ම සිටියදී පිපාසිතව කුරුම්බාවක් බී ඉතිරි වී තිබූ කුරුම්බා දිය ඇති එය රජ තෙමේ මාණවම්ම කුමරුට දුන්නේය.

11. එකල්හි කුමරු එය අතට ගෙන 'මේ රජ තෙමේ මාගේ මිත්‍රයෙකි. පරමාර්ථ වශයෙන් සත්වයන්ගේ ඉඳුල් දෙය නම් කිම,

12. එහෙයින් මවිසින් මේ කුරුම්බාව පානය කළයුතු ය' යි සිතා එය බීවේය. ජය ගනු කැමති නුවණැත්තෝ මෙසේ මහත් උත්සාහ ඇත්තෝය.

13. එය දුටු නරසිංහවම්ම රජු බියට පත්ව යළි මාණවම්ම කුමරු පානය කොට ඉතිරි වූ කුරුම්බාව ගෙන එහි වතුර හේ පානය කළේය. පිනැතියන්ගේ කටයුතු හැමකල්හි මෙබඳු ය.

14. එදා පටන් ආහාර අනුභවයෙහි ද, සැප සයනයෙහි ද, පරිහරණයෙහි ද නරසිංහවම්ම රජතුමා මාණවම්ම කුමරු හා එක්ව වාසය කළේය.

15. මෙසේ වසන කල්හි වල්ලභ නම් රජෙක් නරසිංහවම්ම රජු හා යුද පිණිස එළඹියේය. රජ තෙමේ යුද කිරීම පිණිස යන කල්හි මාණවම්ම කුමරු ද ඔහු හා එක්ව ගියේය. නරසිංහ තෙමේ මෙසේ සිතීය.

16. 'මේ කුමාරයා මා හට සේවය කිරීමෙන් තමන්ගේ රාජවංශයට අයත් වූ ලංකා රාජ්‍යය ලබාගන්නෙමි යි යන අදහසින් දිව රෑ දෙක්හි අනලස්ව මට සේවය කරයි.

17. ඉදින් මෙකුමරු මා හා යුද්ධ කරන්ට ගොස් යම් හෙයකින් මරණයට පත්වූවෝතින් මොහුගේත් මාගේත් ප්‍රාර්ථනය නිෂ්ඵල වන්නේය.' යි

18. සිතූ නරසිංහවම්ම රජු මාණවම්ම කුමරු තමන්ගේ නගරයෙහි රඳවා තමා පමණක් වල්ලභ රජු හා යුද්ධ කරන්ට පටන් ගත්තේය.

19. එකල්හි මාණවම්ම කුමරු මෙසේ සිතීය. 'ඉදින් මාවැනියෙක් ජීවත්වන කල්හි යම් හෙයකින් යුද්ධයෙහිදී මේ නරසිංහවම්ම රජු මියගියහොත්, මට ජීවත්වීමෙන් ඇති ඵලය කිම?

20. එසේ වුවහොත් ඒ රජු හා මා අතර ඇති විශ්වාසය දොස් සහිතව කරන ලද්දක් වන්නේය. මේ රජු තමන්ට හා සමාන ලෙස මට සැලකීමෙහි ඇති අරුත කිම?

21. එහෙයින් රජතුමා හා යුද්ධභූමියට යන්ට පිටත් වීම මවිසින් කළයුත්තේ ම ය. මේ රජු හා ජීවත් වීම හෝ මරණය මට සැපයෙකි' යි,

22. සිතූ මාණවම්ම කුමරු සන්නාහයෙන් සන්නද්ධව උතුම් ඇතු පිට නැග්ගේය. තමන්ම ගොස් ඒ යුද්ධ භූමියෙහිදී රජු ඉදිරියේ පෙනී සිටියේය.

23. නරසිංහ රජු මාණවම්ම කුමරු දැක තුටු පහටුව මෙසේ කීයේය. 'අහෝ! මේ කුමරු කෙරෙහි කළයුතු වූ මිත්‍ර සන්ථවය මවිසින් මැනැවින් කරන ලද්දේය.'

24. එකල්හි මාණවම්ම කුමරුගේ සේනාවත් නරසිංහවම්ම කුමරුගේ සේනාවත් සමගිව වල්ලභ රජුගේ සේනාව නසා දැම්මෝය.

25. මාණවම්ම කුමරු ඒ යුද්ධභූමියෙහි දී තමන්ගේ ශූරත්වය මැනවින් විදහා දැක්වීය. පර සතුරන්

මැඩීමෙහිදී දෙවියන්ගේ යුද්ධයෙහිදී දස්කම් දක්වන නාරායණ බඳු විය.

26. නරසිංහවම්ම රජු මාණවම්ම කුමරු විසින් දක්වන ලද වික්‍රමය පිළිබඳව අතිශය සතුටු වූයේය. 'මට ජය ලබාදෙන්නහු තෙපි ය' යි කියා රජ තෙමේ මාණවම්ම කුමරුව සෙනෙහසින් වැළඳ ගත්තේය.

27. රජු තමන්ගේ නුවරට පැමිණ යුද්ධ ජයග්‍රහණයෙහි උත්සව පවත්වා මාණවම්ම කුමරුගේ සේනාවට කළයුතු සියලු සත්කාර කළේය.

28. ඉක්බිති නරසිංහවම්ම රජු මෙසේ සිතීය. 'මාගේ මිත්‍ර මාණවම්මයෝ තමන් විසින් කළයුතු සියල්ල මා හට කළාහුය. හෙතෙම අද පටන් මා හට ණය නැත්තේය.

29. මවිසින් මොහුට කළයුතු දේත් කොට මාගේ ණයත් ගෙවා දමමි. කළ උපකාර දන්නා, කළ උපකාර සිහිකරන පුරුෂයෝ අතිශයින් දුර්ලභයහ.'

30. ඉක්බිති අමාත්‍යවරුන් රැස්කළ රජ තෙමේ මෙවදන් පැවසීය. 'මාගේ මේ මිත්‍රයා විසින් මා හට කරන ලද දේ පිළිබඳව තෙපිදු සාක්ෂිකරුවෝ ය.

31. මා විසිනුත් සැපත ලබාදෙන යහපත් ක්‍රියාවක් මොහු වෙනුවෙන් කළයුත්තේය. පූර්වයෙහි තමන්ට උපකාරී වූ පුද්ගලයාට පෙරළා උපකාර කිරීම සත්පුරුෂයන්ගේ ධර්මයකි.' (උපකාරෝ හි සාධූනං ධම්මෝ පුබ්බෝපකාරිනෝ)

32. මෙසේ කී කල්හි අමාත්‍යවරු නරසිංහවම්ම රජුට

මෙසේ පිළිතුරු දුන්නාහුය. 'දේවයන් වහන්සේ යමක් යමක් කැමති සේක් ද, අපට ද ඒ ඒ දෙය රුචි වන්නේය.' යනුවෙනි.

33. ඉක්බිති නරසිංහවර්ම්ම රජු මාණවර්ම්ම කුමරුට බල වාහන සහිත සේනාවන් ලබාදී, සියලු උපකරණත්, සියලු කම්කරුවනුත් ලබාදී,

34. 'ලක්දිව බලා යව' යි කියා සේනාව සමග මාණවර්ම්ම කුමරු ලක්දිව බලා පිටත් කරවා ඒ දෙස බලමින්, තමාගෙන් වෙන් වී යන පුත්‍රයා ගැන සොවින් රජ තෙමේ හැඬුවේය.

35. මාණවර්ම්ම කුමරුත් මුහුදු තෙරින් නැව් නැග නොබෝ කලකින් ම වහා දකුණු දඹදිව ඉක්මවා අවුත්,

36. සේනාව සමග ලංකාද්වීපය මඬිමින් ඇතුළු වූයේය. එය ඇසූ හත්ථදාඨ හෙවත් දාඨෝපතිස්ස රජතෙමේ අනුරාධපුරය අත්හැර පලාගියේය.

37. මාණවර්ම්ම කුමරු අනුරාධපුරයට ගොස් රාජ්‍යාභිෂේක නොකොට පලායන්නා වූ හත්ථදාඨගේ පියවරක් පාසා ලුහුබැන්දේය.

38. එකල්හි මාණවර්ම්ම කුමරුගේ දෙමළ සේනාව තමන්ගේ ස්වාමි තෙමේ රෝගයෙන් පීඩිතව අසාධ්‍ය වූයේය යි අසා ඔහු අත්හැර ගියේය.

39. මෙය දැනගත් හත්ථදාඨ තෙමේ මහ යුද සේනාවක් රැගෙනවිත් මාණවර්ම්ම කුමරු හා යුද්ධ කරන්ට පටන් ගත්තේය.

40. මාණවම්ම කුමරු මෙසේ සිතීය. 'මාගේ සියලු සේනාවෝ මා අත්හැර ගියාහුය. යම් හෙයකින් මා මියගියහොත් මාගේ සතුරාගේ මනෝරථය සමෘද්ධ වන්නේය.

41. එනිසා මා නැවතත් දඹදිවට ගොහින් ඒ රටෙන් බලසේනාවන් රැගෙනවිත් යළි රාජ්‍යය ලබා ගන්නෙමි' යි සලකා එසේ ම කළේය.

42. යළිත් සිය මිත්‍ර නරසිංහවම්ම රජු දැක ඒ රජුට සේවය කරමින් මනාව සතුටු කරන්නේ ඉතා දක්ෂ ලෙස සකස්කොට සිය කටයුතු කළේය.

43. රජුන් සතර දෙනෙකුන් වන තෙක් මාණවම්ම තෙමේ එහි වාසය කළේය. ඉක්බිති නරසිංහ රජු මෙසේ සිතීය. 'දැඩි මාන්නයෙන් යුක්ත වූ, යස පිරිවර හා ධනයෙන් යුක්ත වූ,

44. මාගේ මිත්‍ර මාණවම්මයෝ තමන්ගේ ලංකා රාජ්‍යය අපේක්ෂාවෙන් මා හට සේවය කරමින් සිටියදී කල් ගත වීමෙන් මහලු වන්නාහුය. එවන් මොහු දෙස බලමින් මම් කෙසේ නම් රාජ්‍යය කරම් ද.

45. මේ වාරයේදී මාගේ බල සේනා යවා ලංකා රාජ්‍යය මොහු පිණිස නොගන්නෙම් නම් මාගේ ජීවිතයෙන් ඇති ඵලය කිම?'

46. මෙසේ සිතූ නරසිංහවම්ම රජතෙමේ තමන්ගේ සේනාව කැඳවා සන්නාහයෙන් සන්නද්ධ කරවා යථායෝග්‍ය පරිදි, යථා රුචි පරිදි සියල්ල දී,

47. තෙමේ ම ඒ සේනාව හා කැටුව මුහුදු වෙරළ දක්වා

පැමිණියේය. එහිදී නොයෙක් අලංකාර කැටයමින් යුතු ස්ථිර වූ බොහෝ නැව් කරවා,

48. අමාත්‍යවරු අමතා 'භවත්නි, තෙපිත් මේ මාණවම්ම කුමරු හා යව්' කියා පැවසීය. එකල්හි ඒ සියලු ජනයා නැව් නැගී ලක්දිව යන්ට නොකැමති වූවාහුය.

49. එකල්හි නරසිංහවම්ම තෙමේ නානාප්‍රකාරයෙන් මේ ගැන තමන් ම සිතා තමන්ගේ රාජ ලාංඡනය වශයෙන් සම්මත වූ සැලකිලි සම්මාන පරිහරණයන්,

50. සියල්ල මාණවම්ම කුමරුන්ට දී තමන් සැරසී සිටි ආභරණයන්ගෙන් මාණවම්මයන්ව පළඳවා නැවට ද නංවා 'යව. ගොස් සාගරයෙහිදී,

51. කොට්ඨ නමැති මේ බෙරත් වාදනය කරව' කියා නියෝග කළේය. මාණවම්ම තෙමේ ඒ සියල්ල එසේ ම කළේය. එකල්හි සේනාවෝ අපගේ රජු ගියේය සිතා,

52. රජහු තනිකොට සියලු ජනයා නැවට නගින්ට පටන් ගත්තාහුය. මාණවම්ම කුමරු ඒ සේනාව ගෙන පිටත්ව ගියේය.

53. එකල්හි මුළු මුහුද ම නගරයක් සේ දිස්වූයේය. ඉක්බිති මාණවම්ම තෙමේ සේනා සහිතව පටුනට පැමිණ,

54. එහි කිහිප දිනක් වාසය කොට බල සේනාවට ද විවේකය ලබාදී ලංකාවෙහි උතුරු ප්‍රදේශය ගෙන එහි ජනයා තමාගේ වසඟයට අවනත කොට,

55. නොකැළඹිය හැකි සේ මහත් සේනාවන්ගෙන් යුක්තව අනුරාධපුරය බලා එන්ට පටන් ගත්තේය. පොත්ථකුට්ඨ තෙමේ ද එය අසා මහත් බලසේනාවක් ගෙන පෙරට ගියේය.

56. දෙපක්ෂයෙහි ම සේනාවෝ සයුරු රළ වෙරළ බිඳගෙන එන සෙයින් මහා යුද්ධයක් කරන්ට පටන් ගත්තෝය. මාණවම්ම තෙමේ ඇතු පිට ගන්නා ලද ආයුධ ඇතිව,

57. පොත්ථකුට්ඨයන්ගේත් හත්ථදාඨ රජුගේත් සේනාවන් දෙකඩ කොට බිඳ දැම්මේය. පළායන්නා වූ හත්ථදාඨ රජු දුටු ජනපදවැසි මිනිස්සු,

58. ඔහුගේ හිස ගෙන මාණවම්ම කුමරුට දක්වා සිටියෝය. පොත්ථකුට්ඨ දමිළ තෙමේ පලාගොස් මේරුකන්දර ගමට පැමිණියේය.

59. මේරුකන්දරයේ අධිපති තමා වෙත පැමිණි පොත්ථකුට්ඨයා දැක 'මෙතෙමේ බොහෝ කල් සිට මාගේ මිත්‍රයෙකි. විපතකදී පිහිට සොයා ආවෙකු අත්හළ නොහැක්කේය' කියා,

60. ස්වාමියාටත් මිත්‍රයාටත් කෙසේ නම් නිර්දෝෂීව සිටින්ට ද කියා වස දැමූ කැවුමක් කා මිය ගියේය.

61. පොත්ථකුට්ඨ තෙමේ ද එයින් ම විස සහිත කැවුමක් කා මළේය. මෙසේ ලංකාද්වීපය මාණවම්මයන් හට මැනවින් නිරාකූල වූයේය.

62. එකල්හි මාණවම්ම කුමරු බු.ව. 1224-1259 (ක්‍රි.ව. 680-715) දී ලංකාද්වීපයෙහි රජ බවට පත්වූයේය.

එය ලංකාවාසී ජනයාගේ දුක් වළක්වා සැප සාදාලීමක් විය.

63. හෙතෙම බොහෝ අනගි පින්කම් කළේය. ඒ සියල්ල පිළිවෙළින් කියන්ට කවර නම් මිනිසෙක් සමත් වෙයි ද.

64. කප්පගාම නම් ගමත් සේපණ්ණිගමත් පධානඝර විහාරයෙහි සිරි නම් ප්‍රාසාදයත් සිරිසඟබෝ නම් විහාරයත්,

65. පැහැදීම ඇතිවන ආකාරයේ ප්‍රාසාදයන් ද කරවීය. ලෝවාමහාපායෙහි ද ථූපාරාම සෑගෙයට ද උළු සෙවිලි කළේය.

66. ථූපාරාම පෙදෙසෙහි ප්‍රාසාදයක් තනවා පාංශුකූලික භික්ෂූන්ට පුදන ලද්දේය. සෑ මුදුනෙහි ජරාවාසව තිබූ ඡත්‍රය පිළිසකර කරවා කරවීය. එමෙන්ම බොහෝ ජරාවාස වී තිබූ ආවාසයන් පිළිසකර කරවීය. **(මේ පරිච්ඡේදයෙහි මාණවම්ම රජු ගැන කතාවෙහි අඩුවක් දකින්ට ලැබේ)**

46

සතළිස් සයවන පරිච්ඡේදය

රජවරු සයදෙනා

01. .... ඉක්බිති අග්‍රබෝධි කුමරු පස්වෙනි අග්බෝ නමින් බු.ව. 1259-1265 (ක්‍රි.ව. 715-721) දී ලංකාවෙහි රජ බවට පත්විය. මෙතෙමේ ආවාසයක් කරවා, ප්‍රත්‍ය පහසුකම් ද සුලභ කරවා, රාජිනීදීප නම් වෙහෙර අභයගිරිවැසි ධම්මරුචි නිකායික සංඝයාට පිදීය.

02. මහානේත්‍ර ආදිපාද නම් විහාරය ද වෙන් කරවා ඒ ධම්මරුචික භික්ෂූන්ට ම දුන්නේය. එමෙන්ම හේ කොට්ඨවාතයෙහි දේවතිස්ස නම් ආවාසය ද ඔවුන්ට ම දුන්නේය.

03. වහත්ථලයෙහි කදම්බගෝණ නම් ආවාසයක් කරවා, දේවපාලි නම් දනව්වෙහි ගිරි නමැති නුවරකුත් කරවා,

04. අන්තරසොබ්භයෙහි දේව නම් වෙහෙරකුත් කරවා, රාජමාතිකාරාමය නමැති ආරාමයකුත් කරවා පාංශුකූලික භික්ෂූන්ට දුන්නේය.

05. ගෝකණ්ණ විහාරයෙහි ද පධානඝරයක් කරවීය. ශ්‍රී වර්ධමාන බෝධියෙහි ජරාවාසව ගිය බෝධිඝරය ද පිළිසකර කරවීය.

06. මහා යස පිරිවර ඇති පස්වෙනි අග්බෝ රජු සංඝමිත්තා නම් විහාරයක් ද කරවූ අතර ඒ ඒ තැන පිහිටි අන්‍ය වූ විහාරයන්හි ද අලුත්වැඩියා කටයුතු කරවීය.

07. මේ රජ තෙමේ රන් කහවණු විසිදහසක් වියදම් කොට මිහින්තලයෙහි ජරාවාසව පැවති වෙහෙර විහාරයන් පිළිසකර කරවීය.

08. පණ්ණභත්ත නමැති තල්වතු විහාරය කරවා මහසෙන් රජුගේ නම ඇති විහාරයට පිදීය.

09. බිඳීගිය ගොඩිගමු වැව ද කලින් තිබූ ආකාරයට ම නැවත පිළිසකර කරවීය. හේ සියලු සත්වයන් හට සියලු අයුරින් දානෝපකරණ දුන්නේය.

10. එමෙන්ම මේ පස්වෙනි අග්බෝ රජු ලංකාවාසී සියලු ජනයා හා එක්ව පෙහෙවස් සමාදන් වූයේය. ලොව්තුරු සැප ලබාදෙනු පිණිස ඔවුනට ධර්ම දේශනාවන් ද කළේය.

11. මේ රජුගේ රාජ්‍යයෙහි සියලු දෙනා සුගති උපත සලසන පින්කම්හි මැනැවින් යෙදුනේය. රටක රජෙක් යම් දෙයක් කරයි ද ඔහු අනුව යන ජනයා

ද එය කරන්නේය. **(යං කරෝති මහීපාලෝ, තං තස්ස කුරුතේ ජනෝ)**

12. එහෙයින් මනා නුවණින් යුක්ත වූ රජෙක් සැම කල්හි ම ධර්මයෙහි හැසිරෙන්නේය. මෙවන් රජෙක් විසූ විසූ හැම තන්හි ම මහා යස පිරිවර ඇතියෙක් වෙයි.

13. පිරිවර සන්නිපාතයෙන් යුක්ත වූ හේ අවසානයෙහි නිවනට ද යන්නේය. එහෙයින් නුවණැති තැනැත්තා තමාගේ යහපතත්, අන්‍යයන්ගේ යහපතත් දැක්ක යුත්තේය.

14. ඉදින් මැනැවින් හික්මී සිටින එකම තමා නිසාවෙන් තම ජනතාවත් හික්මීමට පත්වන්නේ නම්, කවර නම් නුවණැතියෙක් ඒ හික්මීම නසා ගන්නේ ද?

15. සත්වයන්ගේ මෙලොව පරලොව යන දෙලොව හිතසුව යමකින් ලබා දෙයි නම් අලස බවින් තොර වූ ඒ රජු විසින් දිව රෑ දෙක්හි එබඳු නොකරන ලද ප්‍රයෝගයක් නැත්තේය.

16. මේ පස්වෙනි අග්බෝ රජු තමාගේ පරිහරණයට ගන්නා ලද සියුම් වස්ත්‍රයන් පාංශුකූලික භික්ෂූන් හට සිවුරු කරගැනීම උදෙසා පිදීය.

17. මේ රජු තුළ අන්‍යයන් අස්ථානයෙහි යෙදවීමක් හෝ වරදින් යුතු සංග්‍රහයක් හෝ වරදින් යුතු පරිභෝගයක් හෝ කිසි අයුරකින් නොවීය.

18. යම් යම් සත්වයෝ යමක් ආහාර කොට සිටියාහු ද, මේ රජ තෙමේ ඔවුන් හට ඒ ඒ ආහාරයන් දෙවීය. යම් යම් සත්වයන් යම් යම් දෙයකින් සුවපත් වෙත්

ද, මේ රජු ඒ ඒ සත්වයන් ඒ ඒ දෙයින් සුවපත් කරවීය.

19. මෙසේ බොහෝ පින් කරගත් පස්වෙනි අග්බෝ රජ තෙමේ සය අවුරුද්දක් ශාන්තිය ඇතිවෙන අයුරින් රාජ්‍යය කොට සක්දෙව්ඳුගේ සමීපයට ගියේය.

20. ඉක්බිති ඒ රජු අනුව කටයුතු කළ ඔහුගේ මලණුවන් වූ කාශ්‍යප නම් කුමාරයා බු.ව. 1265-1271 (ක්‍රි.ව. 721-727) දී ලංකාවෙහි රජබවට පත්වූයේය. මෙතෙමේ ද පෙර රජවරු කළ අයුරින්,

21. පියෙක් සිය පුත්‍රයාට සලකන අයුරින් මහජනයා හට දානයෙන්, ප්‍රිය වචනයෙන්, අර්ථචර්යාවෙන්, සමානාත්මතාවයෙන් සංග්‍රහ කළේය.

22. ඒ ඒ පුද්ගලයන්ට යථායෝග්‍ය පරිදි තනතුරු ප්‍රදානය කළේය. සියලු ජනයා දුකින් වළක්වා තෙමේ ද සම්පත් අනුභව කළේය.

23. ගිහියන්ට ද භික්ෂූන්ට ද බ්‍රාහ්මණයන්ට ද ක්ෂත්‍රියයන්ට ද ස්වකීය ආචාරයන් පැවැත්වීය. එමෙන්ම මේ රජු 'සතුන් නොමරව්' යන 'මාඝාත' ආඥාව ද පැනවීය.

24. මච්ඡතිත්ථයෙහි ආවාස දෙකක් ද කරවා, හෙළිගම නම් ආවාසය ද, වණිජ්ජගාම නම් ආරාමය ද, එසේම කස්සපගිරිය ද,

25. එසේම අම්බවන නමැති උතුම් පධානඝරය ද, හෝගගම ද..... **(මෙහි කාශ්‍යප රජු පිළිබඳ කථාවෙහි අඩුවක් දක්නා ලැබේ)**

26. ඔවුන් අතුරෙන් සියල්ලන්ට ම බාල වූ මහින්ද නමැති රාජකුමාරයා බු.ව. 1271-1274 (ක්‍රි.ව. 727-730) දී ලංකා රාජ්‍යයෙහි අධිපති බවට පත්වූ නමුත් රාජාභිෂේකයක් නොකළේය.

27. ඒ මිහිඳු රජු හා බොහෝ කල් මිතුරුදමින් සිටි නීල නමැති මිත්‍රයෙක් තමා රජවෙන්ට පෙර මරණයට පත්වූයේය. සිය මිතුරාගේ අභාවය සිහිකරමින් සිටියේ රාජ්‍යයට ආශා නොකළේය.

28. 'අහෝ... සිය මිත්‍රයාගේ අභාවය හේතුවෙන් ලංකා රාජ්‍යයෙහි පවා සැප ලබාදෙන බවක් ඔහුට නොහැඟුනේය. සැබෑ මිත්‍රයෝ අතිශයින් දුර්ලභයහ.

29. එය අප මුනීන්ද්‍රයන් වහන්සේ විසින් වදාරන ලද්දේ ම ය. ලෞකික වූත් ලෝකෝත්තර වූත් යම් සොඳුරු ධර්මයෝ වෙත් ද, නිවනට පමුණුවන උතුම් ධර්මයෝ වෙත් ද,

30. කලණ මිතුරන්ගේ ඇසුරට පත් ජනයා හට ඒ සියල්ල ලැබෙන්නේය' යනුවෙනි. එහෙයින් සැබෑ කල්‍යාණ මිත්‍රයන් කෙරෙහි හැම කල්හි සාදරයෙන් කටයුතු කළ යුත්තේය.

31. මේ මිහිඳු තෙමේ ආදිපාදවරයෙක් වශයෙන් සිටියදී ම ලංකා රාජ්‍යය විචාළේය. එය ද ලංකාවෙහි ජනයා රැකීම පිණිස පමණක් ජීවත් වන්නෙකු ලෙස ය.

32. හෙතෙමේ තමන්ගේ සහෝදර කසුප් රජුගේ පුත්‍රයා වන හයවන අග්බෝ කුමරු උපරාජ්‍යයෙහි පිහිටුවා අපමණ භෝග සම්පත් ප්‍රදානය කොට,

33. නැගෙනහිර ප්‍රදේශය ද ඔහුට දී එහි වාසය කරන්ට පිටත් කරවීය. තමන්ගේ රාජපුත්‍රයාට දකුණු ප්‍රදේශය දුන්නේය.

34. මහපාලි දානශාලාවෙහි දිනපතා ගැල් දහයක බරට දානය දුන්නේය. තමාගේ අනුභවයට ගන්නා ආහාරත් යාචකයන්ට දෙන ආහාරත් ආදී සියලු භෝග එක සමානව පැවැත්වීය.

35. යාචකයන්ට කිසිවක් නොදී මේ මිහිඳු තෙමේ සිය අහරකිස නොකළේය. යම් හෙයකින් යාචකයන්ට දන් දීම සිහි නොවී තෙමේ අනුභව කළේ නම් එකල්හි ඔවුන්ට දෙගුණයක් කොට ආහාර දුන්නේය.

36. හෙතෙමේ තමන්ගේ නම යොදා භික්ෂුණීන් හට මෙහෙණවරක් කරවීය. නගරගල්ල නම් ගම ද ආරාම අරියාදක නම් ගම ද භික්ෂුණී අසපුවට දුන්නේය.

37. සිව්පසයෙන් යුක්ත කොට මිහිඳුතලා නම් ආරාමයක් කරවා පුණ්‍ය ගුණයෙහි ඇලුණු මේ මිහිඳු රජු වෙනත් පින්කම් ද බොහෝ කළේය.

38. මනා නුවණැති මේ රජු තුන් අවුරුද්දක් රාජ්‍යය කොට තමා හැර ගිය සිය ප්‍රිය මිත්‍රයා සොයා යන සෙයින් දෙව්ලොව ගියේය.

39. දකුණු ප්‍රදේශයෙහි වාසය කරන්නා වූ අග්‍රබෝධි කුමරු කිසියම් කටයුත්තකට මේ අනුරාධපුරයට පැමිණියේය.

40. ඔහු එහි වාසය කරන අවස්ථාවෙහි ආදිපාද ධුරන්දර මිහිඳු තෙමේ පරලෝකප්‍රාප්ත විය. එහෙයින් අනුරාධපුරයෙහි රාජ්‍යය ඔහු අතට පත්වූයේය.

41. ඔහු රාජ්‍යය අත්පත් කරගෙන, පිහිටුවාගෙන, නැගෙනහිර අධිපති හයවෙනි අග්බෝ කුමාරයාට හසුනක් යැවීය.

42. ඒ අග්‍රබෝධි කුමාරයා අවුත් සිලාමේඝ නමින් බු.ව. 1274-1314 (ක්‍රි.ව. 730-770) දී ලංකාවෙහි රජ බවට පත්වූයේය. දකුණින් පැමිණි අග්‍රබෝධි කුමාරයා උපරාජ්‍යයෙහි අභිෂේක කළේය.

43. මේ උපරජු සයවෙනි අග්බෝ රජුට මෙසේ කීවේය. 'සිතින් බර නිදහස් කොට නුඹවහන්සේ රජ සැප අනුභව කළ මැනව' යි කියා හෙතෙමේ රාජ්‍යය විචාළේය.

44. නුවණැති උපරජ තෙමේ සුදුසු පරිද්දෙන් ජනයාට සංග්‍රහ නිග්‍රහ කොට විනයවිරෝධී මග ගිය සියල්ලන් යහපත් මගට පැමිණවීය.

45. මෙසේ ඉතා සමගියෙන් යුක්තව ඔවුන් එක්වී වාසය කරන කල්හි පව්කමෙහි යෙදී සිටි ජනයා හට ඔවුන්ගේ පාපී ජීවිකාව කරගන්ට අවස්ථාව නැතිවීම නිසා 'මේ රජු, යුවරජු දෙදෙනාගේ සමගිය බින්ද යුත්තේය' යි කතිකා කළහ.

46. ඉක්බිති ඔවුහු හයවෙනි අග්බෝ රජු වෙත එළඹ උපරජුට විරුද්ධව කේළාම් කියන්ට පටන් ගත්හ. 'අහෝ.... නුඹවහන්සේ රජව සිටින සේක්

නමට පමණි. ස්වභාව වශයෙන් රජව සිටින්නේ අනිකෙකි.

47. මේ උපරජු මහජනයාට සංග්‍රහ කොට නුඹවහන්සේගේ රාජ්‍යය පැහැර ගන්නේය. නොබෝ කලකින් ම ඔහු නිසැකවම රජ වන්නේය.'

48. එය අසා මිහිපල් තෙමේ උපරජු කෙරෙහි බිඳුනේය. එය දැනගත් උපරාජ අග්බෝ කුමරු ද රජු හට විරුද්ධ වී,

49. දකුණු දිසාවෙහි පිහිටි තමන්ගේ රාජ්‍යයට පලා ගොස් මහජනයා එක්රැස් කොට මහත් බල සෙනඟක් කැටුව'විත් යුද්ධ කරන්ට පටන් ගත්තේ,

50. කදලිආදීනිවාතයෙහිදී බිහිසුණු සටන් ඇතිවූයේය. එහිදී පරාජයට පත් උපරජු කඳුරටට පලාගියේය.

51. ඉක්බිති ඒ සයවෙනි අග්බෝ රජු ස්වකීය සහෝදරයා විසින් කරන ලද උපකාර සිහිකරමින්, තමන්ට රාජ්‍යය දීම ගැනත් සිතා හඬා වැලපුනේ යැයි ලක්දිව පුරා ප්‍රකට විය.

52. උපරාජ කුමාරයා ද එය අසා මොළොක් සිත් ඇති වූයේ මෙසේ ඔවුහු එකිනෙකා මොළොක් බව ප්‍රකාශ කරගත්තාහුය.

53. රජතුමා තමා හුදකලාවේ ම මලය රටට ගොස් උපරාජ කුමරු රැගෙන සිය නුවර වන මේ අනුරපුරයට පැමිණියේය.

54. එයින් නිසැක බවට පත්ව මෙසේ අතිශය ප්‍රිය සිත් ඇතිව රජ තෙමේ තමන්ගේ සංඝා නමැති දූකුමරිය ඔහුට සරණපාවා දුන්නේය.

55. උපරජු ඒ රජු හා විශ්වාසයෙන් යුතුව සංඝා කුමරිය හා වාසය කරන්නේ කිසියම් දෝෂයක් කරණ කොටගෙන කෝප වී ඇයට පහරක් දුන්නේය.

56. එකල්හි සංඝා කුමරි තොමෝ වහා සිය පියා වෙත ගොස් 'නුඹවහන්සේ විසින් දෙන ලද සැමියා නිකරුණේ මාව මරන්නේය' යි කියා කරුණාව ලැබීම පිණිස හඬා වැලපුනාය.

57. රජ තෙමේ ද ඇයගේ වදන් ඇසූ මාත්‍රයෙන් ම 'ඒකාන්තයෙන් මවිසින් වරදක් කරන ලද්දේය' යි සිතා ඇය රැගෙන ගොස් භික්ෂුණී අසපුවෙක්හි පැවිදි කරවීය.

58. ඉක්බිති ඒ සංඝා කුමරිය සිය මාමණ්ඩියගේ අග්බෝ නමැති වෙනත් කුමාරයෙක් ද බොහෝ කලක සිට ඇය කෙරෙහි පිළිබඳ සිත් ඇතිව සිටියේ,

59. දැන් සංඝා කුමරිය රැගෙන පලායන්ට කාලය යැයි සිතා රහසේ ම ඇයවත් සිවුරු හරවාගෙන අප්‍රසිද්ධ වේශයෙන් රුහුණට පලාගියේය.

60. අග්බෝ රජු ද තම සොයුරු උපරජු වූ අග්බෝ කුමරුත් සමග පලාගිය අග්බෝ කුමරු නසනු පිණිස රුහුණ බලා ගියේය.

61. එකල්හි අග්බෝ උපරජු සිය සොයුරු සයවෙනි අග්බෝ රජු වළක්වා බටහිර පර්වතයේදී අග්බෝ කුමරු මරන්ට තෙමේ ම ගියේය.

62. මහා බල ඇති අග්බෝ යුවරජු සියලු රුහුණු රට තමා යටතට ගෙන ඔහු හා යුද්ධ කොට සිය බිරිඳව

සිටි සංඝා කුමරිය ද අත්පත් කරගත්තේය.

63. එතැන් පටන් ඒ තිදෙන සමගියෙන් සැපසේ ඔවුනොවුන් කෙරෙහි විශ්වාසයෙන් යුක්තව රිසිසේ වාසය කළහ.

64. ව්‍යාපාරනිමක නම් ආරාමය ද, මානග්ගබෝධි නම් ආරාමය ද අභයගිරි විහාරයේ හත්තුද්දේසක භෝගයන් සහිතව පිදීය.

65. හත්ථිකුච්ඡි විහාරයෙහිත් පුනපිට්ඨික විහාරයෙහිත් මහා පිරිවෙණෙහිත් වාපදීපක ප්‍රාසාදයෙත්,

66. ථූපාරාම සෑයෙහිත් දිරාගිය දොරටු දෙක ද ප්‍රකෘතිමත් කොට කරවීය. ස්ථම්භයන් ද පෙරළා තැබ්බවීය.

67. මෙසේ පින් කොට, ශක්ති පමණින් බොහෝ පින් කොට රාජ්‍යය ලබා සතළිස්වෙනි වර්ෂයේදී සයවෙනි අග්ගබෝධි සිලාමේඝ රජ කර්මානුරූපව මියපරලොව ගියේය.

68. ඉක්බිති ශ්‍රී ධරන්නා වූ අග්‍රබෝධි නමැති උපරජු බු.ව. 1314-1320 (ක්‍රි.ව. 770-776) දී ශ්‍රී ලංකාද්වීපයෙහි රජ බවට පත්විය. හේ කලින් ඔටුණු නොපළන් රජව සිටි මහින්ද නමැති නුවණැති ආදිපාදයන්ගේ පුත්‍රයා ය.

69. හේ සංඝයාටත් මහජනයාටත් සුදුසු පරිදි සංග්‍රහ කළේය. තමන්ගේ මහින්ද නමැති පුත්කුමරා ද උපරාජ්‍යයෙහි අභිෂේක කළේය.

70. හේ මහබෝධියෙහි දිරාගිය බෝධිඝරය ස්ථිරව පවතින සේ අලුත්වැඩියා කරවීය. කලන්දය, මල්ලවාතය නමින් විහාර දෙකක් ද කරවීය.

71. ධර්ම කර්මයෙන් බුදු සසුන සකස්කොට පිරිසිදු කළේය. ධර්මානුකූලව විනිශ්චය කරමින් කූඨ අධිකරණ ක්‍රම නැති කළේය.

72. ගිලනුන්ට ද බොහෝ බෙහෙත් දුන්නේය. ලක්දිව සියලු මංගල අවමංගල කරුණු තෙමේ ම විචාළේය.

73. තුන් නිකායට අයත් සංඝයා වහන්සේ උදෙසා සලාක බත් දෙවීය. තමන්ට ද වළඳින්ට සුදුසු මාහැඟි බොජුන් පාංශුකූලික භික්ෂූන්ට පිදීය.

74. මේ ආදී වශයෙන් බොහෝ පින්කම් කොට පොළොන්නරුවෙහි වසමින් සය වසරක් රාජ්‍යය කොට පරලෝකගත වූයේය.

75. මේ අග්බෝ රජු මියයන්ට කලින් ම ඔහුගේ පුත්‍රයා වූ මිහිඳු යුවරජු මරණයට පත්වූයෙන් එකල්හි ලංකා රාජ්‍යයට රාජපුත්‍රයෙක් නොවූයේය.

76. සයවෙනි අග්බෝ සිලාමේඝ රජුට ද මහින්ද නම් පුත් කුමරෙක් සිටියේය. හේ රාජ්‍යය විචාරීමෙහි යෝග්‍ය වූ මහ පිනැති, ලෝකයා හට සංග්‍රහ කිරීමෙහි හැකියාව ඇති අයෙකි.

77. ඒ මිහිඳු කුමරු උපන් දිනයෙහි ම රජ තෙමේ නැකැත්කරුවන්ගෙන් අසා 'මොහු රජ වීමට සුදුසු අයෙකි' යි ඔවුන් විසින් පවසන ලදුව,

78. ඔවුන්ට ද මැනවින් ධන ධාන්‍යයෙන් සංග්‍රහ කොට ඒ ප්‍රවෘත්තිය සඟවා තැබීය. ඉක්බිති ඒ සිලාමේඝ රජු වයස්ගත වූයේ සිය පුත් මිහිඳු කුමරු සිය සෙනෙවි බවට පත්කොට,

79. ඔහු අතෙහි සියලු රාජ්‍යය තබා තෙමේ වාසය කළේය. මහ නුවණැති මිහිඳු කුමරු ද සියලු කටයුතු දැහැමින් කළේය.

80. සිලාමේඝ පියරජු මියගිය කල්හි අග්බෝ නමැති රජුගේ අතින් යළි සේනාපති තනතුර භාරනොගෙන රාජ්‍ය න්‍යාය මනාකොට දන්නේ,

81. හේ රජහුගේ කිසියම් කටයුත්තකට ගොස් මුහුදු තෙර මහතිත්ථ නම් පටුනෙහි වාසය කරයි.

82. මේ මිහිඳු කුමරු සිය සුළුපිය රජුගේ මරණය අසා සොරු නුවර අල්ලා වනසාවි යැයි සිතා වහා ආවේය.

83. ඊට කලින් උතුරු දෙස ජනයා සහිත වූ සියලු මාණ්ඩලිකයෝ ද ඒ පෙදෙස බලෙන් අල්ලාගෙන රජුගේ ආදායම් නැසුවෝය.

84. හෙතෙමේ එය අසා මහත් සේනාවක් සහිතව උතුරු දෙසට ගොස් ජනයා සහිත මාණ්ඩලිකයන් මැඩ පවත්වා,

85. රජහුගේ මළගමට ගොස් සංඝා දේවිය ද දැක හඬා වැලපා ඇය අස්වසා සුදුසු කල් පැමිණිවිට මේ වචන පැවසීය.

86. 'මහාදේවී, තමන්ගේ ස්වාමි වූ රජ්ජුරුවන් වහන්සේ මිය ගිය සේක් යැයි නොසිතුව මැනව. මම ලංකාද්වීපය ආරක්ෂා කරන්නෙමි. නුඹවහන්සේ රාජ්‍යය විචාළ මැනව.'

87. පවිටු බුද්ධි ඇති ඕ තොමෝ එය ඉවසුවාක් මෙන් නිශ්ශබ්දව සිට තමාට රිසි රිසි පරිදි වාසය කරනු කැමතිව මිහිඳු සෙන්පති මරවන්ට රහසේ ම කරුණු යෙදවූවාය.

88. එය දැනගෙන ම මිහිඳු සෙන්පති තෙමේ බිසවට ආරක්ෂාව සලසා ඇයගේ පක්ෂය ගත් මහජනයා යුද්ධ කොට පලවා හැරියේය.

89. ඉන් පසු හෙතෙම ඒ මෙහෙසිය බැඳ යහනක දමා නුවරට ගෙන ගොස් සියලු වස්තුව සහිත වූ රාජ්‍යය ගත්තේය.

90. මිහිඳු සෙනෙවිගේ පියාණන්ව සිටි සිලාමේඝ රජුට සිය සොයුරියකගේ දප්පුල නමැති පුත්‍රයෙක් සිටියේය. මහා සේනා ඇති හේ ධනවත් ආදිපාදවරයෙකි.

91. ඒ දප්පුල තෙමේ සේනාව රැස්කරවා කලාවැව වසමින් සංග්‍රාම නම් පෙදෙසට යුද්ධ පිණිස පැමිණියේය.

92. මිහිඳු සෙන්පති තෙමේ එය අසා බලසේනා වාහනයන්ගෙන් යුක්තව දේවිය ද රැගෙන වහා එහි ගියේය.

93. එහිදී දෙපක්ෂයෙහි ම ලොමුඩහගැන්වෙන බිහිසුණු සටන් ඇතිවූයේය. එකල්හි දප්පුල ආදිපාද තෙමේ

සිය සේනා පසුබසිනු දැක,

94. පලාගොස් සේනා සහිතව වලස්ගලට නැංගේය. සෙන්පති තෙමේ ඔවුන් පලවාහැර අවුත් සුවසේ විසීය.

95. උතුරු පෙදෙසෙහි විසූ මාණ්ඩලිකයෝ ද අනුරාධපුර නගරය ශූන්‍ය යැයි අසා සියලු දෙන එක්ව අවුත් අනුරපුරයට කඩා වැදී අල්ලාගත්තෝය.

96. ධීර වීර පරාක්‍රම ඇති මිහිඳු සෙන්පති තෙමේ ඔවුන් පරදවා දැමීය. ඉක්බිති නුවරට පැමිණ බු.ව. 1320-1340 (ක්‍රි.ව. 776-796) දී පුරාණ චාරිත්‍රවිධි අනුව ලංකා රාජ්‍යයෙහි පාලකයා බවට පත්වූයේය.

97. මේ මිහිඳු රජු සියලු සංඝයා වහන්සේට ද ලෝවැසි මහජනයාට ද මත්ස්‍යයින්ට ද මෘගපක්ෂීන්ට ද ඥාතීන්ට ද බලසේනාවන්ට ද තමාගෙන් ඉටුවිය යුතු සියල්ල කළේය.

98. යළිත් බලසම්පන්න වූ දප්පුල තෙමේ කඳුරටට පලාගොස් සිය සහෝදරියකගේ පුත්කුමාරවරු දෙදෙනෙකුත් රුහුණෙන් කැඳවාගෙන,

99. ජනපදයෙහි සියලු රටවැසියන් ද සමග බොහෝ සේනා වාහන සහිතව රාත්‍රියෙහි ම පොළොන්නරුවට පැමිණ මහ සයුර සෙයින් පැතිර සිටියේය.

100. හාත්පසින් මහහඬින් ඝෝෂා කරමින් මුළු සේනාව ම නගරය වට කළේය. අශ්වයන්ගේ හේසරාවයෙන් ද, හස්තීන්ගේ කුඤ්චනාදයෙන් ද,

101. තූර්යනාදයන්ගෙන් ද, කාහල බෙර හඬින් ද, හේවාභටයින්ගේ ගර්ජනයෙන් ද එදා කුමක් හෙයින් ආකාශය නොපැලී ගියේද?

102. එකල්හි මිහිඳු සෙන්පති තෙමේ මහා සේනාව දැක ප්‍රමුදිතව තමන්ගේ බල සේනාවන් හට මේ ප්‍රවෘත්තිය පැවසීය.

103. 'බලව. මේ රාජපුත්‍රයෝ තිදෙන මහත් බල සේනාවක් රැගෙන'වුත් අපගේ නගරය හාත්පස වටකළාහුය. මෙහිලා තොප විසින් දැන් කුමක් කළයුත්තේ ද?'

104. මෙය ඇසූ කල්හි යුද්ධයෙහි ආශා කළ ශූර වූ යෝධයෝ 'දේවයන් වහන්සේට සේවා කරන දිනයෙහි සේවකයන්ට ජීවිතය නැත්තේය.

105. ඉදින් මෙවන් අවස්ථාවෙක්හි ජීවිතය කැමතිව පසුබැස්සෙමු නම් ස්වාමි තෙමේ මෙපමණ කලක් සැපවත් ආකාරයෙන් අපව කුමකට නම් පෝෂණය කළේ ද?'

106. මෙසේ කී කල්හි උත්සාහවත් වූ මිහිඳු සෙන්පති තෙමේ රාත්‍රියෙහි ම සේනාව සන්නද්ධ කරවා හිරු නැගී ගෙන එන කල්හි කරන ලද කටයුතු ඇතිව හස්තියා පිට නැගී,

107. එක් දොරටුවකින් නික්ම හෙණ වැටෙන පරිද්දෙන් දහස් ගණන් යුද්ධභටයන් සමග නොඉවසිය හැකි තරමේ යුද්ධයක් කළේය.

108. ඒ ආදිපාදයන්ගේ සේනා බලය ඒ ඒ තැන විසුරුවා

හරිමින් එක්තැනකට රැස්ව සොඳ සේ ජයග්‍රහණය භුක්ති වින්දේය.

109. වැනසීමෙන් ඉතිරි වූ දෙයත් රැගෙන දප්පුල ආදිපාද තෙමේ පෙරවරුවෙහි ම පැරදී රුහුණට පලාගියේය.

110. එකල්හි මිහිඳු සෙන්පති තෙමේ රුහුණෙන් පැමිණි රාජපුත්‍රයන් දෙදෙනාව ජීවග්‍රහයෙන් අල්ලාගෙන නගරයට ගෙන ගියේය.

111. මෙසේ පැමිණි ජය ඇති මිහිඳු සෙන්පති තෙමේ දිවයින නිරාකුල වූ විට නැගෙනහිර ප්‍රදේශය ජයගැනීම පිණිස ස්වකීය සේනාවන් පිටත් කරවීය.

112. ඔවුහු ගොස් නැගෙනහිර දේශය ද ගෙන උතුරු දේශය ද දමනය කොට නොබෝ කලකින් මහා සේනාවකට සංග්‍රහ කළාහුය.

113. මිහිඳු රජ තෙමේ මහා දේවිය පිළිබඳව 'මැය අත්හරින්ට ද මරන්ට ද නොහැකිය' යි සිතා තමාගේ බිරිඳ කරගත්තේය.

114. මිහිඳු රජුගේත් සංඝා දේවියගේත් එකතු වීමෙන් ඇයට දරුගැබක් පිහිටියේය. ඕ තොමෝ ධන්‍ය පුණ්‍ය ලාභයෙන් යුතු සොඳුරු ලකුණු ඇති පුත්රුවනක් බිහිකළාය.

115. එතැන් පටන් මේ මිහිඳු රජු හට ඕ ඉතා ප්‍රිය මනාප වූවාය. රජ තෙමේ සිය පුත්‍රයාට සැප සම්පත් සහිතව යුවරාජ පදවිය දුන්නේය.

116. නැගෙනහිර දෙස සිටි ආදිපාද තෙමේ එය අසා 'මොහු අපගේ විනාශය' යි සලකා දෙදෙනා ම එක්වී,

117. දෙපක්ෂයෙන් ම මහත් බල සේනාවනුත්, මහා ධනයත් රැස්කොට රුහුණු දෙසින් සහෝදරයා ද කැඳවා,

118. මහා බලවත්ව ගං තෙරෙහි වාසය කළාහුය. මිහිඳු රජ තෙමේ මේ සියල්ල දැනගෙන ඒ ඒ තැන සිටි මාණ්ඩලික ප්‍රධානීන්,

119. සතුටු කොට තමාට පක්ෂ කරවාගෙන ඇතැම් දුෂ්ටයින් මරවා නුවර රැකවල් කටයුතු මනා සේ යොදවා,

120. මහා සේනාවත් රැගෙන රාජ මහේෂිකාවත් ගෙන මහුම්මාර නමැති ගම්මානයෙහි කඳවුරු බැඳගෙන වාසය කළේය.

121. රජුගේ පැමිණීම දැනගත් ආදිපාදයන් ඇතුළු තිදෙනා ම කෝවිළාර නම් ගමෙහිදී රජුගේ සේනාවන් සමග මහ යුද්ධයක් ආරම්භ කළෝය.

122. ඉක්බිති මහා සේනා ඇති රජු ඔවුන්ගේ සේනාව නසා දැම්මේය. දප්පුල පලාගියේය. ආදිපාදවරු දෙදෙනා මරාදමන ලද්දාහු ය.

123. එහිදී ලබන ලද යුදජයග්‍රහණ ඇත්තේ රජ තෙමේ නගරයට පෙරළා අවුත් රාජකෘත්‍යය විචාළේය. මහාදන් පැවැත්වීය.

124. හේ ජය ශ්‍රී මහා බෝධියටත්, රුවන්වැලි මහාසෑය ඇතුලු තුන් මහාසෑයන්ටත්, දළදා වහන්සේටත් සකස් කොට මහා පූජාවන් පැවැත්වීය.

125. එකල්හි දප්පුල තෙමේ රුහුණට ගොස් යළිත් ඒ රජු හා යුද්ධ කරන්ට සිතා සේනාවන් රැස්කරවීය.

126. රජ තෙමේ සිය පුතුන්ට ද මුනුබුරන්ට ද දේශය නිරාකූලව පවත්වනු පිණිස සියලු භික්ෂූන් වහන්සේ ථූපාරාමයට රැස්කරවා,

127. යුක්ති අයුක්ති පසිඳලීමෙහි සමත් වූ අන්‍ය වූ මහා නුවණැතියන් ද රැස්කරවා, රාජ ධර්මයෙහි දක්ෂ වූ නීතියෙහි ද දක්ෂ වූ ඒ මිහිඳු රජු,

128. සියලු ප්‍රවෘත්ති දන්වා රැස්වූ සියල්ලන් විසින් මනාකොට පසසන ලදුව ඇත් අස් රිය පාබල යන සියලු සිව්රඟ සේනා ඇතිව, සියලු උපකරණයන්ගෙන් යුතුව,

129. දිවයිනෙහි සියලු තන්හි ද නගරයෙහි ද කටයුතු යොදවා නික්ම නොබෝ කලකින් මාර පර්වතයට ගියේය.

130. ගොස් එම දේශය මැඩ පවත්වා වහා පර්වතයට නැංගේය. එය දුටු රුහුණෙන් පැමිණි සියල්ලෝ රජහුගේ වසඟයට පත්වූවාහුය.

131. එකල්හි දප්පුලයන් හා මිතුරු බවට පත්ව ගරු සරු සහිතව ඔහු අතින් ඇත්, අස්, මැණික් ආදිය ගෙන,

132. රුහුණ භුක්ති විඳීම පිණිස ගල්ඔය සීමා කොට ගඟෙන් මෙතෙර ගෙන රජුගේ භුක්තිය නියම කළේය.

133. මෙසේ මහා තෙදැති මිහිඳු රජ තෙමේ ලංකාද්වීපයෙහි සතුරු වියවුල් දුරුකොට එක්සේසත් කරන ලදුව මේ අනුරපුරයට පැමිණ සුවසේ වාසය කළේය.

134. රජ තෙමේ දාම විහාරය නමින් පිරිවෙණක් කරවීය. පොළොන්නරුවෙහි තැඹිලිතොට පිරිවෙණ ද කරවන ලද්දේ මේ රජු ය.

135. අභයගිරියෙහි මහාලේඛක නම් පිරිවෙණ ද එහි රත්නප්‍රාසාදය නම් ඉතා මනහර වූ ප්‍රාසාදය ද,

136. නොයෙක් මහලින් යුක්ත කොට අන්‍ය වූ වෛජයන්ත ප්‍රාසාදයක් බඳුව කහවණු තුන් ලක්ෂයක මහත් ධන වියදමින් කරවන ලද්දේය.

137. දඹරන් පැහැයෙන් යුතුව ශාස්තෘන් වහන්සේගේ පිළිම වහන්සේ රන් සැටදහසක වියදමින් කරවා අනර්ඝ චූඩා මාණික්‍යයක් ද කරවා,

138. සියලු උපහාරයන්ගෙන් යුක්තව මහත් පූජාවක් කරවීය. ඒ ප්‍රාසාද පූජාවෙහිදී තමන්ගේ සියලු රාජ්‍යය ද හේ පිදීය.

139. එමෙන්ම ඉතා මනහර බෝධිසත්ව පිළිමයක් ද කරවා එය භික්ෂුණීන්ගේ ආශ්‍රමයෙහි පිහිටුවීය.

140. ථූපාරාමයෙහි සෑයට ද ඉතා විචිත්‍ර ආකාරයෙන් රිදී පටක් සහිත කොට රන් කඤ්චුකයක් පූජා කළේය.

141. එහි ම ජරාවාස වී ගිය ප්‍රාසාදය යළි ප්‍රකෘතිමත් කරවීය. මහත් උත්සවයක් කරවා අභිධර්මය කියවීය.

142. ඉතා සිහි නුවණින් යුතු රජ තෙමේ ඒ පින්කම් කරවන ලද්දේ හේමසාලිවාසී මහ තෙරපාණන් ලවා ය. ඒ තෙරුන්ගේ පරිභෝගය පිණිස පොකුණක් ද කරවන ලදී.

143. මේ මිහිඳු රජ තෙමේ ඒ ඒ තැන ජරාවාසව පැවති බොහෝ දේවාලයන් ද පිළිසකර කරවා බොහෝ බෝසත් දෙවිවරුන්ගේ පිළිම ද මාහැඟි අයුරින් කරවූයේය.

144. බ්‍රාහ්මණයන්ට ද අනර්ඝ රාජ භෝජන දී උක් සකුරු සහිතව රන්තැටිවල කිරි බොන්ට දුන්නේය.

145. හේ ගවයන්ට ද කොරුන්ට ද ජීවත්වීමට පහසුකම් සැලසීය. ගවයන් භාරගැනීමට අකැමති වූ දෙමළ පිරිසට අශ්වයන් දුන්නේය.

146. යම් කෙනෙක් අනාථව ඉල්ලන්ට ලැජ්ජාවෙන් යුක්තව වාසය කළාහු ද, රජ තෙමේ ඔවුන්ට රහසේ සංග්‍රහ කළේය. මේ මිහිඳු රජු විසින් සංග්‍රහ නොකරන ලද කෙනෙක් නම් ලංකාදීපයෙහි නොසිටියාහුය.

147. රජ තෙමේ කෙසේ දිය යුත්තේ දැයි සිතා මීකිරි ආදිය ගත්තවුන් හට කුඹුරු දහසක් දුන්නේය.

148. හේ කලා වැවෙහි ජලසම්පාදනය ස්ථිරව පැවැත්වීය. මේ අයුරින් මේ රජු විසින් කරන ලද

පින්කම් පමණ කළ නොහැකිය. හේ බොහෝ පින් කළේය.

149. එකල්හි ඔහුගේ පුත්‍ර වූ යුවරජ තෙමේ දිවංගත වූයේය. සෙන්පති කල සිටි ඒ රජුට දාව උපන් දප්පුල නමින් වෙනත් දරුවෙක් ඇත්තේය.

150. රජ තෙමේ රාජපුත්‍රයන්ගේ ආරක්ෂාව පිළිබඳව බියපත් වූයේ රජකමට සුදුසු යැයි සිතා ඔහුව යම් සේ මරවන්ට නොහැකි වෙයි ද, එසෙයින් ඇතිදැඩි කළේය.

151. ඒ පුත්‍රයා වනාහී එක් අවස්ථාවක සතුරන් විසින් නුවර වටකරන ලදුව රජු කරා එළඹ යුද්ධයෙහි හැසිරෙන ඇතෙකු ඉල්ලා සිටියේය.

152. එවිට රජු ඔහු හට ඉතා බියකරු වූ මාරයාගේ ඇතා බඳු සෝරතර මහා හස්තියෙකු ද යුද්ධයෙහි විශාරද කෘතහස්ත බලසේනාවක් ද සියලු ආයුධ ද දුන්නේය.

153. එවිට මේ කුමාරයා 'මේ කාලය' යි කියා සිරිය ද ඉණේ බැඳ ඇත්රජු පිට නැගී නුවරින් පිටතට නික්ම,

154. සියලු සතුරු බලමුළු නසා ජයගැනීමට දුෂ්කර වූ යුද්ධය දිනීය. රජ තෙමේ එය දැක ඔහුට සේනාපති තනතුර ප්‍රදානය කළේය.

155. මහ සේනා ඇතිව පැමිණි දප්පුල ආදිපාදයන්ව ද පලවා හැරියේ සේනාබල සහිතව උතුරු දෙසට පැමිණි මේ කුමාරයා ය.

156. එහෙයින් දප්පුල තෙමේ මේ කුමාරයා කෙරෙහි බද්ධ වෛරයෙන් යුතු වූයේය. මහා උම්මාර ගමෙහිදී ඇති වූ යුද්ධයේදී කුමාරයාව දැක දැඩි ක්‍රෝධයෙන් යුක්තව,

157. කුමාරයාව මරා දමන්ට තමා නැංගා වූ ඇතාව වේගයෙන් මෙහෙයවීය. එකල්හි කුමාරයා තමාගේ ඇතු ලවා ඒ ඇතා පන්නා දැමුවේය.

158. මෙය දැක අතිශයින් ම සතුටු වූ රජු රාජ්‍යය පිණිස තමන්ට අනිකෙක් නැති හෙයිනුත්, තමන්ගේ උපරාජ පදවිය ඔහුට දුන්නේය.

159. මෙසේ විසි වසරක් මේ ලංකාද්වීපයෙහි මැනවින් රාජ්‍යානුභව කොට කරන ලද පින් පව්වල විපාකය අනුභව කරනු පිණිස මේ මිහිඳු රජු දෙව්ලොව ගියේය.

160. මෙසේ නොයෙක් ආකාරයෙන් ලබන ලද, ජනයාට දුක් වූ, විරූපී වූ සැප සම්පත් ඇද්ද, ඒවා සැණෙකින් නැසී යන්නේය. අහෝ.... අඳබල් තැනැත්තෝ එහි ම ඇලෙති.

මෙසේ හුදී ජන පහන් සංවේගය පිණිස කරන ලද මහාවංශයෙහි රජවරු සයදෙනා නමැති සතළිස් සයවන පරිච්ඡේදය නිමාවට පත්විය.

47

සතළිස් සත්වන පරිච්ඡේදය

රජවරු පස්දෙනා

01. පියරජුගේ අභාවයෙන් පසු දප්පුල නමැති ඒ උපරජු සතුරන්ට නිග්‍රහ කරන්ටත් මිතුරන්ට සංග්‍රහ කරන්ටත් සමත් වූයේ බු.ව. 1340-1345 (ක්‍රි.ව. 796-801) දී මේ අනුරාධපුරයෙහි රජබවට පත්වූයේය.

02. දප්පුල රජුට 'සේනා' නමැති ඉතා නුවණැති මෙහෙසියක් සිටියාය. සිඟිති පුත්‍රයෙකු ද ඇති ඕ තොමෝ ඉතා රූපසම්පන්න වූවා රජුට ප්‍රියමනාප වූවාය.

03. රජ තෙමේ තමන්ගේ වැඩිමහලු පුත් කුමාරයාට යුවරාජ පදවිය පිරිනැමීය. අන්‍ය වූ ආදිපාදවරුන් හට තමන්ගේ දියණිවරු මෙහෙසියෝ කරවන ලද්දාහුය.

04. එමෙන්ම ඒ ඒ උදවියට සුදුසු පරිදි තනතුරු ප්‍රදානය කොට සතර සංග්‍රහ වස්තුවෙන් ජනයාට සංග්‍රහ කළේය.

05. ඉක්බිති මේ රජු කිසියම් කරුණක් උදෙසා මින්නේරියට ගොස් සිටින අවස්ථාවෙහි පිටිසරබද ප්‍රදේශයක රජයට විරුද්ධව කැරැල්ලක් පැන නැංගේය.

06. එහිදී සේනාපතිත් තමන්ගේ වැඩිමහලු පුත් කුමරාත් යන දෙදෙනාට ඒ පෙදෙසට ගොස් කැරැල්ල සංසිඳුවව් කියා වහා පිටත් කොට යැවීය.

07. ඔවුන් එහි ගිය කල්හි රජුන් හා මේ අය බිඳවන අදහස් ඇති පිරිස් මොවුන් හට කේළම් කියා රජු හා බිඳෙව්වාහුය. ඒ දෙදෙනාත් රජු හා,

08. බිඳී රජුගේ සතුරන් බවට පත්ව රට අල්ලන්ට පටන් ගත්තෝය. රජ තෙමේ එය අසා සැණෙකින් දූරතිස්ස වැව අසලට පැමිණියේය.

09. එහිදී ඒ දෙදෙනාව ම මරවා ඔවුන්ගේ සියලු දේ ද ගෙන, ඔවුන්ට පක්ෂව සිටි සියලු දෙනාත් මරවා පොළොන්නරුවට ගියේය.

10. එකල්හි රුහුණු දේශයෙහි අධිපතිව සිටි දාඨාසිව නමැති ආදිපාදවරයා හට මහින්ද නමැති පුත් කුමරෙක් සිටියේය.

11. හේ සිය පිය ආදිපාදවරයාට විරුද්ධ වී මේ දප්පුල රජු සමීපයට පැමිණියේය. රජ තෙමේ ඔහු දැක සතුටුව යථායෝග්‍ය පරිදි සංග්‍රහ කළේය.

12. රජු මේ මිහිඳු කුමරු හා ඇති මිත්‍රසන්ථවය ස්ථිර කරගනු පිණිස 'දේවා' නම් සිය දූකුමරිය ඔහුට පාවා දී බල සෙනඟක් ද දී රුහුණට පිටත් කරවීය.

13. ඒ මිහිඳු තෙමේ රාජ සේනාව සමග රුහුණට ගොස් රුහුණ මැඩපවත්වා දාඨාසිව නමැති සිය පියා දඹදිව පලවා හැර රුහුණ අල්ලා ගත්තේය.

14. දප්පුල රජු මහා විහාරයෙහි සලාක ගෙයත් මනහර ලෙස ස්ථිරව කරවීය. කෝලක්ඛිය විහාරයෙහි පිළිම වහන්සේට පෙරහර කරවනු පිණිස,

15. මහගම පූජා කොට ශක්ති පරිද්දෙන් පූජාවන් පැවැත්වීය. වර්ධමාන බෝධීන් වහන්සේගේ බෝධිඝරය දිරාගොස් තිබූ හෙයින් එය පිළිසකර කොට,

16. එහි ආරක්ෂක වියදම් ලෙස බොහෝ ආදායම් ඇති කොටුගම ද බෝධියට පිදීය. නීලාරාම විහාරයට කාළුස්සගම ද පූජා කළේය.

17. ලෝහ පිළිම වහන්සේට ආරාමස්සගම ද පිදීය. දිරූ වෙහෙර විහාරයන් පිළිසකර කොට පිළිම වහන්සේලා ද කරවීය.

18. ප්‍රාසාදයන් ද, සෑයන් ද, බොහෝ විහාරයන් ද කරවීය. මහත් දයා ඇති මේ රජු පොළොන්නරුවෙහි වෛද්‍ය ශාලාවක් ද කරවීය.

19. එසේම පණ්ඩවාවියෙහි භෝග ලබන ගමක් කරවා ඒ ඒ තැන කුදුන්ට ද අන්ධයන්ට ද උවටැන් හල් කරවීය.

20. මැනවින් කරන ලද විනිශ්චයන්ගෙන් ගත් තීරණ පුස්කොළ පොත්වල ලියවා අනාගත කෝලාහල භය මැඩපැවැත්වීමට රාජ්‍යයෙහි ම තැබ්බවීය.

21. බොහෝ ආදායම් ඇති නාගවඩ්ඪන නමැති භෝග ගම පුරාණ ලියවිලි ඇති පුස්කොළ පොත් විනාශ නොවීම පිණිස පුරාණ සසුන් තොරතුරු ද පැවැත්වීම පිණිස දුන්නේය.

22. සිය පියරජු විසින් පවත්වාගෙන ආ මහා දන්දීම්, අනෙකුත් පින්කම් තිබුණේ ද ඒ සියල්ල නොනසා ආදරයෙන් පැවැත්වීය.

23. මේ මහරජුගේ අගබිසව ද බොහෝ පින්කම් කරවූවාය. දේවී තොමෝ මිහින්තලයෙහි කණ්ඨක චේතිය කළාය.

24. ජයසේන පර්වතය කරවා ග්‍රාමවාසී භික්ෂූන් වහන්සේලාට දුන්නාය. ඒ විහාරයට මහුම්මාර ගම ද දුන්නාය.

25. සිලාමේඝ නමින් භික්ෂුණී ආශ්‍රමයක් කරවා ඒ සලමෙවන් මෙහෙණ අසපුවෙහි භික්ෂුණීන් හට ප්‍රත්‍ය පහසුකම් සපයා දුන්නාය.

26. එවෙහෙරෙහි පෙර යම් යම් ගම්මානයෝ විකුණන ලද්දාහු ද ඕ තොමෝ ඒ ගම්වලට වස්තු ප්‍රදානය කොට නිදහස් කරවා ඒ විහාරයට ම දුන්නාය.

27. මේ දප්පුල රජු මිහින්තලයෙහි සියලු මහා වෘක්ෂයන්ගේ අමතරව වැඩී ගිය අතු කප්පවා නොයෙක් පැහැයෙන් යුක්ත වූ ධජ පතාකයන් පිදුවේය.

28. පූර්වාරාමයෙහි පිහිටි ප්‍රාසාදය ද පිළිසකර කරවීය. ඊට අයත් වූ උස්සාවිටිගම නිසරුව තිබූ හෙයින් එය සරුසාර කරවීය.

29. නැසීගොස් තිබූ ගිරිභණ්ඩ විහාරය ද ප්‍රකෘතිමත් කළේය. එහි වාසය කරන භික්ෂූන් වහන්සේට ද භෝග උපදනා ගම් දුන්නේය.

30. අඹ වනයෙහි දප්පුල පර්වතය නම් විහාරයක් කොට ප්‍රත්‍ය පහසුකම් හොඳින් සලසා තුන්සියයක් භික්ෂූන්ට පිදීය.

31. ඒ රජු මනරම් ලෙස නීලගල් නමැති ආරාමය කරවා බොහෝ ආදායම් ඇති දියවරක් ද කරවා දුන්නේය.

32. අරිකාරි විහාරයෙහි ජරාවාස වී ගිය තැන් පිළිසකර කරවීය. පෙර නොතිබුණු සලාක ගෙයක් ද ප්‍රාසාදයක් කොට කරවීය.

33. වාහදීපයෙහි සේනග්ගබෝධි පර්වත නමැති සෑයක් කරවීය. තුන් නිකායෙහි බහුශ්‍රැත භික්ෂූන් ලවා ධර්ම දේශනා පැවැත්වීය.

34. භික්ෂූන් වහන්සේගේ යකඩ පාත්‍රාවලට වාටි ගස්සවා දුන්නේය. පිනෙකැයි කියන ලද යමක් ඇත්නම් මේ රජු ඒ කිසිවක් ම මග නොහැර කළේය.

35. අනාථව සිටින කුලවත් ස්ත්‍රීන්ට මනහර පළඳනා දුන්නේය. බොජුන් කැමති වූවහුට බොහෝ සෙයින් රාත්‍රී ආහාර දුන්නේය.

36. ගවයන් හට ගොයම් දුන්නේය. කවුඩු ආදීන්ට ගිතෙල් මුසු බත් දුන්නේය. පොඩි දරුවන්ට මීපැණි සකුරු සහිත විළඳ දුන්නේය.

37. මෙසේ පිරිස් සහිත වූ රජු නොයෙක් පින් කොට පස් අවුරුද්දක් රාජ්‍යානුභව කොට මිය පරලොව ගියේය.

38. මේ දප්පුල රජුගේ ඇවෑමෙන් පසු ඔහුගේ පුත්‍ර වූ සියලු ගුණයෙන් යුක්ත වූ මහින්ද නම් ක්ෂත්‍රිය කුමරු බු.ව. 1345-1349 (ක්‍රි.ව. 801-805) දී සිංහලයන්ගේ රජු බවට පත්වූයේය.

39. ධර්මයට ද්වීපයක් බඳු, ධර්මයට ධජයක් බඳු, පිරිසිදු ධර්මය පිහිට කොටගත් මේ මිහිඳු රජු 'ධාර්මික සිලාමේඝ' නමින් ලක් ධරණී තලයෙහි ප්‍රසිද්ධ වූයේය.

40. පෙර රජදරුවන් විසින් පවත්වන ලද ධර්ම මාර්ගයට අනුගත වෙමින් මෙතෙමේ ද ඒ සියල්ල නොපිරිහෙලා සිදුකළේය. අධර්මය දුරුකරන ලද්දේය.

41. මේ රජු රාජරත්න ප්‍රාසාදයෙහි අලුත්වැඩියා කටයුතු පිණිස ගෙට්ඨුම්බ නමැති දියවර හැම කාලයට ම දුන්නේය.

42. ජරාවාස සෑයන් පිළිසකර කරවීය. පින්කම් ද කළේය. රාජ්‍යයට පැමිණි සිව්වෙනි වසරෙහිදී මිය පරලොව ගියේය.

43. මේ රජුගේ අභාවයෙන් පසු සියලු සත්වයන් හට සර්වප්‍රකාරයෙන් හිතසුව ඇතිකරවමින් බු.ව. 1349-1360 (ක්‍රි.ව. 805-816) දී අටවන අග්බෝ රජු අනුරාධපුරයෙහි සේසත් නංවා රජ බවට පත්වූයේය.

44. හේ ශාස්තෘන් වහන්සේගේ සියලු ගුණයන්ට සුදුසු පරිදි ධාතු පූජාවක් ද කළ අතර සිය මුත්තණු රජු විසින් කරවන ලද සම්බුද්ධ ප්‍රතිමාවට මහ පූජාවක් ද කරවීය.

45. මේ රජු තමාගේ නමත් පියාගේ නමත් එක්කොට උදයග්ගබෝධි නමැති පිරිවෙණ කරවීය.

46. භූත යන නමින් යුතු භෝග සහිත පිරිවෙණක් කරවා තමන්ගේ ආචාර්යපාදයන් වහන්සේට ද භික්ෂූන් තුන්සිය නමකට ද පිදීය.

47. රාජ ශාලාව නමැති විහාරයට චූළවාපි ගම පිදීය. කාලූලමල්ලවාතක විහාරයට ද ගම් දෙකක් පිදීය.

48. මෙතෙමේ පොහෝ දිනයන්හි මත්ස්‍ය, මාංශ, සුරා ආදිය නගරයට ගෙන ඒම වැළැක්වීය.

49. එමෙන්ම මෙතෙමේ භික්ෂූන් හෝ සෑයක් හෝ වන්දනා කොට එයින් පිටතට එන කල්හි මළුවෙහි ඇති වැලි නැති නොවේවා යි සිතා පාදයන් මැනවින් සෝදා පිටතට පැමිණියේය.

50. දෙව්ලොව උපත සලසන්නා වූ යම්තාක් පින්කම් ඇද්ද, නිවන පිණිස පවතින්නා වූ යම් කුසල් ඇද්ද, තෙරුවන් කෙරෙහි ප්‍රසාදයෙන් යුක්ත වූ මේ රජු ඒ සියල්ල කළේය.

51. හේ දිවා රාත්‍රී දෙකෙහි සිය මෑණියන්ට උවටැන් කිරීමෙහි ඇලී සිටියේය. මේ රජු උදෑසනින් ම මෑණියන්ට උවටැන් පිණිස ගොස්,

52. හිසෙහි තෙල් ගල්වා, ඇඟ දූලි ආදිය උලා, නිය පිරිසිදු කොට ආදර ගෞරවයෙන් ස්නානය කරවා,

53. තමන්ගේ සුවපහසු අලුත් වස්ත්‍ර හන්දවා ඉවත් කරන ලද වස්ත්‍ර සිය අතින් ම මිරිකා සෝදා,

54. ඒ වස්ත්‍ර සේදූ ජලයෙන් ඔටුණු සහිත වූ තමන්ගේ හිසට ඉසගෙන, සෑයකට සෙයින් සිය මෑණියන්ට මනාකොට සුවඳ මලින් පුදා,

55. තුන් වරක් වන්දනා කොට පැදකුණු කොට ඇයගේ පිරිසට කැමති පරිදි වස්ත්‍රාදිය දී,

56. තම මෑණියන්ට මාහැඟි වූ රාජභෝජන සියතින් ම අනුභව කරවා, මෑණියන් අනුභව කොට ඉතිරි වූ බොජුන් තමා ද අනුභව කොට, හිසෙහි ද විසුරුවාගෙන,

57. එතුමියගේ පිරිසට ද උතුම් රාජභෝජන අනුභව කරවා ඇය වාසය කරන ගෙය සුවඳින් පිරිබඩ කොට සරසා,

58. ඇය සැතපෙන යහන් ඇතිරිලි සියතින් ම මනාකොට සකසා ඇගේ පා සෝදා සිනිඳු සුවඳ තෙල් ගල්වා,

59. ඇගේ පා මොළොක් ලෙස සියතින් මැඩ නින්ද යන්ට සලස්වා, ඇගේ යහන පැදකුණු කොට, තුන්වරක් මනාකොට වැඳ,

60. දාස කම්කරුවන් ද රැකවල්කරුවන් ද යොදවා ඇයට පිටුනොපා පසුපසට ගෙයින් ඉවත් වී,

61. ඇයට නොපෙනෙන තැන දක්වා ගොස් සිට යළි තුන් වතාවක් වැඳ මාතෘ උපස්ථාන කර්මයෙන් සතුටුව නැවත නැවත එය ම සිහි කරමින්,

62. සිය නිවසට පිවිසෙයි. ඇය ජීවත්වන තුරු ම මේ අයුරින් උවටැන් කළේය. දිනක් මේ රජු දාසයෙකුට දාසවාදයෙන් බැණ පසුව තමාගේ දාසයාට වැඳ,

63. ඔහු ලවා තමාට දාසවාදයෙන් කියවා ගත්තේය. එසේ කළේ තමන්ගේ වචනය කමා කරවනු පිණිස ය. මැණියන් ලවා තමාව භික්ෂු සංඝයාට දාසයෙකු කොට පවරා,

64. තමාගේ වටිනාකමට ධනය දී නුවණැති රජ තෙමේ නිදහස් වූයේය. මෙසේ පින්කම් කිරීමෙහි ඇලී වාසය කරමින් රටවැසියන්ට ද සංග්‍රහ කොට,

65. සිය රාජ්‍ය ලාභයෙන් එකොළොස්වන වසරෙහි දෙව්ලොව ගියේය. ඔහුගේ ඇවෑමෙන් සිය මලණුවන් වූ තුන්වෙනි දප්පුල තෙමේ බු.ව. 1360-1376 (ක්‍රි.ව. 816-832) දී අනුරාධපුරයෙහි රජබවට පත්වූයේය.

66. මේ රජු ද පැරණි රජදරුවන්ගේ සියලු සිරිත් ඒ අයුරින් ම පැවැත්වීය. එකල මිහිඳු නමැති රුහුණු අධිපතියාගේ පුත් කුමාරවරු,

67. සිය පියා විසින් බැහැර කරන ලදුව සිය මාමණ්ඩිය වූ දප්පුල රජු වෙත පැමිණියේය. රජ තෙමේ ඔවුන් දැක එපුවත් අසා ඔවුන්ට මහත් බල සේනා දී,

68. ඥාතීන්ගේ යහපතෙහි ඇලුණේ පියා සමග යුද්ධ කරන්ට පිටත් කොට යැවීය. රුහුණෙහි අධිපති මිහිඳු තෙමේ ද ඔවුන්ගේ පැමිණීම ගැන දැන,

69. මහා බලයෙන් යුතුව විත් ඔවුන්ට පළමු යුද්ධ කළේය. තමන්ගේ සේනාව මෙහෙයවන්ට නායකයෙකු පත්කොට කුමාරවරු දෙදෙනා පැන ගියාහුය.

70. යළිත් රජු කරා ගොස් රජුට සේවය කරමින් මෙහි ම වාසය කළාහුය. පියා ද එයින් සතුටුව තමන්ගේ වෙනත් නෑයෙකු හා,

71. යුද්ධ කරන්නේ මරණයට පත්වූයේය. ඒ ඥාතියාත් මළේය. එවිට රජු සොයුරියකගේ පුත්‍රයෙකු වන කීර්ති අග්‍රබෝධි නමැති කුමරුට,

72. සියලු රුව ගුණයෙන් යුතු 'දේවා' නමැති දූකුමරිය පාවාදුන්නේ ඒ කීර්ති අග්‍රබෝධි තෙමේ දප්පුල නමැති මලණුවන් රජුට සේවය පිණිස නවත්වා,

73. තම සේනාව ගෙන රුහුණට ගියේය. රුහුණෙහි අධිපතිව සියලු අයුරින් පිනා ගියේ,

74. දූපුතුන්ගෙන් වැඩුණේ එහි ම වාසය කළේය. රජතුමා මහබෝධියෙහි දිරාගිය ගෘහය තහවුරු කොට අලුත්වැඩියා කළේය.

75. එහි කැටයම් රනින් නිම කරන ලද්දේ විය. එමෙන්ම මංගල්‍යයෙන් යුක්ත වූ තමන්ගේ රජබවට ද ශාස්තෘන් වහන්සේගේ පාරමිතාවන්ට ද,

76. යෝග්‍ය වන අයුරින් සකස් කොට මහා පූජාවක් පැවැත්වීය. හත්ථිකුච්ඡි විහාරයේ දිරාගිය වෙහෙර විහාර පිළිසකර කරවීය.

77. වාහදීපයේ ආරාමයන්ට ලාවරාව නම් පර්වත විහාරය ද කොට ජේතවන විහාරයේ බුද්ධ ප්‍රතිමාවක් ද රනින් කරවා,

78. එය බෝධිඝරයට වැඩමවාගෙන නොසිතිය හැකි තරම් අලංකාර පූජාවක් කළේය. ලංකාදීපයෙහි වසරක් පාසා වස්ත්‍ර දානයන් පැවැත්වීය.

79. මහාපාලි බත්හලේ දියුණුව ද සැලසීය. දන්සැල්වල අවශ්‍යතා ද සොයා බැලීය. තමන්ගේ බරට තරාදියෙන් මැන කරනු ලබන තුලාභාර දානය ද දුන්නේය. දිරාගිය වෙහෙර විහාර පිළිසකර කරවීය.

80. පෙර රජදරුවන් කරගෙන ආ සිරිත් ඒ අයුරින් පැවැත්වීය. මේ රජුට 'වජිර' නමින් මහ නුවණැති සෙන්පතියෙක් සිටියේය.

81. හේ පාංශුකූලික භික්ෂූන් උදෙසා කච්ඡවාල නම් ආරාමයක් කරවීය. ථූපාරාමයෙහි වටදාගෙය මැනවින් සෙවිලි කරන ලද්දේ,

82. රන් උළුවලිනි. එහි ඇතුළුවන දොරටුව ද රනින් ම කරවීය. මෙසේ තුන්වන දප්පුල රජු සොළොස්වසක් රාජ්‍ය කොට,

83. සියලු සත්වයන් හට යා යුතුව තිබෙන පරලොව නම් තැනක් ඇද්ද එහි ගියේය. ඒ රජු දිවංගත වූ කල්හි එහි සිටි,

84. අග්‍රබෝධි යන නාමය ම ඇති අයෙක් බු.ව. 1376-1379 (ක්‍රි.ව. 832-835) දී අණබෙර හැසිරවීය. අග්‍රබෝධිගේ පියාගේ සොයුරාට ද මහින්ද නමැති කුමරෙක් සිටියේය.

85. සිය පුත්‍රයාට රාජ්‍යය දීමේ අදහස නිසා මිහිඳු කුමරාට ආදිපාද තනතුරක්වත් නොදුන්නේය. එනිසා මිහිඳු නමැති කෙනා සිය නෑයන් හටත්, සොයුරු අග්බෝ රජුටත් සංග්‍රහ කරගන්ට බැරිව,

86. ව්‍යාකූලත්වයට පත්වීමෙන් දඹදිවට පලාගියේය. ඔහු මහත් සේනාවක් රැගෙන එන බව ඇසූ අග්බෝ රජ තෙමේ,

87. ඔවුන් හා යුද්ධ කොට ඔවුන්ගේ හිස් ගත්තේය. හේ තුන් නිකායෙහි කළයුතු වූ සියලු කරුණු විචාරා,

88. මුළු ලක්දිව පව් සිරිත් වළක්වනු පිණිස කටයුතු කළේය. එකල්හි කුඩා වෙහෙරවැසි සියලු භික්ෂූන් ද හැමදා,

89. මහා විහාරයට පැමිණ කැඳ පිළිගතයුතු විය. මෙය ඇසූ රජ තෙමේ ඒ පිළිබඳව කණගාටුවට පත්වී කණ්ඨපීඨ මහා ගම ද එමෙන්ම යාබාලගම ද,

90. බොහෝ ආදායම් ඇති තෙල්ගම ද දියවර ද කුඩා විහාරයන්හි වසන භික්ෂූන්ට පිදීය. ඒ, ඒ විහාරයන්හි ම කැඳ ලබාගනු පිණිස ය.

91. එතැන් පටන් කුඩා විහාරයන්හි සියලු භික්ෂූහු ආදර සහිතව කැඳ වැළඳූවාහුය. ලක්දිව පුරා බෙර හසුරුවා යාචකයින් රැස් කරවා,

92. තමා කැමති පරිදි ගනු පිණිස තුන් දිනක් රන් පූජා කළේය. මෙවැනි පුණ්‍ය කටයුතු කළ නවවන අග්බෝ රජු තුන් වසකින්,

93. ත්‍රිවිධ රත්නය කෙරෙහි තමා තුළ ඇති පැහැදීමෙහි විපාක බලනු පිණිස රජෙකු දිව්‍ය යානයෙන් යන සෙයින් මරණයට පත්වූයේය.

94. මෙසේ හැම සත්හු ඒකාන්තයෙන් අනිසයහ. සර්වඥ බුදුවරු පවා මරණයට පත්වන්නාහුය. එහෙයින් භව පැවැත්ම ගැන උපදින ආශාව දුරුකර ගන්නා තැනැත්තා නිවන අරමුණු කොට මහා නුවණැතියෙක් වන්නේය.

මෙසේ හුදී ජන පහන් සංවේගය පිණිස කරන ලද මහාවංශයෙහි රජවරු පස්දෙනා නමැති සතළිස් සත්වන පරිච්ඡේදය නිමාවට පත්විය.

48

සතළිස් අටවන පරිච්ඡේදය

එක් රජු

01. ඒ නවවන අග්බෝ රජුගේ ඇවෑමෙන් පසු ඔහුගේ මලණුවන් වූ මහා බල ඇති සේන නම් කුමාරයා දයාබර පියෙකු පුතුන් දෙස බලන සෙයින් සියලු සතුන් කෙරෙහි දයාව ඇත්තේ බු.ව. 1379-1399 (ක්‍රි.ව. 835-855) දී ලක්දිව රජබවට පත්වූයේය.

02. පෙර රජදරුවන් පවත්වාගෙන ආ රාජධර්මය මෙතෙමේත් ඒ අයුරින් පැවැත්වීය. එමෙන්ම පෙර නොතිබුණා වූ ධර්මානුගත සිරිත් ද පැවැත්වීය.

03. භික්ෂූන්ටත්, භික්ෂුණීන්ටත්, ඥාතීන්ටත්, ලක්වාසීන්ටත්, මත්ස්‍යයින්ටත්, මෘගපක්ෂීන්ටත් කළයුතු සියලු යහපත් දේ කරවීය.

04. හේ පරතෙරට ගිය මිහිඳු කුමරුව චරපුරුෂයන් යොදවා මැරවීය. මෙසේ රාජ්‍යයට බලපාන සතුරු අර්බුද විසඳා කටු රහිත කළේය.

05. ධනය සොයන යාචකාදීන්ට මහදන් පැවැත්වීය. භික්ෂූන්ට ද බ්‍රාහ්මණයින්ට ද මනෝඥ වූ රාජභෝජන දුන්නේය.

06. ඒ රජුට මහින්ද, කස්සප, උදය නමැති මලණු කුමාරවරු තිදෙනෙක් සිටියහ. ඔවුන් අතර සිටි මහින්ද කුමරු යුවරජ බවට පත්විය.

07. හේ සේන රජුගේ අදහස් අනුව පවතිමින් රජුට මැනවින් උපස්ථාන කළේය. මේ සේන රජුට සංඝා නමින් අගමෙහෙසියක් සිටියාය.

08. වරක් රජු මුහුදු දිය කෙළිනු පිණිස පටුනට යන අවස්ථාවෙහි උදය ආදිපාදවරයා නගරයෙහි නැවතුණේය.

09. මාමණ්ඩියගේ දියණිය වන 'නාළා' නමැති කුමරියක් ද රාජ්‍යාරක්ෂාව ඇතිව සිටියාය. උදය තෙමේ ඇයත් රැගෙන පොළොන්නරුවට පලා ගියේය.

10. සේන රජු ඔහු ගැන නොකිපී, නොකිපිය හැකි වූ සම්බන්ධයක් කොට මහාදිපාදයන් එහි යවා ඔහු සතුටු කරවා නැවත මේ අනුරාධපුරයට ගෙන්වීය.

11. මෙසේ ඔවුහු සමගිව වාසය කළාහුය. එතැන් පටන් ඒ ක්ෂත්‍රියවරු ඉතා සමගියෙන් යුක්තව සසුනත් රටවැසියනුත් රකිමින් විසුවාහුය.

12. එයින් කිසි කලක් ගත වූ තැන දකුණු දඹදිවින් මහා බල සෙනඟක් සමග ආ පඬි රජු නමැති ආක්‍රමණික දෙමළෙක් ලංකා රාජ්‍යය පැහැර ගන්ට පටන් ගත්තේය.

13. එය ඇසූ සේන රජු ඔහුට විරුද්ධව ඔහු හා සටන් කරනු පිණිස සේනාවන් යැවීය. ඇමතිවරුන් අතර වූ විවාදයෙන් ලත් අවකාශ ඇති,

14. ආක්‍රමණික පඬි රජු සියලු උතුරු ප්‍රදේශය වහා ගත්තේය. මහාතලිත ගමෙහි කඳවුරු බැඳගත්තේය.

15. එහි තැනිත් තැන වසන්නා වූ බොහෝ දෙමළ ජනයා වූවාහු ද ඒ සියල්ලෝ ම සිංහල රජුට විරුද්ධ වී ආක්‍රමණික පඬි රජහුගේ පක්ෂය ගත්තාහුය. ඒ හේතුවෙන් පඬි රජු බලවත් විය.

16. එහිදී සිංහල රජුගේ සේනාව හා පඬි රජු යුද්ධ කරන්ට පටන් ගත්තාහුය. ඇත්කඳ පිටට නැගගත් පඬිරජු ද යුද පිණිස පෙරට ආයේය.

17. ඒ දඹදිවින් ආ දෙමළ සේනාවෝ තමන්ගේ ස්වාමියාගේ මුහුණ බලමින් රජු උදෙසා තමන්ගේ දිවි පුදා බලවත් උත්සාහයෙන් සටන් කළාහුය.

18. සිංහල සේනාව තමන්ගේ රජු එහි නොසිටි හෙයින් උත්සාහ රහිතව යුද්ධ කොට බිඳී ගොස් ඒ ඒ තැනින් පලාගියාහුය.

19. එකෙණෙහි ආක්‍රමණික පඬිරජුගේ මහා සේනාව මහජනයා සුණු විසුණු කරමින් මාර සේනාවක් මෙන් පැතිර ගියේය.

20. සේන රජු තමන්ගේ සේනාව බිඳී ගිය බව අසා ගත හැකි තාක් සියලු වටිනා වස්තුව ගෙන අනුරාධපුරය අත්හැර කඳුරටට පලාගියේය.

21. එකල්හි පඬිරජු හා යුද්ධයේදී ඇතුපිට නැගගත් මිහිඳු යුවරජු පලායන්නා වූ තමන්ගේ සේනාව දැක,

22. 'ඒකාන්තයෙන් තනි වී සිටින මා හට මෙතරම් මහා ආක්‍රමණික සේනාවක් මැරිය නොහැක්කේය. මේ නිවට දෙමළුන්ගේ අතින් මැරෙනවාට වඩා,

23. මගේ අතින් ම මගේ මරණය සිදුවීම සැපයකි' යි සිතා ඇත්කඳ මත සිටියදී ම හේ සිය ගෙල සිඳගත්තේය.

24. මෙය දුටු බොහෝ සිංහල සේනාවෝ සිය අතින් සිය ගෙල සිඳගත්තාහුය. එය දුටු ආක්‍රමණික දෙමළ සේනාවෝ සතුටින් ඔල්වරසන් දුන්හ.

25. කස්සප ආදිපාද තෙමේ ද මේ සියල්ල හොඳින් සලකා බලා සන්නාහයෙන් මනාව සන්නද්ධව ආයුධ දරමින් අසුපිට නැගී,

26. අභයගිරි වෙහෙරට අවුත් තනිවම එබඳු ම වූ මහා දෙමළ සේනාවක් මැදට පැන,

27. සයුරු දියෙන් නයින් ඩැහැගන්නා ගුරුළු රාජයෙකු සේ ඒ සියලු සතුරු සේනා වැළැක්වීය. තමන්ව ද මැනවින් රැකගත්තේය.

28. ඒ සටනේදී සිය අශ්වයා දිස්වූයේ අශ්වයින්ගේ වළල්ලක් ලෙසිනි. හේ තමා පසුපසුන් එන කිසිදු පුද්ගලයෙකු නොදැක්කේ,

29. 'මා විසින් සතුරන්ගේ මනෝරථය මුදුන්පත් කරදීමෙන් කවර ඵලයක් ද? මා කලක්

ජීවත්වුවහොත් මාගේ මනෝරථය ද මුදුන්පත් කරගන්නෙමි.

30. එහෙයින් දැන් මා යන්ට ම යි ඕනෑ' යි සිතා දෙමළ මහා සේනාව විසුරුවා නිර්භය ඇති මහයෝධ තෙමේ කොණ්ඩිවාතයට ගියේය.

31. ඉක්බිති ආක්‍රමණික පඬි රජුගේ මහා සේනාව පැමිණ උතුම් අනුරාධපුරය අල්ලාගත්තේය. මිහිඳු රජුගේ හිස ගෙන ගිය දෙමෙල්ලු එය පඬි රජුට දක්වා සිටියහ.

32. පඬි රජු ඒ හිස දැක පඬි දේශයෙහි සියලු රජුන්ට කරන ආදාහන කෘත්‍යය සෙයින් ඒ හිසට ද ආදාහන කටයුතු කරන්ට නියෝග කළේය.

33. මේ පඬි රජු සිංහල රජුන්ට අයත්ව තිබූ සියලු වස්තු භෝගයන් පැහැර ගත්තේය. සියලු වෙහෙර විහාරවලත් නුවරත් තිබූ ගතහැකි තාක් වටිනා වස්තූන් පැහැර ගත්තේය.

34. ලෝවාමහාපායෙහි තිබූ සියලු රුවන් ද, රනින් කළ සියලු පිළිම වහන්සේලා ද, ශෛලමය බුදුපිළිම වහන්සේගේ නේත්‍රාවලට පූජා කොට තිබූ මාහැඟි මැණික් දෙක ද,

35. ථූපාරාම සෑයට පළඳවා තිබූ රන් කඤ්චුකය ද ඒ ඒ විහාරවල රනින් නිමකොට තිබූ සියලු පිළිම ද ආදී කොට ඇති,

36. සියලු වස්තුව පැහැරගෙන ලංකාද්වීපය ඕජස් රහිත කළේය. යකුන් විසින් අනුභව කොට අත්හැර

දමන ලද රොඩු ගොඩක් සෙයින් ඉතා රම්‍ය ව පැවති අනුරාධපුරය හැර දමන ලද්දේය.

37. මේ පඬිරජු මහා මාර්ගයෙහි ඒ ඒ තැන දෙමළ සේනාවන්ගෙන් රැකවල් දමා ගංගා දෙක වැටෙන මෝයෙහි සැක සහිතව වාසය කළේය.

38. මොහු සිංහල රජුන් හා මිතුරු බව කැමතිව ඇමතිවරු එහි පිටත්කර හරින ලද්දාහුය. ඔවුන් දුටු සිංහල රජු,

39. ඔවුන්ගේ හස්න අසා ඒ සියලු කරුණු පිළිගෙන කැමති සේ දූතයන්ට සංග්‍රහ කොට,

40. සියලු ආභරණයන්ගෙන් සරසන ලද ඇතුන් දෙදෙනකු තෑගි කොට තමන්ගේ යහපත කැමතිව පඬි රජු වෙත පිටත් කරවීය.

41. පඬි රජු ද ඒ සියල්ල දැක සතුටු සිත් ඇත්තෙක් විය. එදින ම අනුරාධපුර මහා නගරය තමන්ගේ දෙමළ දූතයන්ට පවරා දී,

42. නගරයෙන් නික්ම අවුත් නොබෝ කලකින් යාපා පටුනට පැමිණ නැව් නැගී සිංහල දේශයෙන් පැහැරගත් සියලු ධනය ද රැගෙන දකුණු දඹදිව තමන්ගේ පඬිරට බලා ගියේය.

43. ඉන් පසු සිලාමේඝ නම් රජු අනුරාධපුර නගරයට පැමිණ විනාශ වූ ලංකාද්වීපය යථා තත්වයට පත්කොට සංසිඳුවාගෙන වාසය කළේය.

44. උදය නමැති දෙවෙනි සොයුරා මහාදිපාද තනතුරට පත්කොට ඔහුට භෝග පිණිස දකුණු දිසාව දුන්නේය.

45. මේ රජු ද වැඩිකල් නොසිට හැකි පරිදි පින්කම් කොට කිසියම් බලවත් රෝගයකින් පීඩිත වූයේ මරණයට පත්වූයේය.

46. කස්සප ආදිපාද තෙමේ පොළොන්නරුවෙහි වසන්නේ ආක්‍රමණික පඬි රජු හා යුද්ධ කරන්නේ ඔවුන් විසින් මරන ලද්දේය.

47. මේ කස්සප ආදිපාදයන් හට උතුම් පින් ලකුණෙන් හෙබි මාහැඟි පුත්කුමාරවරු සතර දෙනෙක් සිටියාහුය.

48. ඔවුන්ගෙන් හැමට වැඩිමල් වූ සේන නම් කුමාරයා ශූර වීර වූ මහත් උත්සාහයෙන් යුතු, රාජ්‍ය භාරය ඉසිලීමෙහි යෝග්‍ය වූ කිසිවෙකුට සම නොකළ හැකියෙක් විය.

49. සිලාමේඝ රජු ඔහුට මහාදිපාද තනතුර ප්‍රදානය කොට භෝග සම්පත් විඳීම පිණිස සේනා වාහන සහිතව දකුණු පෙදෙස දුන්නේය.

50. රුහුණට අධිපති කීර්ති අග්‍රබෝධිට ද පුත් කුමාරවරු සිව් දෙනෙක් ද ඉතා දැකුම්කළු රූසපුයෙන් හෙබි දූකුමරියෝ තිදෙනෙක් ද වූහ.

51. එකල්හි කීර්ති අග්බෝ රුහුණු අධිපතියාගේ සොයුරිය කීර්ති අග්බෝගේ වැඩිමහල් පුත්‍රයා වූ මිහිඳු නමැති ක්ෂත්‍රීය කුමරා මරවා ධනය සහිත දේශය ඇය සතු කරගත්තාය.

52. ඉක්බිති සහෝදරයන් තිදෙන සිය සොයුරා මැරීම ගැන කෝපයෙන් යුතුව සොයුරියන් තිදෙනා ද ගෙන සිලාමේඝ රජු වෙත ආහ.

53. රජු ද ඔවුන් දැක ඉතා දයාවන්ත වෙමින් ඔවුන් කෙරෙහි මනා හිතවත්කමින් යුතුව සියලු දෙනාට ම දෙව්කුමරියන්ට සෙයින් සැපසේ ආදරයෙන් ඇතිදැඩි කළේය.

54. සිලාමේඝ රජු ඔවුන් අතර වැඩිමහලු කස්සප කුමාරයාට බල සෙනඟ දී කුමාරවරුන්ගේ නැන්දණිය විසින් පැහැරගත් දේශය ගන්ට පිටත් කොට හැරීය.

55. ඔහු ද එහි ගොස් ඇය මරා මුළු රුහුණ ම තමා වසඟයට ගෙන නිරුපද්‍රිතව එහි වාසය කළේය.

56. ඉක්බිති ඒ කස්සප කුමරු තමන්ගේ සොයුරු දෙදෙනා වන සේන කුමරුත් උදය කුමරුත් කැඳවා ඔවුන්ට රුහුණු රට බෙදා දී ඔවුන් හා සමගිව වාසය කළේය.

57. සිලාමේඝ රජු ද දිව්‍ය අප්සරාවන් සෙයින් මැනවින් ඇතිදැඩි කළ ඒ රාජකන්‍යාවන් අතුරෙන්,

58. සංඝා නම් වූ කුමරිය රාජිනී තනතුරෙහි තබා මනා සම්පත් ප්‍රදානය කොට යුවරජු හට සරණපාවා දුන්නේය.

59. මේ රජුගේ උපරාජ පදවිය හෙබවූ මහින්ද නම් බාල සොයුරෙක් සිටියේය. හේ සියලු ශාස්ත්‍රයන්හි විශාරද බවට පත්වූයේ සියලු ගුණයෙන් ද යුතු විය.

60. මේ රජු ඔහුට තිස්සා නම් දූකුමරියත්, කීර්ති නම් දූකුමරියත් යන මනා රූසපුයෙන් හෙබි රාජකන්‍යාවන් දෙදෙනා ම සරණපාවා දුන්නේය.

61. මෙසේ සුදුසු පරිද්දෙන් ඥාතීන් හට සංග්‍රහ කරන්නේ මහජනයාට ද නොයෙක් අයුරින් සංග්‍රහ කරන්නේ,

62. දසරාජ ධර්මයෙන් යුක්තව රාජ්‍ය කරමින් බොහෝ පින් රැස්කරමින් ලංකාද්වීපය පරිභෝග කළේය.

63. රිටිගල පර්වතයෙහි ඉර්ධියෙන් මැවූ ආරණ්‍යයක් සෙයින් මහාභෝග ඇති වෙහෙරක් කරවා පාංශුකූලික භික්ෂූන්ට දුන්නේය.

64. එමෙන්ම අංගසම්පූර්ණ වූ රාජකීය පෙරහැරක් ද බොහෝ කම්කරු දාසයින් ද රිටිගල ආරාමයට දුන්නේය.

65. බුදුබව පැතීමේ අදහසින් යුතු මෙතෙමේ ජේතවන විහාරයෙහි නොයෙක් මහල් ගණතින් යුතු ප්‍රාසාදයක් කරවීය.

66. මුළුමනින් ම රනින් කරවන ලද බුද්ධ ප්‍රතිමාවක් වඩාහිඳුවා ඒ ප්‍රාසාදයෙහි තැන්පත් කොට මහා භෝගයන් පුදා එහි භික්ෂූන් වහන්සේලා වැස්සවීය.

67. මහාදි පිරිවෙණෙහි වූ ප්‍රාසාදය ගින්නෙන් දැවී ගිය හෙයින් එහි මනහර වෙහෙරක් කරවීය.

68. එමෙන්ම වීරාංකුර නමින් අභයගිරියෙහි විහාරයක් කරවීය. එය මහාසංඝික නිකායේ භික්ෂූන්ට දුන්නේය. එමෙන්ම ස්ථවිරවාදී භික්ෂූන්ට ද විහාරයක් කරවා දුන්නේය.

69. මේ රජු තමන්ගේ දේවිය වූ සංඝා බිසව හා එක්ව පූර්වාරාමය සිව්පසයෙන් යුක්ත කරවීය.

70. මහනුවණැති මේ රජු සිය බිසව හා එක්ව මහා විහාරයෙහි සංඝසේන නමින් මහාභෝග ඇති ආරාමයක් කරවීය.

71. මිනිසුන්ට උතුම් වූ ඒ රජු කේශධාතුන් වහන්සේ උදෙසා තනි රනින් කරඬුවක් කරවා මහා පූජෝත්සවයක් කොට සිය රාජ්‍යයෙන් ද පිදීය.

72. මිහින්තලයට බොහෝ ආදායම් ඇති කාණවැව ද දුන්නේය. ලක්වැසි සියලු භික්ෂූන් වහන්සේලාට තුන් සිවුරු පූජා කළේය.

73. පොළොන්නරුවෙහි ථූස වැවත් තවත් වැව් කරවීය. ආරාමික ගම්මානයෙන් යුක්ත කොට සේනග්ගබෝධි නමැති ආවාසය කරවීය.

74. එහි ම යහපත් භෝජන ඇති මහපාලි නමින් දන්හලක් කරවීය. මහානේත්‍ර පර්වතයෙහි සියලු භික්ෂූන්ට ද මහාපාලි නමින් දන්හලක් කරවීය.

75. නගරයෙහි බටහිර දිසාවට වෙන්ට වෙදහලක් කරවීය. අනාථ ජනයාට කැවිලි සහිතව කැඳ දන් දුන්නේය.

76. පාංශුකූලික භික්ෂූන්ට දන් පිසීම පිණිස වෙනම මුළුතැන්ගෙයක් කරවා මැනවින් සකස් කළ උතුම් බොජුන් දුන්නේය.

77. මේ රජු මහාදිපාද වශයෙන් සිටි කාලයෙහි කපුරු පිරිවෙණෙහි ද උත්තරාළ්හ විහාරයෙහි ද තමන්ගේ නමින් කොටසක් කළේය.

78. මහා ධන ඇති මෙතෙමේ තමාගේ බර තරාදියෙන්

කිරා ඒ බරට තුලාභාර නම් දානය තුන්වතාවක් දුන්නේය. මෙසේ මේ රජු නානාප්‍රකාර වූ පින් රැස්කළේය.

79. සංඝා නම් මහේෂිකාව ද උතුරු විහාරයෙහි මහින්දසේන නම් ආවාසයක් කරවා එහි භික්ෂූන් වැස්සවූවාය.

80. නුවණැති දප්පුල නම් රජහුගේ කාලයෙහි මහාදේව නම් ඇමතියා විසින් දප්පුල පර්වතය නමින් මනහර විහාරයක් කරන්ට පටන් ගත්තේය.

81. දාරුකස්සප නම් ඇමතියා කස්සපරාජික නම් විහාරයෙහි ද එසෙයින් ම පටන් ගන්නා ලද්දේ ඒ දෙවෙරෙහි ම අඩාලව පැවති කටයුතු මේ රජු විසින් නිමාකරන ලද්දේය.

82. මේ රජුගේ භද්‍ර නම් සෙන්පතියෙක් භද්‍රසෙන්පති නමින් පිරිවෙණක් කරවා දාසයින් හා භෝගයෙන් යුතුව පිදීය.

83. උත්තර නම් ඇමතියා අභයගිරි විහාරයෙහි උත්තරසේන නමින් රම්‍ය වූ ආරාමයක් කරවා පූජා කළේය.

84. වජිර නමැති ඇමතියා වජිරසේන නමින් අභයගිරියෙහි ම ආවාසයක් කරවීය. රක්ඛස නමැති ඇමතියා රක්ඛස නමින් එහි ම ආවාසයක් කරවීය.

85. ඉන් පසු පොළොන්නරුවෙහි වසමින් රාජ්‍ය පාලනයෙන් විසිවසක් ගෙවීගිය පසු සාරය දකිනා

ඒ රජු පඬි රජු විසින් ලක්දිවට කරන ලද බිහිසුණු අපරාධය සිහිකරන්නේ,

86. ශූර වූ සේන කුමරු හට රජකමට ඉඩ සලසන්නාක් සෙයින් ලක්දිව අත්හැර මහා සුළඟින් නිවීයන පහනක් සේ මෙලොව අත්හැර ගියේය.

87. ජීවිත මෙන් ම භෝගයෝ ද අනිත්‍යයහ. පළමුකොට ඒ ඥාතීහු ද යහළුවෝ ද අනිත්‍යයහ. ඉතා දරුණු වූ මාරයාගේ අභිමුඛයට පැමිණ හුදෙකලා වූ රජු දෙස බලව්.

මෙසේ හුදී ජන පහන් සංවේගය පිණිස කරන ලද මහාවංශයෙහි එක් රජු නමැති සතළිස් අටවන පරිච්ඡේදය නිමාවට පත්විය.

49

සතළිස් නවවන පරිච්ඡේදය

රජවරු දෙදෙනා

01. මෙසේ ඒ සේන රජු අභාවයට පත්වූ කල්හි ඔහු වෙනුවෙන් කළයුතු අවසන් කටයුතු මැනවින් නිමවා සේන නමැති මහාදිපාදවරයා බල සේනාව රැගෙන,

02. පොළොන්නරුවට පැමිණ බු.ව. 1399-1434 (ක්‍රි.ව. 855-890) දී සේසත් නංවා සිංහල දේශයේ රජ බවට පත්වූයේය. පුරාණ රජවරුන්ගේ සිරිත් පෙන්වන්නාක් මෙන් මේ දෙවෙනි සේන රජු,

03. සැදැහැවත් වූයේ, මහා ධනවත් වූයේ, වස්තු ආලය නොකොට දන්දීම පිණිස අත්හැර සිටියේ තමා වෙත ඉල්ලා එන්නට සුදුසු වූයේ, මහාභෝගී වූයේ බලවාහනයෙන් ද යුක්ත වූයේ විය.

04. එමෙන්ම නිර්මල වූ කීර්තියෙන් ද, තේජෝ ගුණයෙන් ද යුක්ත වූයේ හිරු සඳු දෙක එක් තැනකට පැමිණ දැක්වීමක් බඳු විය.

05. නොකිළිටි ගුණයෙන් පිරුණේ, මැනවින් තෝරා බේරාගත් ගුණ අගුණ ඇත්තේ, පවින් තොර වූයේ, සසරෙහි කළකිරුණේ, සාරවත් දෙය දකින්නෙක් විය.

06. මොහුට ද සංඝා නමින් බිරිඳක් වූවාය. ඇයට ද යෝග්‍ය පරිදි පෙරහර පවත්වා මහේෂී බවෙහි අභිෂේක කළේය.

07. හේ මහින්ද නමැති නුවණැති සොයුරාට දකුණු පෙදෙස භාරදී උපරාජ ලෙස අභිෂේක කළේය.

08. ඒ මහින්ද තෙමේ අන්තඃපුරයෙහි වැද නොමනා ක්‍රියාවෙහි යෙදුනු බව රජු දැනගත් කල්හි අඹුදරුවන් ද සමග නැගී අප්‍රසිද්ධ වේශයෙන් කඳුරටට පලාගියේය.

09. එකල්හි දෙවන සේන රජු නිසා සංඝා බිසවගේ කුසින් පුත් කුමරෙක් උපන්නේය. ඒ කුමරු වනාහී තම රූපයෙන් පනාද රජුගේ පුත්‍රයා දැක්වීමක් බඳු විය.

10. රජ තෙමේ සිය පුත් කුමරු උපන් කෙණෙහි ම දැක සතුටු සිත් ඇති වූයේ ලුම්බිණී සල් උයනෙහි උපන් සිදුහත් කුමරු දුටු සුදොවුන් නිරිඳු ලෙසිනි.

11. 'ධන්‍ය පුණ්‍ය ගුණයෙන් යුක්ත වූ මගේ පුත් කුමරු මේ එක් දිවයිනක් නොව මින් එතෙර මුළු දඹදිව් රාජ්‍යයෙහි පවා රජකමට සුදුසු යැ'යි කී රජු,

12. කුමරුට නම් තබන මංගල්‍ය දිනයේදී හැම අයුරින් පෙරහැර කරවා උපරාජ්‍යයෙහි පිහිටුවා දකුණු පෙදෙස ඔහුට දුන්නේය.

13. පැන ගිය යුවරජු කඳුරට වසන්නේ යළි උපායෙන් රජු සතුටු කොට සිය සොයුරු විසින් අනුදන්නා ලදුව,

14. තුන් නිකායික භික්ෂූන් වහන්සේ සමග පැමිණියේ එහිදී රජ තෙමේ නොවෙනස් වන සමාදානයක් ඇතිකර ගත්තේය.

15. ඒ මිහිඳු යුවරජුට තිස්සා නමින් බිරිඳක් වූවා ද, ඕ සංඝා නමැති දූකුමරිය බිහිකළාය.

16. කිත්ති නම් යම් බිරිඳක් වූවා ද, ඕ තොමෝ පුත් කුමාරවරු සිව් දෙනෙකුන් ද දූකුමරියක ද බිහිකළාය.

17. එකල්හි රජු මෙසේ සිතීය. 'මාගේ මලණු තෙමේ මා මෙසේ කළහොත් මා ගැන සැක රහිත වන්නේය' යි ඇමතිවරු හා සාකච්ඡා කොට,

18. ඒ යුවරජුගේ සංඝා නමැති සුරූපී රාජ කන්‍යාව සිය පුත්‍ර කස්සප කුමරු හට සරණපාවා දෙන්ට තරම් නුවණැති වූයේය.

19. දකුණු දේශය ද යළි තම මලණුවන්ට දුන්නේය. කස්සප රාජපුත්‍රයාට වෙන් වශයෙන් තමන්ගේ භෝගයන් දුන්නේය.

20. රාජ්‍යයෙහි සියල්ල ඔහුගේ පරිභෝගයට දුන්නේය. ඒ සේන රජු ලක්දිව ජනයාගේ යහපත කැමතිව හුදෙක් රාජ්‍ය විචාරීම පමණක් කළේය.

21. කාශ්‍යප රාජපුත්‍රයා හා සංඝා යන පිනැති දෙදෙනාගේ එක්වීමෙන් ඔවුන්ට ධන්‍ය පුණ්‍ය

ගුණයෙන් යුතු පුත් කුමාරවරු හා දූ කුමරියක ලදහ.

22. මේ දෙවෙනි සේන රජු සියලු උපහාරයෙන් යුතුව දළදා වහන්සේට මහ පූජාවක් කළේය. දිනක් උතුම් රත්න ප්‍රාසාදයට නැංග විට,

23. කලින් රන් පිළිම වහන්සේ වැඩසිටින ආසනය හිස්ව තිබෙනු දැක 'කවර හෙයින් මෙසේ වූයේ දැ'යි අසා සිටියේය.

24. එවිට ඇමතියෝ මෙසේ කීවාහුය. 'දේවයන් වහන්ස, නොදන්නා සේක් ද? නුඹවහන්සේගේ පියාණන්ගේ සොයුරු වූ මහපියරජහුගේ කාලයෙහි,

25. දකුණු දඹදිවෙන් ආ පඬි නම් ආක්‍රමණික රජු මේ උතුම් අනුරාධපුරය වනසා ලක්දිව සතු සියලු ධන සම්පත් පැහැරගෙන ගියේය.'

26. එය ඇසූ රජු ලැජ්ජාවට පත්වූයේ තමන් ලද පරාජයක් ලෙසිනි. එදින ම හේ බලසෙනඟට සංග්‍රහ කොට ඇමතියන්ට අණ කළේය.

27. එකල්හි ම වනාහී පඬි රටෙහි කුමරෙකුට සිය පියා විසින් පරිභව කරන ලදුව තමන් සතු රාජ්‍යය ගන්ට උදව් ඉල්ලා ලක්දිවට ගොඩබැස්සේය.

28. රජ තෙමේ ඔහු දැක ඉතා සතුටට පත්ව ඔහුට කළයුතු සත්කාර කරවා මහාතිත්ථයට පැමිණ එහි වාසය කරමින්,

29. මහත් බලසෙනඟක් ද එයට නිසි උපකරණ ද අඩු නැතිව සකසා දී දිව්‍ය සේනාවක් මෙන් සරසවා,

30. පණ්ඩු කුමාරයා සමග තමන්ගේ සෙන්පති ද යවා 'තෙපි මුහුදින් එතෙර ගොස් ඒ පඬිරජු මරා කලින් මේ ලක්දිවෙන් පැහැරගෙන යන ලද,

31. සියලු රන් රුවන් ද රැගෙන, මෙකුමරු හට රාජ්‍යය ද ලබාදී වැඩිකල් නොයවා මෙහි එව්' යි අණ කළේය.

32. සෙනෙවි තෙමේ ද 'එසේය. එසෙයින් ම කරන්නෙමි' යි රජුට පිළිවදන් දී රජු වැඳ එසැණින් ම බලසෙන් ද රැගෙන නැව් නැගී,

33. පරතෙර ගොස් පිරිවරාගත් සේනාබල වාහන ඇතිව ප්‍රත්‍යන්ත ජනපද වනසමින් මධුරා පුරය වටකළේය.

34. නගරයෙහි දොරටු වසා යෑම් ඊම් නැති කළේය. ගෝපුර අට්ටාල කොටු ආදිය ගිනි ලැවේය.

35. මෙසේ සිංහල රටින් ආ සේනාව සිය පුරයට පිවිස හමුදාව ද නසමින් සියල්ල පැහැර ගනිමින් එන බව,

36. ඇසූ පඬි රජු තමන්ගේ බලසෙන් ද රැගෙන වහා එහි පැමිණ යුද්ධ කරන්ට පටන් ගත්තේය.

37. ඒ පඬි රජු හට ප්‍රමාණවත් තරම් සේනාවක් ඒ මොහොතේ නොසිටියේ ඇත්කඳ මත සිටියදී ම හුලකින් විදින ලද්දේ සිය පුරය අත්හැර පලා ගියේය.

38. පලායමින් සිටි හෙතෙම අතරමගදී ජීවිතය අත්හළේය. ඔහුගේ බිරිඳ ද ඒ හා සමග ජීවිතක්ෂයට පත්වූවාය.

39. එකල්හි සිංහල සේනාව නිර්භයව නගරයට පිවිස අසුර පුරයට වන් දෙව්වරු සෙයින් පඬි රජුගේ සියලු දෙය පැහැර ගත්තේය.

40. සෙන්පති තෙමේ රජමැඳුරෙහි බඩු පිරික්සා බලන්නේ ලංකාද්වීපයෙන් පැහැරගන්නා ලද මාහැඟි භාණ්ඩයන් එහි තිබෙනු දැක,

41. ඒ දේශයේත් නගරයේත් තිබෙන සියලු වටිනා දෙය රැගෙන එහි අධිපතිකම් කොට,

42. පඬි කුමාරයා තමන්ගේ වසඟයේ තබා එහිදී ඔහුව රාජ්‍යාභිෂේක කොට, පෙරහැර ද කරවා, ඔහුට පඬි රට භාර දී,

43. ඇතුන් ද, අසුන් ද, මිනිසුන් ද කැමති පරිදි ගෙන කිසි භයකින් තොරව ඒ ඒ තැන කැමති සේ වසමින්,

44. මුහුදු තෙරට පැමිණ එහිදී ද කැමති සේ සැපසේ වාසය කොට විශාරද සෙන්පති තෙමේ ක්‍රීඩා කරන සෙයින් නැව් නැග,

45. මහාතිත්ථයට පැමිණ ලංකාවෙහි රජු වැඳ ඒ හස්න දැනුම් දී ගෙනෙන ලද සියලු වටිනා භාණ්ඩයන් පෙන්වීය.

46. දෙවෙනි සේන රජු ද 'යහපති' යි පවසා ඔහුට සංග්‍රහ කරවා ඉතා සතුටුව සේනාවත් සමග සිය අනුරාධපුර නගරයට අවුත්,

47. යුද ජයග්‍රහණ මංගල්‍යයේදී ජයපැන් බී යාචකාදීන්ට ද කැමති පරිදි මහා දානයන් පවත්වා,

48. ආලය රහිත වූයේ දිවයිනෙහි සාරවත් සියල්ල යළි ප්‍රකෘතිමත් කළේය. දඹදිවින් යළි රැගෙන ආ රන් පිළිම වහන්සේලා ද සුදුසු තැන තැබ්බවීය.

49. රත්න ප්‍රාසාදයෙහි හිස්ව පැවති ආසනය ශාස්තෘන් වහන්සේගෙන් පූර්ණත්වයට පත්කළේය. මනා රැකවල් තබා ලංකා පොළෝතලය නිර්භය කළේය.

50. එතැන් පටන් ලංකාද්වීපය සතුරන්ට නොපිවිසිය හැකි පරිදි උතුරුකුරු දිවයින මෙන් භෝග සම්පත්වලින් ද දියුණුවට පත්කළේය.

51. පෙර රජදරුවන්ගේ කාලයෙහි බැගෑපත් බවට පත් ලක්වැසියා මේ රජු කරා පැමිණ ග්‍රීස්මයට හසුවූවන්ට ඝන වලාවක් සේ නිවී ගියේය.

52. මේ රජුගේ විසිවෙනි රාජ්‍ය වර්ෂයේදී පාංශුකූලික භික්ෂූහු අභයගිරි විහාරය අත්හැර ගියාහුය.

53. මහින්ද යුවරාජ තෙමේ ශාස්තෘන් වහන්සේගේ බෝධීන් වහන්සේට රම්‍ය වූත් දර්ශනීය වූත් මනෝඥ වූත් බෝධිඝරයක් කරවීය.

54. බෝධිඝරය කරන්නා වූ වඩුවෝ උණ දණ්ඩකින් උතුම් බෝධීන් වහන්සේගේ ශාඛාවකට වැදී බෝ අත්තක් බිඳෙන බව දැක,

55. එය වැළැක්වීම සඳහා කුමක් කළයුත්තේ දැයි යුවරජුගෙන් අසා සිටියාහුය. හේ වහා එතැනට පැමිණ බෝධීන් වහන්සේට මහත් පූජාවක් කොට,

56. 'ඉදින් අපගේ ශාස්තෘන් වහන්සේ සියලු සත්වයන්ගේ යහපත පිණිස පහළ වූ සේක් නම්,

මේ බෝධිඝරය කිරීමෙන් අනර්ඝ වූ මහා පුණ්‍ය ලාභයත් අපට ලැබෙයි නම්,

57. මේ ශාඛා වහන්සේ උඩු අතට වඩිත්වා! එකල්හි බෝධිඝරය නිසි අයුරින් කළහැකි වන්නේය' කියා ආරාධනා කොට, වන්දනා කොට සිය නිවෙසට ගියේය.

58. එදින රාත්‍රියෙහි බෝධීන් වහන්සේගේ ශාඛා තොමෝ උඩු අතට නැගී ගියාය. එවිට කම්කරුවෝ සියලු ප්‍රවෘත්තිය ස්වාමිහුට කීවෝය.

59. අතිශයින් ම සතුටට පත් යුවරජු සහෝදර රජතුමාට ද මේ අසිරිය දැනුම් දී බොහෝ ධනය වියදම් කොට මහා බෝධි වන්දනාවක් පැවැත්වීය.

60. යුවරජ තෙමේ මහින්දසේන නම් පිරිවෙණක් ද කරවා භෝග සහිත කොට සංඝයාට පූජා කළේය. අනිකුත් පින් ද රැස්කරගත්තේය.

61. හේ තමන්ගේ පිරිස සහිතව බත් ද වස්ත්‍ර ද ඡත්‍ර ද පාවහන් ද එමෙන්ම ගමන් යන්නවුන්ට බත් ද ස්නානය කරන තැන් ද දුන්නේය.

62. මෙසේ කුඩා වූත් ඉතා කුඩා වූත් පින් කළ යුවරජ තෙමේ සේන රජුගේ තිස්තුන්වෙනි වර්ෂයේදි කම් වූ පරිද්දෙන් පරලෝක යාත්‍රා කළේය.

63. මිහිඳු යුවරජුගේ අභාවයෙන් පසු සේන රජ තෙමේ තමන්ගේ උදය නමැති බාල මලණුවන් යුවරජ තනතුරෙහි තබා කලින් යුවරජුට දී තිබූ සියල්ල නව යුවරජුට දුන්නේය.

64. හෙතෙම තමන්ගේ බරට තුලාභාරයන් දී අසරණ අනාථයන්ට සැප සැලසීය. තුන් නිකාය ම සමගි කොට ධර්ම කර්මයෙන් පිරිසිදු කළේය.

65. හේ මුතු පුරවන ලද රන් තළි දහසක් සකසා සෑම රන් තලියක් මත ම මාහැඟි මැණිකක් බැගින් තබා,

66. දහසක් බ්‍රාහ්මණයන් හට පිරිසිදු රන් බඳුන්හි කිරිබත් අනුභව කරවා, රන් හූය බැගින් දෙවා,

67. එමෙන්ම අලුත් වත් හන්දවා මහත් පෙලහරින් යුතුව සංග්‍රහ කරන ලද්දාහුය.

68. ලංකාවාසී සියලු භික්ෂූන් වහන්සේ උදෙසා තුන් සිවුරු දුන්නේය. එසේ ම ලංකාවැසි සියලු ස්ත්‍රීන්ට ඉතා මනහර වස්ත්‍ර දුන්නේය.

69. ලෝවාමහා ප්‍රාසාදය වෛජයන්ත ප්‍රාසාදය බඳුව කරවා සන රනින් යුතුව මැණික් ඔබ්බවා බුදුපිළිම වහන්සේ ද කරවීය.

70. ලෝවාමහපාය පිහිටි තැන වනාහී සියලු බුදුවරුන්ගේ සසුනෙහි පොහොය ගෙය බව අසා 'මේ ප්‍රාසාදය හිස් නොවේවා' යි කියා සංඝයාගේ වාසස්ථාන බවට පත්කළේය.

71. ලෝවාමහාපායට භෝග ගම්මාන දුන්නේය. රැකවල්කරුවන් ද තැබ්බවීය. 'දෙතිසක් භික්ෂූන් වහන්සේලා නිති වසත්වා' යි නියම කළේය.

72. හේ ගංගාවෙහි මණිමේඛලා නමින් ඉවුරක් කරවීය. මින්නේරි වැවෙහි සොරොව්ව ද කළේය.

73. කටත්ත නගරයෙහි වැව ද, කාණ වැව ද බැන්දවීය. මිහින්තලයෙහි වෙදහලක් ද කරවීය.

74. බුද්ධගාම විහාරය ද මහියංගණ විහාරය ද කූඨතිස්ස විහාරය ද භෝග සම්පත් ඇති ගමකින් දියුණුවට පත්කළේය.

75. මණ්ඩලගිරි විහාරයට තමා සතු ගම් දුන්නේය. උත්තරාළ්හ පිරිවෙණෙහි ද ප්‍රාසාදයක් කරවීය.

76. මහසෙන් විහාරයේ පිළිම වහන්සේට ද ගමක් පිදීය. ඊකවල්කරුවන් ද තැබ්බවීය. සොබ්භ විහාරයෙහි ද පිළිම ගෙයක් කරවීය.

77. මණිමේඛලා නමැති ප්‍රාසාදයෙහි බෝසත් ප්‍රතිමාවක් තැබ්බවීය. සෙල් පිළිම වහන්සේ වැඩහුන් ගෙය දිරාගොස් තිබූ හෙයින් එය ද පිළිසකර කරවීය.

78. රජ තෙමේ එහි ගෙයක් සහිතව බෝසත් රුවක් කරවීය. බෝධීන් වහන්සේට ප්‍රාකාරයක් බඳවා බෝධිපූජාවක් පැවැත්වීය.

79. රන් පත්ඉරුවල සම්පූර්ණ රතන සූත්‍රය ලියවා එයට මහ පූජාවක් කළේය. අභිධර්මය ද කියවීය.

80. අනඳ මහතෙරුන් වහන්සේගේ පිළිමය වඩමවාගෙන අවුත් නගරය ප්‍රදක්ෂිණා කරවා යථාවිධීන්ට අනුව භික්ෂු සංඝයා ලවා පිරිත් කියවා,

81. පිරිත් පැන් ඉස ජනයා නීරෝග කරවා රජ තෙමේ මෙසේ රෝග භය ද ලක්දිවින් බැහැර කළේය.

82. රුවන්වැලි මහාසෑයට අභිෂේක පූජෝත්සවයක්

කොට වාර්ෂිකව ඒ පින්කම කරන ලෙස චාරිත්‍රයක් ද ලියවා තැබීය.

83. මෙතෙමේ මාසයේ සතර පොහෝ දවසේ සියතින් ම සාරදහසක් දෙනාට වස්ත්‍ර දාන දුන්නේය.

84. මේ රජු දුගී ජනයා හා එක්වී ඔවුන්ට රිසි සේ ආහාරපාන වස්ත්‍ර දෙමින් ඔවුන් හා වෙසක් ක්‍රීඩා කළේය.

85. ලක්වැසි භික්ෂු සංඝයා උදෙසා නිති දන් පැවැත්වීය. දුගී මගී යාචකාදීන් ද දානයෙන් සතුටට පත්කළේය.

86. මේ රජුගේ සංඝා නම් මෙහෙසී තොමෝ ද අභයගිරි විහාරයෙහි සංඝසේන නමින් පර්වතාකාර විහාරයක් කළාය.

87. ශෛලමය බුදුපිළිම වහන්සේට නිල් මැණිකෙන් චූඩා මාණික්‍යයක් කළාය. ඕ තොමෝ හැම කල්හි සියලු උපහාරයන්ගෙන් යුක්තව ශාස්තෘන් වහන්සේට පූජා පැවැත්වූවාය.

88. මේ රජුගේ තුට්ඨක නමැති ශූර වූ සෙන්පතියෙක් 'සේනාපති' යන නමින් මහත් භෝග ඇති පිරිවෙණක් කරවීය.

89. මෙසේ මහත් යස පිරිවර ඇති සේන රජු බොහෝ පින් රැස්කොට ලංකා රාජ්‍යය ලබා තිස්පස්වන වර්ෂයෙහි දෙව්ලොව ගියේය.

90. ඒ රජුගේ ඇවෑමෙන් පසු ඔහුගේ බාල සොයුරු වූ උදය යුවරජ තෙමේ ලක්වැසියන් හට සියලු

අයුරින් හිතෛෂී වූයේ බු.ව. 1434-1445 (ක්‍රි.ව. 890-901) දී ලක්දිව රජු බවට පත්වූයේය.

91. මේ උදය යුවරජු ලංකාවෙහි රජු බවට පත්වූ පසු තමන්ගේ ම බාල සොයුරු කස්සප නමැති කුමරු මහාදිපාද බවට පත්කළේය.

92. රජ තෙමේ ඥාති සංග්‍රහ කළයුත්තේ යැයි සලකා මෙසේ සිය සහෝදරයාගේ කස්සප නමැති පුත් කුමරු හට,

93. තමන්ගේ 'සේනා' නමැති දියණිය සරණපාවා දුන්නේය. වෙනත් තිස්සා නමැති කුමරියක් තමන්ට සරණ පාවා ගත්තේය.

94. මිහිඳු නමැති යුවරජුට සිටි කිත්ති නමැති බිසවගේ පුත්‍රයා වන කීර්ති අග්‍රබෝධි නමැති ආදිපාදවරයා අවුල් වූ බුද්ධි ඇත්තෙකි.

95. ඔහු උදය මහරජුට විරුද්ධව නැගී සිට හුදෙකලාවේ වෙස් වලාගෙන රාත්‍රියේ ම පිටට ගොස් රුහුණට පැමිණියේය.

96. ජනයා තමා වසඟයට ගෙන සියලු රුහුණු දේශය වනසා දැම්මේය. එහි සිටි තමන්ගේ මාමණ්ඩිය ද මරාදැම්මේය.

97. එය ඇසූ යුවරජු ඔහු කෙරෙහි බලවත්ව කිපී ඔහුව අල්ලාගෙන එන්ට ඒ ඒ අයුරින් උපාය සොයන්නේ,

98. හෙතෙම තමන්ගේ සහෝදරයාගේ පුත්‍ර වූ කසුප් යුවරජු කැඳවා 'මහ පිනැත්ත, මට උදව් වෙව' යි කීවේය.

99. 'මා විසින් කුමක් කටයුත්තේ ද?' අසා සිටි කල්හි රජු මෙසේ ප්‍රතිවචන දුන්නේය. 'තොපගේ පුත්‍ර වූ මහින්ද තෙමේ යොවුන් වියට පත් මහ බලවතෙකි.

100. මව්ගෙනුත් පියාගෙනුත් රුහුණු දේශය ලැබුණේ ශූර වූයේ, සියල්ල ඉවසන්නේ, කරන ලද ශිල්පයන්හි මනා පුරුද්ද ඇති දක්ෂයෙකි.

101. එමෙන්ම යුද්ධයෙහි ද දක්ෂ වූ නුවණැති වූ නීතියෙහි විශාරද වූ නිපුණයෙකි. ඔහු යවා මාමණ්ඩිය මැරූ පවිටාව ගෙන්වන්නෙමු.'

102. රජුගේ වචනය ඇසූ කසුප් යුවරජු ආදර සහිතව මෙය කීය. 'දේවයන් වහන්ස, දේවයන් විසින් කියන ලද මම යන්නෙමි. මාගේ පුත්‍රයා කවරෙක් ද?

103. මහරජුනි, මාගේ වංශය නුඹවහන්සේගේ ප්‍රසාදයෙන් රක්නා ලද්දේ වෙයි.' 'එසේ නම් කල් නොයවා යමක් කරනු කැමති ද එය කරව' යි රජු කීය.

104. නරේන්ද්‍ර තෙමේ මොහුගේ වචනය අසා අතිශයින් සතුටු වූයේ මහත් බල සේනාවන් ද සියලු උපකරණ ආදිය ද සූදානම් කරවා,

105. මහින්ද නම් රාජපුත්‍රයාව මහත් හරසරින් රකින්ට වජිරග්ග නායක හට නියෝග කොට,

106. පුරය හිස් වූවක් බඳු කොට සියලු බලවාහනත් සියලු උපකරණත් නොඅඩු කොට ඔහුට සපයා දුන්නේය.

107. රජතුමා ඔහුගේ පියවර අනුව යන්නේ 'මහ පිනැත්ත, මේ ධරණී තලය රකුව' කියා පිටත් කොට යැවීය.

108. ඒ මහින්ද තෙමේ දේවාසුර මහා යුද්ධයේදී දෙව් සේනා පෙරටු කොට යන මහේන්ද්‍ර හෙවත් සක්දෙව්ඳු සෙයින් තෙදින් බැබළී ගියේය.

109. හේ ගොස් නොබෝ කලකින් ගුත්තසාලට පැමිණියේය. එහි සිටි සියලු දනව්වැස්සෝත්, රැටියොත්, මාණ්ඩලිකයෝත්,

110. ඒ මාමණ්ඩිය මැරූ පවිටාගෙන් පීඩිත වූවාහු ඔහු වෙත ගොස් 'අපට ස්වාමියෙක් ලැබුණේය' කියා පිරිවරා ගත්හ.

111. කඳු වළල්ලෙහි සිටි සැපතින් ද ගිලිහෙන ඒ සොරා සියල්ල අත්පත් කරගෙන මාහැඟි රාජ භාණ්ඩයන් ද රැගෙන,

112. ඇතුන් අසුන් ද රැගෙන කන්දට නැංගේය. මිහිඳු කුමරුගේ සේනාව ද ඔහුගේ සේනාව ඒ ඒ තැන මරමින්,

113. ඔහු පසුපසින් ම යමින් කඳු පාමුල සිටින්නා වූ ඇතුන් අසුන් දැක 'මෙතැන ඔහු ඉන්නේය' යි දැන,

114. සියලු කඳු කැලෑව මඩිමින් එහි පිවිසියේය. නදීන් ද මඩ වගුරු ද සම කරමින් මාර්ගය සදමින් ගියේය.

115. සොර තෙමේ ජනයා දැක ක්‍රෝධයෙන් මැඩුනු සිතැත්තේ අන්ධ බාලයෙකු සෙයින් තමන්

ළඟ තිබුණු සියලු රාජභාණ්ඩ ගං ඉවුරට හෙළා දැම්මේය.

116. වනයේ පර්වත බෑවුම් අතරෙහි තනිවම සැඟවුනේය. ජන තෙමේ ඔහු සොයන්නේ ඒ අධම නරයා දැක අල්ලාගත්තේය.

117. ඔහු රැගත් ජනයා අතිශයින් සතුටින් වහා අවුත් ගුත්තසාලයෙහි සිටි මිහිඳු කුමරු හට දැක්වූයේය.

118. මිහිඳු කුමරු ඔහු දැක සිනහ පහළකොට 'කිම, රුහුණ ම අනුභව කරන ලද්දේ ද?' යි අසා රජුගේ වජිරග්ග නමැති නායකයාට භාරකළේය.

119. මිහිඳු තෙමේ සේනාවත් රැගෙන මාගමට ගියේ රුහුණෙහි අධිපතිව ලෝකයාට සංග්‍රහ කරන්නේ,

120. සොරහුගේ ජනයා විසින් පෙළන ලද මහජනයා ප්‍රකෘතියට පත්කොට ඔහු විසින් නසන ලද බුදු සසුනත් තිබූ තැන ම තබා,

121. මල් උයන්, පළතුරු උයන් ආදිය ඒ ඒ තැන කරවා මහ නදී හරස් කොට වැව් ද කරවා,

122. සියලු තැන සංඝයා උදෙසා සිව්පසය සුලභ කරවා, දුෂ්ට වූ මාණ්ඩලිකයන් හා රැටියන් ද මැඩපවත්වා,

123. සොරුන් නැති කොට කටු රහිත කරවා, මහජනයා ත්‍යාගයෙන් හා භෝග සම්පත්වලින් සතුටු කරවන්නේ,

124. නුවණැත්තන් වෙතට එළඹෙමින් ධන ඇත්තන් ද සේවනය කරමින් කල්ප වෘක්ෂයක් බඳු වූයේ සියලු යාචකාදීන්ට ද හිතෛෂී වූයේ,

125. අවනීතිය බැහැර කොට පැරැණියන් විසින් පවත්වන ලද ධර්මානුකූල මාර්ගයෙහි හැසිරෙමින් එහි ම වාසය කළේය.

126. වජිරග්ග නායක තෙමේ ආදිපාදයා ගෙන අනුරාධපුරයට ගොස් රජුට දක්වා සිටියේය.

127. රජු ද ඔහු දැක කිපුණේ වහා සිරගත කොට ඔහුට පැන යා නොහැකි සේ රැකවල් තබ්බවා හැම අයුරින් ම පෙළීය.

128. මහ යසස් ඇති රජ තෙමේ තමන් බරට සමානව තරාදියෙන් කිරා තුලාභාර නම් දානය තුන් වරක් දුන්නේය. ථූපාරාම සෑය රන් කඤ්චුකයෙන් සැරසීය.

129. එහි ප්‍රාසාදයක් ද කරවා භික්ෂු සංඝයා වාසය කරවීය. විහාරයන්හිත් නගරයෙහිත් දිරාගිය තැන් පිළිසකර කරවීය.

130. කොළොම් ඔය ස්ථිර බැමි බැඳ දිය ඇල්ලක් සෑදවීය. මයෙත් වැවෙහි ඉවුර පළල් කොට බැන්දේය.

131. රජ තෙමේ ඒ මයෙත් වැවෙහි සොරොව්ව ද අවුරුදු පතා කරවීය. සංඝයාගේ සිවුරු සඳහා ද මොළොක් සිනිඳු වස්ත්‍ර දෙවීය.

132. දුර්භික්ෂ කාලවල දන්සැල් කරවා සියලු සත්වයන්ට මහදන් පැවැත්වීය. මහාපාලි බත්හල ද දියුණුවට පත් කළේය.

133. තුන් නිකායවාසී භික්ෂූන්ට මීකිරි හා බත් දුන්නේය.

දුගියන් හට නිතර බත් ද කැවිලි හා කැඳ ද දුන්නේය.

134. දෙව්ලොව උපත සලසන මෙබඳු පින් කළ මේ රජු රාජ්‍යය ලබා එකොළොස් වසරකින් දෙව්ලොව ගියේය.

135. මේ රජු විසින් සිය එකොළොස් වසරක රාජ්‍ය කාලය තුළ දානය උදෙසා පමණක් රන් කහවණු තිස් ලක්ෂයක් පුදන ලද්දේය.

136. එක් රජෙක් ඉතා දුකසේ දිනිය යුතු පඬි අධිරාජ්‍යය ද දින්නේ අනික් රජෙක් රුහුණේ උග්‍ර වූ දුෂ්කර අවස්ථාවෙහි යථාපරිදි පිහිටුවා එය ද තමාගේ යටත් බවෙහි තබාගත්තේ නමුත් මරහුගේ යටතට මේ රජවරු දෙදෙනා ම පත්වූහ.

මෙසේ හුදී ජන පහන් සංවේගය පිණිස කරන ලද මහාවංශයෙහි රජවරු දෙදෙනා නමැති සතළිස් නවවන පරිච්ඡේදය නිමාවට පත්විය.

50

පනස්වන පරිච්ඡේදය

රජවරු දෙදෙනා

01. ඉක්බිති හතරවෙනි කාශ්‍යප රජු බු.ව. 1445-1462 (ක්‍රි.ව. 901-918) දී පොළොන්නරුවෙහි රාජ්‍යය පිහිටුවා කාශ්‍යප නමැති නුවණැති රජකුමරු හට යුවරාජ පදවිය පිරිනැමුවේය.

02. යුවරජුගේ දියණිය වන තිස්සා නමැති දූකුමරිය තමන්ගේ බිරිඳ වූ හෙයින් ඒ රාජකන්‍යාව අගමෙහෙසි තනතුරෙහි අභිෂේක කළේය.

03. ඒ ඒ තැනින් පැමිණි යාචකයන්ට ද නොයෙක් ශිල්පීන්ට ද රජ තෙමේ හැම කල්හි දණ්ඩිස්සර නමැති දානය දුන්නේය.

04. එකල මිහිඳු ආදිපාද තෙමේ රුහුණේ වසන්නේ බල සේනා සංවිධානය කොට පොළොන්නරු රාජ්‍යය අල්ලාගන්ට ආවේය.

05. එය අසා මේ සිව්වෙනි කසුප් රජු කුපිතව තමන්ගේ බල සේනා පිටත් කරවූයේය. මිහිඳු ආදිපාද නමැති මහයුධ භටයා ඔවුන් හා යුද්ධ කොට ඔවුන් පරදවාලීය.

06. ඉක්බිති ඔහුව වැළැක්වීම පිණිස රජ තෙමේ ඔහුගේ පියා වූ කාශ්‍යප යුවරජු පිටත් කොට යැවීය. හේ සිය පුත් මිහිඳු කුමරු වෙත ගොස්,

07. නොයෙක් අයුරින් දහම් කථාව පවත්වා, නොයෙක් අයුරින් යුක්තිය පවසා, සිය පුතු යුද්ධයෙන් වළක්වා පෙරළා පැමිණියේය.

08. ඒ මහින්ද ආදිපාද තෙමේ පසුව, මාණ්ඩලිකයන් මරවා ජනපදවාසීන් ඔහු කෙරෙහි කිපුණු බව දැන යළි පොළොන්නරුවට ආවේය.

09. භික්ෂු සංඝයා වහන්සේ ඔහුව ගෙනවුත් රජුට දැක්වීය. රජ තෙමේ තමාගේ දියණියක ඔහුට සරණපාවා දී යළි රුහුණට ම පිටත්කොට යැවීය.

10. මේ සිව්වෙනි කසුප් රජු තුන් නිකායෙහි සිටි දුසිල් මහණුන් සසුනෙන් නෙරපා හැර ඒ ඒ ආවාසයන්හි අලුතින් විනයගරුක භික්ෂූන් වැස්සවීය.

11. අභිෂේක දෙකකින් උපන් ආදිපාද පුත්‍රයා විසින් මහා විහාරයේත් බෝධියේත් පූජා පවත්වමින් සංඝයා වස් වැසීම කරවීය.

12. තුන් නිකායෙහි තිබූ සෙල් පිළිම වහන්සේලා තුන් නමට රනින් කරන ලද රුස් වළල්ලක් ද ඡත්‍රයක් ද මැණිකෙන් කළ චූඩා මාණික්‍යයන් ද කරවීය.

13. අභයගිරි විහාරයෙහි තමන්ගේ නමින් විහාරයක් කරවා එහි භික්ෂූන් වස්සවා එහි නඩත්තුවට ගමක් ද දෙවීය.

14. එමෙන්ම මේ රජු මහියංගණ විහාරය සඳහා ගමක් පූජා කළේය. වස්ත්‍ර සහිතව 'පිළිම බත' නම් පූජාවක් සියලු භික්ෂූන්ට දෙවීය.

15. එකල්හි හේ ගොඩබිමෙහිත් ජලයෙහිත් සිටින්නා වූ සියලු සත්වයන්ට අභයදානය දුන්නේය. පෙර රජදරුවන් විසින් පවත්වන ලද චාරිත්‍ර ධර්මයන් මේ රජු ද හැම කල්හි පැවැත්වීය.

16. මේ රජහුගේ ඉලංග රාජවංශයෙහි උපන් සේන නමැති සෙන්පති ථූපාරාමයට පිටුපසින් ස්ථවිරවාදී භික්ෂූන් උදෙසා ආවාසයක් කරවීය.

17. එසේ ම අභයගිරි ධම්මරුචික නිකායික භික්ෂූන්ට 'ධම්මාරාම' නමින් ආවාසයක් කරවීය. එමෙන්ම ජේතවන සාගලික භික්ෂූන්ට 'කස්සපසේන' නමින් ද ආවාසයක් කරවීය.

18. මේ සෙනෙවි තෙමේ මිහින්තලා පර්වතයෙහි 'හදය උණ්හ' යන නම ඇති පිරිවෙණක් කරවා ධම්මරුචික භික්ෂූන්ට දුන්නේය.

19. හේ ආරාමික භික්ෂූන්ට ඒ ඒ ආරාමයන්හි වාසය පිණිස තනි තනි කුටි කරවා දුන්නේය.

20. එමෙන්ම රත්මල් ගිරියෙහි උතුම් වූ සොඳුරු වූ රම්‍ය වූ කුටියක් කරවා සාසනස්වාමී වූ තපස්වී භික්ෂූන්ට දුන්නේය.

21. මහා විහාරයෙහි උතුම් පිරිවෙණක් කරවා දුන්නේය. සමුද්‍රගිරි නමින් විහාරයක් කරවා පාංශුකූලික භික්ෂූන්ට දුන්නේය.

22. තමන්ගේ වංශයේ නම යොදා වනයෙහි කුටි සෙනසුන් කරවා මහාවිහාරීය භික්ෂූන්ටත් වනවාසී භික්ෂූන්ටත් දුන්නේය.

23. මහා විහාරයෙහි දිරාගිය තැන් පිළිසකර කරවීය. සියලු භික්ෂූන්ගේ දිරාගිය සිවුරුවලට අණ්ඩ දමා දුන්නේය.

24. තිස්සමහාරාමයෙහි (සේරුවිල) භික්ෂුණීන් උදෙසා මෙහෙණවර කරවා දුන්නේය. මිරිසවැටියෙහි මහබෝ පෙරහැර පිහිටුවීය.

25. අනුරාධපුරයෙහිත් පොළොන්නරුවෙහිත් වාසය කරන ජනයාගේ රෝදුක් නැසීම පිණිස වෙදහල් කරවීය.

26. තමන් විසින් කරවන ලද ආවාසයන්ගේ පැවැත්මට භෝග ගම් ද දුන්නේය. එසේම ආරාමිකයන්ට ද ආභරණ දුන් අතර එහි පිළිමවලට ද ආභරණ පැළඳවීය.

27. මේ සෙනෙවි තෙමේ නගරයේ ඒ ඒ තැන බෙහෙත් ගෙවල් ද කරවීය. පාංශුකූලික භික්ෂූන්ට බද්ධ වස්ත්‍ර ද දුන්නේය.

28. බන්ධනවලට හසුවී සිටි බොහෝ තිරිසන් සතුන් එයින් නිදහස් කරවීය. එමෙන්ම මෙතෙමේ දිළින්දන්ට බොහෝ දුන් දුන්නේය.

29. නොයෙක් ව්‍යංජනයන් ද, බත් ද, කැඳ ද, කැවිලි වර්ග ද, උෂ්ණරන්ගේ හැඩයට සැකසූ උක් හකුරු ද කරවා භික්ෂූන්ට දුන්නේය.

30. සේනානායක වූ සේන තෙමේ මෙවැනි බොහෝ පින්කම් කොට සිය කීර්ති නමැති චන්ද්‍ර රශ්මියෙන් හැම දිසාවන් සෝභමාන කරවීය.

31. මොහුගේ නෑයෙකු වූ රක්ඛස නමැති නායකයෙක් සවාරක නම් ගමේ ඉතා මනහර විහාරයක් කොට,

32. මහාවිහාරවාසී වූ උතුම් වත් පිළිවෙතින් සරු භික්ෂූන් උදෙසා යහපත් ලෙස දුන්නේය.

33. සේන නමැති මහා ලේඛකයා මහාලේඛක පර්වතය නමැති උතුම් ආවාසයක් මහා විහාරයෙහි කරවා භික්ෂූන්ට දුන්නේය.

34. මේ සිව්වෙනි කස්සප රජුගේ චෝළරාජ නමැති ඇමතියා නටඹුන්ව පැවති පිරිවෙණක් මනාකොට පිහිටුවා සිත්කළු ලෙස කරවීය.

35. මේ රජ තෙමේ තුන් නිකායෙහිම නොයෙක් සිත්කළු වූ රූප කැටයම් සහිතව සක්දෙවිඳුගේ වෛජයන්ත ප්‍රාසාදය බඳුව විචිත්‍ර වූ මණ්ඩප,

36. කරවා, ජනයා සිත්ගන්නා අයුරින් ධාතු වන්දනාව පවත්වා දහහත්වසරක් රාජ්‍යය කොට කම් වූ පරිද්දෙන් මිය පරලොව ගියේය.

37. සිව්වෙනි කසුප් රජුගේ අභාවයෙන් පසු අභිෂේක දෙකකින් උපන් කසුප් යුවරජු මේ ශ්‍රී ලංකා

රාජ්‍යයෙහි බු.ව. 1462-1472 (ක්‍රි.ව. 918-928) දී ලංකා රජු ලෙස අභිෂේක කරන ලද්දේය.

38. තමන් පැමිණි මාර්ගයෙන් ම හේ සැදැහැවතෙකු විය. නුවණින් අභිඥාලාභියෙකු බඳු විය. කථාවෙන් අමරමන්ත්‍රී බඳු විය. ත්‍යාගයෙන් වෙසමුණි රජු බඳු විය.

39. මේ පස්වෙනි කසුප් රජු බොහෝ ඇසූ පිරූ තැන් ඇත්තෙකි. ධර්මකථිකයෙකි. සියලු ශිල්පයන්හි විශාරදයෙකි. යුක්ති අයුක්ති පසිඳලීමෙහි නිපුණයෙකි. නීති විශාරදයෙකි.

40. නොසැලෙන ගුණයෙන් ඉන්ද්‍රඛීලය බඳු ය. සුගත ශාසනයෙහි පිහිටා සිටියේ සියලු ආකාර පරප්‍රවාද සැඩ සුළං අභිමුඛයෙහි අකම්පිතයෙකි.

41. හේ නැති ගුණ පෙන්වන මායාවට ද ශඨකපට බවට ද අහංකාර මානාදී පව්වලට ද ගොදුරු නොවෙන්නෙකි. සියලු රුවනට ආකරය බඳු සයුර වැනි ගුණ ඇත්තෙකි.

42. භූමිචන්ද්‍ර වූ මේ නරනිඳු තෙමේ තමාගේ වංශයෙහි උපන් දප්පුල ආදිපාදවරයාට යුවරජ පදවිය පිරිනැමීය.

43. දස රාජධර්මයෙන් ද, සතර සංග්‍රහ වස්තුවෙන් ද රාජ්‍ය කරමින් ලංකාදීපවාසීන් රැකබලා ගත්තේ තමන්ගේ ඇස පරිද්දෙනි.

44. ශාස්තෘන් වහන්සේගේ සියලු ශාසනය ධර්ම කර්මයෙන් පිරිසිදු කරවා විනයගරුක නවක භික්ෂූන්ගෙන් ආවාසයන් පිරවීය.

45. දුටුගැමුණු රජු විසින් කරන ලද මිරිසවැටි විහාරයෙහි ආවාසයන් විනාශ වී තිබූ හෙයින් එය කරවා නොයෙක් ආවාස ගෙවල්වලින් අලංකාර කොට,

46. මහා පූජෝත්සවයක් කොට ස්ථවිරවාදී භික්ෂූන්ට පූජා කළේය. එහි දියුණුව පිණිස භෝග ගම් පන්සියයක් පිදීය.

47. තුසිත දෙව්ලොව දෙව් පිරිස පිරිවරාගත් මෛත්‍රේය ලෝකනාථයන් උතුම් දහම් දෙසන ආකාරය,

48. මෙලොවට දක්වන්නාක් බඳුව සියලු අලංකාරයෙන් සරසන ලද විහාරයෙහි නානා රත්නයෙන් විභූෂිත වූ රම්‍ය මණ්ඩපයෙහි වාඩිවී,

49. අනුරාධපුර නගරවාසීන් හා භික්ෂූන් ද පිරිවරා මේ පස්වෙනි කාශ්‍යප රජ තෙමේ බුද්ධ ලීලායෙන් අභිධර්මය දේශනා කළේය.

50. එකල්හි රන් පත්ඉරුවල අභිධර්මය ලියවා එමෙන්ම ධම්මසංගිණී පුස්කොළ පොත ද නොයෙක් රුවනින් සරසවා,

51. නගරය මැද උතුම් ගෙයක් කරවා එහි ඒ දහම් පොත් තබ්බවා පෙරහැර කරවීය.

52. තමන්ගේ පුතුට 'ශක්‍රසේනාපති' තනතුර දී ඒ බණ පොත් වහන්සේලාට පුද පෙළහර පවත්වන්ට නියෝග කළේය.

53. මේ පස්වෙනි කසුප් රජු වසරක් පාසා නගරය දෙව් පුරයක් මෙන් සරසා, සැරසී ගිය සේනාවන් ද පිරිවරාගෙන,

54. තෙමේත් සර්වාභරණයෙන් විභූෂිතව සක්දෙවිඳු සෙයින් ශෝභමානව මගුල් ඇතු පිට හිඳ නගරයෙහි වීථි සංචාරය කරන්නේ,

55. ඒ ධර්ම ග්‍රන්ථයන් මහත් වූ පෙරහැරින් වැඩමවා තමා විසින් කරවන ලද රම්‍ය විහාරය සරසවා,

56. එහි රම්‍ය වූ ධාතුඝරයෙහි නොයෙක් රුවනින් සරසන ලද මණ්ඩපයෙහි ධාතු ආසනයෙහි තැන්පත් කොට පූජා පැවැත්වීය.

57. මහමෙව්නා උයනෙහි ග්‍රන්ථාකර පිරිවෙණ ද නගරයෙහි වෙදහලක් ද කරවා ඒවායෙහි දියුණුවට ගම් ද දුන්නේය.

58. අභයගිරි විහාරයෙහි භණ්ඩික පිරිවෙණ ද සිලාමේඝ පර්වතය ද කරවා එහි දියුණුවට ද ගමක් පිදීය.

59. ලංකානායක රජ තෙමේ ජෝතිවන විහාරයට බත්හලක් කරවා එයට ද ගමක් පිදීය. එසෙයින් ම අභයගිරියට ද කරවීය.

60. පරම ධාර්මික වූ මේ රජු කෙළෙහිගුණ සලකමින් දක්ඛිණගිරි විහාරයට ද ගමක් පිදීය.

61. ශක්‍රසේනාපති තෙමේ තමන්ගේ නමින් සිත්කළු පිරිවෙණක් මැනවින් කරවා ගම්මානයක් ද සමගින් ස්ථවිරවාදී භික්ෂු සංඝයාට පිදීය.

62. ඔහුගේ බිරිඳ වන වජිරා කුමරිය ද තමන්ගේ නමින් පිරිවෙණක් කරවා ගම්මානයක් සහිතව ස්ථවිරවාදී භික්ෂූන්ට දුන්නාය.

63. එමෙන්ම ඕ තොමෝ පාදලාංඡන විහාරයෙහි මෙහෙණවරක් කරවා හැම කල්හි පූජිත ස්ථවිරවාදී නිකායට අයත් භික්ෂුණීන්ට දුන්නාය.

64. ශක්‍රසේනාපතිගේ මව් වන 'දේවා' බිසොව ද ස්ථවිරවාදී නිකායට අයත් ආරණ්‍යවාසී භික්ෂූන්ට සිය නමින් ආවාසයක් කරවා දුන්නාය.

65. ඕ තොමෝ මිරිසවැටියෙහි වැඩසිටින ශාස්තෘන් වහන්සේගේ පිළිමවහන්සේට චූඩා මාණික්‍යයක් ද, පාදැලක් ද, ඡත්‍රයක් ද, සිවුරක් ද කරවූවාය.

66. මේ පස්වෙනි කසුප් රජු රජගෙහි ම තමන්ගේ නමින් රාජාවාසයක් ද ඉතා සිත්කළු අයුරින් 'පාලික' නමින් ප්‍රාසාදයක් ද කරවීය.

67. රජුගේ අන්‍ය වූ බිරිඳක් වන 'රාජිනී' දේවී තොමෝ රුවන්මැලි මහාසෑයට පටසළුයෙන් කඤ්චුකයක් පූජා කළාය.

68. ඒ රාජිනී දේවියගේ සිද්ධාර්ථ නම් පුත් කුමරා අධිපතිබවින් යුතුව කඳුරට ප්‍රධානියා වූයේ රූපශ්‍රීයෙන් මකරද්වජ බඳු විය.

69. මේ සිද්ධාර්ථ කුමාරයා මියගිය කල්හි රජතුමා භික්ෂූන් උදෙසා උතුම් ශාලාවක් කරවා දන්වැටක් පිහිටුවා ඔහුට පින් අනුමෝදන් කළේය.

70. මෙසේ ලංකාද්වීපයෙහි ධර්මයෙන් රාජ්‍ය කරනා කල්හි දකුණු දඹදිව පඬි රජෙක් සොළී රජෙකු හා යුද්ධ කොට පැරදී ගියේ,

71. සිංහල සේනාවෙහි සහය ඉල්ලාගෙන නොයෙක්

තුටු පඬුරු මෙහි එව්වීය. ලංකේශ්වර රජ තෙමේ ඇමති මඬුල්ල හා සාකච්ඡා කොට,

72. සිංහල සේනාව සන්නද්ධ කරවා තමන්ගේ ශක්‍රසේනාපති සේනාවෙහි නායකත්වයට පත්කොට තෙමේත් මහතිත්ථයට ගියේය.

73. එහි මුහුදු වෙරළේ සිට පෙර රජදරුවන්ගේ යුද ජයග්‍රහණය ගැන පවසා උත්සාහ උපදවා බල සෙනඟ නැවට නැංවීය.

74. එකල්හි ශක්‍රසෙන්පති තෙමේ බලසෙන් රැගෙන සුවසේ සයුරෙන් එතෙර වූයේ පඬිරටට ගියේය.

75. එහිදී පඬිරජු බලසෙනඟත්, ශක්‍ර සෙන්පතිත් දැක සතුටු සිතින් යුතු වූයේ දඹදිව තමන්ගේ යටතට එක්සේසත් කරන්නෙමි' යි පැවසීය.

76. ඉන් පසු දෙපක්ෂයේ ම බලසේනා ගෙනත් ඒ පඬිරජු හට චෝළ වංශයේ උපන් රජුව පරදවන්ට නොහැකි වූයේ යුද්ධය හැරදමා නික්මුනේය.

77. ශක්‍රසේනාපති නැවතත් යුද්ධ කරන්නෙමි යි ගොස් හුන්නේ පඬිරජුගේ පව නිසා ම හේ උපද්‍රව රෝග යකින් මිය ගියේය.

78. ලක්රජු ඒ රෝගයෙන් සියලු සිංහල සේනාව මිය යන්නේ යැයි අසා දයාවෙන් කම්පිතව ඔවුන්ට වහා හැරී එන්ට අණ කළේය.

79. ඉක්බිති රජ තෙමේ ඔහුගේ පුත්‍රයාට ශක්‍ර සේනාපති තනතුර දුන්නේය. ඒ පුතු සේනානායක කොට කලින් සිටි සෙන්පති නමින් ඇතිදැඩි කළේය.

80. එකල තුන් නිකායෙහි සංඝයා වහන්සේ විසින් නගරයෙහි පිරිත් සජ්ඣායනා කරවා ලංකාවාසීන්ට පැතිර තිබූ රෝග භයත් දුර්භික්ෂ භයත් නසා දැම්මාහුය.

81. සසුනටත්, ලක්වැසි ජනයාටත් නොයෙක් අයුරින් සෙත සැදූ මේ පස්වෙනි කාශ්‍යප රජු ස්වකීය රාජ්‍ය ලාභයෙන් දස වසරකින් සුවසේ දෙව්ලොව ගියේය.

82. මේ කසුප් රජු විසින් ලංකා රාජ්‍යයෙහි පිහිටා සිටත් ත්‍රිපිටකය ද කියවන ලද්දේය. හේ සියලු විද්‍යාවන්ට පහනක් බඳු විය. කථාවෙහි බුහුටි වූයේ, වාදී වූයේ, කිවියෙකු වූයේ, සිහියෙන් හා ධෛර්යයෙන් පවිත්‍ර වූයේ, බණ කියන්නේ, භාවනා කරන්නේ, ප්‍රඥාවෙන් ශ්‍රද්ධාවෙන් දයාවෙන් යුතු වූයේ, පර යහපතෙහි නිරත වූයේ, ලොව ගැන දන්නේ, යහපත් වදන් දන්නේ මේ කාශ්‍යප රජු සෙයින් සියලු ලෝකයා ද විමල ගුණයෙන් යුතු වේවා!

මෙසේ හුදී ජන පහන් සංවේගය පිණිස කරන ලද මහාවංශයෙහි රජවරු දෙදෙනා නමැති පනස්වන පරිච්ඡේදය නිමාවට පත්විය.

51

පනස් එක්වන පරිච්ඡේදය

රජවරු පස්දෙනා

01. මේ පස්වෙනි කසුප් රජුගේ අභාවයෙන් පසු දප්පුල නම් යුවරජු බු.ව. 1472-1472 (ක්‍රි.ව. 928-928) දී ලංකාවෙහි රජු බවට පත්විය. මෙතෙමේ තමන්ගේ දප්පුල නමින් යුතු ආදිපාදයන් උපරාජ පදවියෙහි තැබූවේය.

02. මේ රජු මිරිසවැටි විහාරයට ගමක් පූජා කොට පෙර රජදරුවන්ගේ චාරිත්‍රයන් රැක මේ ලක්පොළොව,

03. බොහෝ කලක් අනුභව නොකොට, රජකම ලබා සිටියදී තමාගේ පෙර කර්ම විපාකයකින් සත්වෙනි මාසයෙහි මරුමුවට පත්විය.

04. මේ රජුගේ ඇවෑමෙන් පසු බු.ව. 1472-1484 (ක්‍රි.ව. 928-940) දී දප්පුල නමින් සිටි යුවරජු ලංකාවෙහි රාජ්‍ය පාලකයා බවට පත්වූයේය. එකල්හි හේ උදය ආදිපාද හට යුවරාජ පදවිය පිරිනැමීය.

05. එසමයෙහි දකුණු ඉන්දියාවෙහි පණ්ඩිරජු චෝළ රජුට බියෙන් තමන්ගේ ජනපදය හැර දමා නැව් නැගී ලංකාවෙහි මහතිත්ථයට ගොඩබැස්සේය.

06. මේ දප්පුල රජ තෙමේ ඔහු කැඳවා දැක සතුටු සිත් ඇත්තේ ඔහුට මහත් සැප සම්පත් දී නුවරින් බැහැර වැස්සවීය.

07. 'සොළී රජු හා යුද්ධ කොට පටුනු දෙක ම ගෙන මේ පණ්ඩිරජුට දෙමි' යි ලංකාරාජ වූ දප්පුල තෙමේ සන්නද්ධ වූ කල්හි,

08. පණ්ඩිරජුගේ පවක් හේතුකොට ගෙන කිසියම් කරුණකින් ක්ෂත්‍රියයෝ නගරයෙහි දරුණු වූ යුද්ධයක් කළාහුය.

09. එකල්හි පණ්ඩිරජු මෙහි වාසයෙන් කම් නැතැයි සිතා ඔටුණු ආදිය මෙහි තබා කේරළ දේශය කරා ගියේය.

10. කැරැල්ල සංසිඳී ගිය විට රජ තෙමේ මහමෙව්නා උයනෙහි පිහිටි බෝධිඝරයට අනුරාධපුරයට ආසන්නයේ ඇති ගමක් පිදීය.

11. මේ රජුගේ රක්ඛක නම් සෙන්පති ථූපාරාමයෙහි ආවාසයක් කරවීය. ඉලංග නමැති සෙන්පති ද රාජ නමැති ආවාසය කරවීය.

12. දප්පුල රජ තෙමේ පෙර රජදරුවන්ගේ සිරිත් පරිදි සිය පරිපාලන කටයුතු කළේය. රාජ්‍යය ලබා දොළොස් වසරක් පැමිණි කල්හි කම් වූ පරිදි මිය පරලොව ගියේය.

13. මේ රජුගේ ඇවෑමෙන් පසු උදය යුවරාජ තෙමේ ලංකාවෙහි බු.ව. 1484-1487 (ක්‍රි.ව. 940-943) දී රජු බවට පත්විය. හේ 'සේන' ආදිපාදවරයා යුවරාජ පදවියෙහි අභිෂේක කළේය.

14. එකල කිසියම් කරුණකට රජු කෙරෙහි බියට පත් ඇමතිවරු තපෝවනයට පිවිසියහ. රජුත් උපරජුත් එහි ගොස් ඔවුන්ගේ හිස් සින්දවූහ.

15. මේ රජුන්ගේ ක්‍රියාවන් පිළිබඳව කළකිරීමට පත් තපෝවනවාසී භික්ෂූන් වහන්සේලා ඉන් නික්ම රජුට අයත් ජනපදය හැර රුහුණ බලා ගියාහුය.

16. එකල්හි රජුගේ ජනපදවාසීහු ද නගරවාසීහු ද බලසේනාවෝ ද චණ්ඩවාතයෙන් කැළඹී ගිය මහසයුර සෙයින් කිපුණෝය.

17. අභයගිරියෙහි රත්න ප්‍රාසාදයට නැගුණු රජ තෙමේ ජනයාට තමන්ව දක්වා ඔවුන්ව දැඩි සේ භය කරවා,

18. කැරැල්ලට සම්බන්ධව සිට තපෝවනයෙහි සැඟවී සිටි ඇමතිවරුන්ගේ හිස් සිඳවා ජනේලයෙන් පහතට හෙළූහ.

19. එය අසා සේන යුවරජු ද ඔහුගේ මිත්‍ර ආදිපාදවරයා ද ප්‍රාකාරයෙන් පැන වහා රුහුණට පලාගියෝය.

20. රජුගේ බලසෙනඟ ඔවුන්ව කලුගං තෙර දක්වා ලුහුබැඳ ගඟෙන් එතෙරට යන්ට ඔරු පාරු නොලැබුණ හෙයිනුත් ඔවුන් එතෙර වී ගිය හෙයිනුත් යළි හැරී ආවාහුය.

21. තපෝවනයේ තිබූ නිර්භයතාව බිඳීගිය හෙයින් රාජපුත්‍රයෝ (සේනා යුවරජු හා ආදිපාද) රුහුණට ගොස් කලින් තපස්වීව වැඩහුන් භික්ෂූන් වහන්සේලා මුණගැසී, ඔවුන් ඉදිරියේ මුනින් වැටී,

22. තෙත් වස්ත්‍ර ඇතිව, තෙත් කෙස් ඇතිව, නොයෙක් අයුරින් හඬා වැලපුනාහුය. මුරගා හඬා ඒ තපස්වී භික්ෂූන් කමා කරවා ගත්තාහුය.

23. බුදු සසුනේ ස්වාමී වූ ඒ භික්ෂූන් වහන්සේලාගේ ඉවසීමෙන්, මෛත්‍රියෙන්, ආනුභාවයෙන් ලක්දිව ස්වාමීහු දෙදෙනා හට පින උදා විය.

24. මහ සේනා සංසිඳුණු කල යුවරජුගේ බලසේනාවන් ද තුන් නිකායෙහි සංඝයා වහන්සේ ද ඔවුන් කැඳවාගෙන එන්ට රුහුණට ගියාහුය.

25. ව්‍යක්ත වූ නුවණැති වූ ඒ රාජපුත්‍රයෝ කලින් තපෝවනයෙහි වැඩහුන් පාංශුකූලික භික්ෂූන්ට ආයාචනා කොට උන්වහන්සේලා ද කැටුව සිය නගරයට ගියෝය.

26. එකල්හි උදය රජතුමා භික්ෂූන් වහන්සේලාට පෙර ගමන් කොට උන්වහන්සේලාගෙන් සමාව ගත්තේය. උන්වහන්සේලා යළිත් තපෝවනයට පමුණුවා රජ තෙමේ සිය මැදුරට ගියේය.

27. එතැන් පටන් පෙර රජදරුවන්ගේ සිරිත් පරිදි ලංකා රාජ්‍යය පාලනය කළ මේ රජු තුන් වසරකින් කර්මානුරූපව මිය ගියේය.

28. ඒ රජුගේ අභාවයෙන් පසු නුවණැති සේන යුවරජු

ලංකාද්වීපයෙහි රජු ලෙස බු.ව. 1487-1496 (ක්‍රි.ව. 943-952) දී අභිෂේක කළේය. සිය මිත්‍ර උදය ආදිපාද යුවරජු බවට පත්කළේය.

29. මේ සේන රජු පොහෝ දිනයෙහි කහවණු දහසක් වියදම් කොට දුගියන්ට දන් දී පෙහෙවස් සමාදන් වෙයි. මෙතෙමේ දිවි ඇති තෙක් ම එය කළේය.

30. ලක්දිව පුරා වැඩහුන් සංඝයා වහන්සේ උදෙසා පිළිමබත් සහ සිවුරු පිණිස වස්ත්‍ර ද දුන්නේය. එමෙන්ම යාචකයින්ට ද ශිල්පීන් හට ද දණ්ඩිස්සර දානය දුන්නේය.

31. මහ නුවණැති මේ රජු කිසියම් තැනකදී භික්ෂූන්ට ඉතා මනහර ප්‍රාසාදයන් කොට භෝග ගම් ද දුන්නේය.

32. කහවණු දහසක් හෝ පන්සියයක් වියදම් කොට ලක්දිව දිරූ ආවාසයන් අලුත්වැඩියා කළේය.

33. මේ සේන රජු අභයගිරි සෑමලුවෙහි ගල්පතුරු ඇතිරවීම පිණිස කහවණු සතළිස් දහසක් දුන්නේය.

34. ලක්දිව මහා වැව්වල දිරාගිය සොරොව්වන් ද ප්‍රකෘතිමත් කරවන ලද්දේය. ගල් පස් දමා වැව් බැමි ද සවිමත් කොට කරවීය.

35. රජ නිවසෙහි රම්‍ය වූත් මාහැඟි වූත් මලසුන්ගෙයක් කරවීය. පෙර රජවරුන් විසින් කරවන ලද දන්වැට යළි පැවැත්වීය.

36. අමාත්‍ය අග්‍රබෝධි කඳුරට රජු විසින් කරවන ලද නාගසාලා පිරිවෙණ දැක එයට ගමක් ද පිදීය.

37. සතර විහාරයෙහි රූප කැටයම් මනාව කරවා රම්‍ය වූ මණ්ඩපයන් තනවා හැම කල්හි ධාතු වන්දනාව කළේය.

38. මෙසේ නොයෙක් අයුරින් නොයෙක් පින් කොට රාජ්‍ය ලාභයෙන් නවවන වර්ෂයෙහි කර්මානුරූපව මිය පරලොව ගියේය.

39. මේ සේන රජුගේ අභාවයෙන් පසු උදය යුවරජු ලංකාවෙහි බු.ව. 1496-1504 (ක්‍රි.ව. 952-960) දී රජු බවට පත්වූයේය. මෙතෙමේ සේන නම් ආදිපාදවරයා යුවරාජ පදවියෙහි අභිෂේක කරවීය.

40. එකල්හි ලංකාවාසී ජනයාගේ කිසියම් පවකට මේ උදය රජු නිද්‍රාශීලී සුරාසොඬෙක් විය. එහෙයින් ලක්රජුගේ ප්‍රමාදී හැසිරීම ගැන ඇසූ දකුණු ඉන්දීය සොළී රජු සතුටු සිත් ඇති කරගත්තේය.

41. පඬි දේශයේ රජුගේ අභිෂේකයට සහභාගීවනු කැමති පඬිරජු විසින් ලක්දිව තබන ලද ඔටුනු ආදිය පඬි රටට ගෙන්වීම සඳහා හසුන්පත් එවීය.

42. ලක්දිව උදය රජු ඒ ඔටුණු ආදිය ඔවුන් අත නොයැවීය. ඒ හේතුවෙන් සොළී පඬිරජු ඒවා බලහත්කාරයෙන් ගෙන එනු පිණිස මහා දෙමළ සේනාවක් මෙරටට එවීය.

43. එකල්හි මෙහි සෙන්පති තෙමේ පිටිසර ජනපදයක හටගත් කැරැල්ලක් මැඩපැවැත්වීම පිණිස රජුගේ අණ පරිදි ඔවුන් හා යුද්ධ කිරීමට එහි යවා සිටියේය.

44. එහිදී හටගත් යුද්ධයෙන් සෙන්පති තෙමේ රණබිම

මරණයට පත්වූයේය. බියට පත් රජු ඔටුනු ආදිය රැගෙන රුහුණට ගියේය.

45. සොළී බලසේනා ලක්දිවට කඩාවැදී නුවරට ඇතුලුවනු නොහැකිව භයට පත්ව යළිත් ලක්දිව හැර සියරට ගියේය.

46. ඉක්බිති ලක්රජු මහ නුවණැති, තෙද ඇති වජිරග්ගනායකයන් සේනාපති තනතුරට පත්කළේය.

47. ඒ සෙන්පති තෙමේ පිටිසරබදව රැඳීසිටි සොළී රජුගේ සේනාව නසා බිහිසුණු රඟ දක්වා ඔවුන් ගෙන ගිය වස්තූන් ද නැවත ගෙන එන්ට අණ කළේය.

48. මේ උදය රජු මාහැඟි පිරිකරින් යුතුව ලක්වැසි සියලු පාංශුකූලික භික්ෂූන්ට මහදන් පිරිනැමීය.

49. එමෙන්ම මහවිහාරයෙහි වැඩහුන් ශාස්තෘන් වහන්සේගේ පිළිම වහන්සේට මිණි රුවනින් දිදුලන චූඩා මාණික්‍යයක් කළේය.

50. මේ රජුගේ අන්තඃපුර බිසවක් වූ විදූරා දේවිය දිදුලන මැණිකෙන් සරසන ලද පාදැලක් ඒ ශෛලමය පිළිමයට පිදීය.

51. ආක්‍රමණික සොළී රජුගේ සේනා විසින් ගිනි තබන ලද මැණික් නමැති ප්‍රාසාදය කරවන්ට පටන් ගත් රජු සිය රාජ්‍යයේ අටවන වසරේදී මිය ගියේය.

52. ලක් ධරණී තලයෙහි අධිපති බව දැරූ මේ රජවරු පස්දෙනා එක් සේසතින් ලකුණු කරවන

ලද මිහිකත අනුභව කොට නිග්‍රහ සංග්‍රහ දෙකින් සියලු ලක්වැසියා වසඟ කරවා, සිය පුතුන්, බිරියන්, මිත්‍රාමාත්‍යයන් සමග කාලානුරූපව මරු වසඟයට ගියාහුය. සත්පුරුෂ ජනයෝ ප්‍රමාදයෙහි ඇති මත්වීම දුරුකිරීමට මෙය මෙසේ නිරතුරු සිහිකරත්වා!

මෙසේ හුදී ජන පහන් සංවේගය පිණිස කරන ලද මහාවංශයෙහි රජවරු පස්දෙනා නමැති පනස් එක්වන පරිච්ඡේදය නිමාවට පත්විය.

52

පනස් දෙවන පරිච්ඡේදය

රජවරු තිදෙනා

01. මේ උදය රජුගේ අභාවයෙන් පසු සේන නමැති යුවරජු බු.ව. 1504-1507 (ක්‍රි.ව. 960-963) දී ලංකාධිපති රජු බවට අභිෂේක ලැබීය. හේ මිහිඳු නමැති ආදිපාදයන්ට යුවරාජ පදවිය දුන්නේය.

02. මේ සේන රජු පින් ඇත්තෙකි. මහා කවියෙකි. ව්‍යක්තයෙකි. සතුරු මිතුරු හැම කෙරෙහි මැදහත් සිත් ඇත්තෙකි. හැම කල්හි දයා මෛත්‍රියෙන් යුතු වූවෙකි.

03. මේ රජුගේ කාලයෙහි වර්ෂාව කල් නොඉක්මවා මනාකොට වැස්සේය. එකල රටේ වසන සියල්ලෝ නිර්භයව සැපසේ විසුවාහුය.

04. මෙතෙමේ ලෝවාමහාප්‍රාසාදයේ සිටිමින් තුන් නිකායට අයත් භික්ෂූන් පිරිවරන ලදුව උතුම් සූත්‍රපිටකය විස්තර කළේය.

05. දළදා වහන්සේ උදෙසා නොයෙක් රත්නයන්ගෙන් අලංකාර කළ කරඬුවක් පිදීය. සිව් විහාරයෙහි ද නොයෙක් අයුරින් ධාතු වන්දනා පැවැත්වීය.

06. තමන් කලින් සිටි සිත්ථ ග්‍රාමයෙහි පිරිවෙණක් කරවා, ලක්වැසියන්ට ද තමන්ගේ දරුවන්ට සෙයින් සලකා රාජ්‍ය ලාභයෙන් තුන් වසරක් ගිය තැන දෙව්ලොව ගියේය.

07. මේ රජුගේ අභාවයෙන් පසු මිහිඳු යුවරාජ තෙමේ බු.ව. 1507-1523 (ක්‍රි.ව. 963-979) දී ලංකාවෙහි රජු බවට අභිෂේක කළේය. හේ ද මහා පින්වතෙකි. මහා තෙද ඇත්තෙකි. මහා සේනා ඇතිව මහා යස පිරිවර ඇතිව සිටියේය.

08. මෙතෙමේ සතුරු උපද්‍රව නසා ලක්දිව එක්සේසත් කළේය. එකල මාණ්ඩලික නායකයෝ මේ රජුට නිති උවටැන් කළාහුය.

09. මේ මිහිඳු රජු ලංකාවෙහි ක්ෂත්‍රිය රාජකන්‍යාවන් සිටියදීත් කාලිංග චක්‍රවර්ති වංශයෙහි උපන් රජකුමරියක,

10. දකුණු ඉන්දියාවෙන් ගෙන්වාගෙන ඇය තමන්ගේ අගමෙහෙසිය බවට පත්කර ගත්තේය. ඒ කලිඟු බිසව පුත් කුමාරවරු දෙදෙනෙකු ද ඉතා රුවැති දූකුමරියක ද බිහිකළාය.

11. මේ මිහිඳු රජු ඒ පුත්කුමාරවරු දෙදෙනාට ආදිපාද තනතුරු දුන්නේය. දියණිය යුවරාජිනිය කළේය. මේ මිහිඳු රජු සිංහල රාජවංශය තැබුවේ ඔය අයුරිනි.

12. එසමයෙහි 'වල්ලභ' නම් දකුණු ඉන්දීය දෙමළ රජු මේ ලක්දිව මඬිනු පිණිස බලසේනාවක් එවන ලදුව ඔවුහු නාගදීපයට (යාපනයට) ගොඩබැස්සෝය.

13. එය ඇසූ ලක්රජු සේන නමැති සෙන්පතියාට සිංහල සේනා ලබාදී වල්ලභගේ බලසේනාව හා යුද්ධ කිරීම පිණිස නාගදීපයට පිටත් කොට යැවීය.

14. සේන සෙන්පති එහි ගොස් වල්ලභගේ දමිළ සේනාව හා යුද්ධ කොට ඔවුන් විනාශ කොට රණබිම තමා අයත් කරගත්තේය.

15. එකල්හි වල්ලභ ආදී දකුණු ඉන්දීය රජවරු මේ මිහිඳු රජුව පරදවාලිය නොහැකිව ලක්රජු හා මිත්‍ර සන්ථවය ඇතිකර ගත්තාහුය.

16. මෙසේ මිහිඳු රජහුගේ තෙද ලක්දිව පුරා පැතිර සයුරෙන් ද පැනගොස් දඹදිව ද පැතිර ගියේය.

17. සද්ධර්මය කියන්නවුන් හට උතුම් ගරු බුහුමන් දක්වා දහම් ඇසූ ඒ රජු බුදු සසුනෙහි පැහැදුනේය.

18. මෙතෙමේ පාංශුකූලික භික්ෂූන් රැස්කරවා ආයාචනා කොට තමන්ගේ රජ නිවසට වැඩමවා, මනාකොට

19. අසුන් පනවා, වඩාහිඳුවා, බොහෝ පවිත්‍ර භෝජනයෙන් සතපවාලීය. මෙතෙමේ සැමදා එකදා බඳු විය.

20. එමෙන්ම අරණ්‍යවාසී භික්ෂූන් වහන්සේ උදෙසා නොයෙක් සූප ව්‍යංජනයන්ගෙන් යුතු මාහැඟි පවිත්‍ර භෝජන හැමදා යැවීය.

21. දයාවට නිවසක් බඳු මේ රජු ගිලන් වූ තපස්වී භික්ෂූන් වහන්සේ වෙත වෙදුන් යවා නිරතුරු ප්‍රතිකාර කරවීය.

22. උක්හකුරු ද, ගිතෙලින් පැසවූ සුදුළූණු රසය ද, මුව සුවඳ කරන දැහැත්විට ද දානයෙන් පසු වැළඳීමට හැමදා දෙවීය.

23. සුදුළූණු, ගම්මිරිස්, තිප්පිලි, ඉඟුරු, උක්සකුරු, අරළු, බුළු, නෙල්ලි,

24. ගිතෙල්, තලතෙල්, මීපැණි යන බොහෝ ඔසු පාත්‍ර පුරවා දුන්නේය. එමෙන්ම පොරවන වස්ත්‍ර ඇතිරිලි ආදිය පාංශුකූලික භික්ෂූන් එක් නමකට එක බැගින් දුන්නේය.

25. සිවුරු ආදිය සකසවා පිරිකර ද කරවා පාංශුකූලික භික්ෂූන්ට ම දුන්නේය.

26. එමෙන්ම අනුරපුර මහාවිහාරයෙහි භික්ෂූන් වහන්සේලාට සිවුරු පිණිස එක් එක් නමකට බැගින් අලුත් වස්ත්‍ර දුන්නේය.

27. තුන් නිකායවාසී වූ සිව්පස ලාභයෙන් පමණක් දිවි ගෙවන භික්ෂූන්ට රජ තෙමේ තරාදියෙහි ලා සිය බර කිරා එපමණට තුලාභාර දානයන් දෙවරක් දුන්නේය.

28. අනාගතයෙහි පහළවන රජදරුවෝ සංඝයාට අයත් භෝගයන් නොනසත්වා! යි ගලෙහි ලිපි කොටා තැන්පත් කරවීය.

29. අනාථයින් ලවා බුදුරජුන්ගේ සරණත් නවවැදෑරුම් ගුණ රත්නයත් කියවා ඔවුන්ට බත් ද වස්ත්‍ර ද දුන්නේය.

30. ඇත්හලෙහි බිම දන්සැල් කරවා යාචකයන්ට දන් දී ඔවුන්ට නිදන්ට ද යහන් සකසා දුන්නේය.

31. හේ සියලු බෙහෙත් ශාලාවන්ට ද සේවකයන්ට ද යහන් දුන්නේය. සිරගෙහි වසන්නවුන්ට ද නිතිපතා බත් දුන්නේය.

32. දයාවට නිවසක් බඳු හේ වඳුරන්ට ද, ඌරන්ට ද, මුවන්ට ද, සුනඛයන්ට ද කැමති පරිදි කන්ට බත් ද, කැවුම් ද දුන්නේය.

33. එමෙන්ම මේ රජු සතර විහාරයෙහි වී ගොඩගසා අනාථ වූවෝ කැමති සේ ගනිත්වා! යි වී දන් දුන්නේය.

34. නොයෙක් පූජාවන්ගෙන් උතුම් මංගල්‍යය කරවා ව්‍යක්ත භික්ෂූන් ලවා විනය පිටකය සජ්ඣායනා කරවීය.

35. සිත්ථග්‍රාමවාසී ධම්මමිත්ත තෙරපාණන්ට පූජා පවත්වා උන්වහන්සේ ලවා අභිධර්ම වර්ණනාව කරවීය.

36. ලක්දිවට ආභරණයක් වැනි වූ වනවාසී දාඨානාග තෙරුන් ලවා අභිධර්ම දේශනා කරවීය.

37. රුවන්වැලි මහාසෑයට පටරෙද්දෙන් කඤ්චුකයක් පූජාකරවා, නෘත්‍යයෙන් ද, ගීතයෙන් ද, සුවඳින් ද, විවිධ පූජාවන්ගෙන් ද,

38. පහන් මාලාවෙන් ද, සුවඳ දුමින් ද නොයෙක් අයුරින් පූජා වන්දනාවන් පැවැත්වීය. භික්ෂූන් වහන්සේලාට දන් වළඳවා වස්ත්‍ර දුන්නේය.

39. එමෙන්ම තමාගේ රාජ්‍යයෙහි තැනින් තැන තිබෙන උයන්වලින් මල් ගෙන්වා රත්නත්‍රයට පූජා පැවැත්වීය.

40. මිරිසවැටියෙහි චන්දන නම් ප්‍රාසාදය කරවන්ට ආරම්භ කොට භික්ෂූන්ට භෝග ගම් ද දුන්නේය.

41. මේ රජු රන් රුවනින් කරඬුවක් කරවා එහි කේශධාතූන් වහන්සේලා තැන්පත් කරවා වඩාහිඳුවා පූජාවන් කළේය.

42. ථූපාරාම සෑය රන් රිදී පටින් වස්සවා රාජ්‍යයක් පරිද්දෙන් පූජාවන් කළේය.

43. ථූපාරාම ධාතුඝරයට රන් දොරටුවක් කළේය. එය හිරු රැස් වැදී දිලිසෙන සිනේරු පර්වතය මෙන් බැබලුනි.

44. සොළී රජුගේ දෙමළ සේනාව විසින් ගිනි තබන ලද පාදලාංඡන විහාරයේ චෛතියඝරයට රමණීය සෑයක් කරවීය.

45. නගරය මැද තිබූ දළදා මැඳුර ද දෙමළ සේනාව විසින් ගිනි තබන ලදුව එය ද අලුතින් කරවීය. ධම්මසංගිණී නමින් මහාපාලියෙහි බත්හලක් කරවීය.

46. බුලත්මණ්ඩපයක් කරවූ මේ රජු එයින් ලැබෙන බදු ද ස්ථවිර නිකායේ භික්ෂූන්ට බෙහෙත් පිණිස දුන්නේය.

47. මහා මංගල නමින් මෙහෙණවරක් කොට ස්ථවිරවාදී නිකායට අයත් භික්ෂුණීන්ට දුන්නේය.

48. සිය මාමණ්ඩිය වූ උදය රජු විසින් පටන් ගන්නා ලද මැණික් නමැති ප්‍රාසාදය මේ රජතුමා විසින් නිම කරන ලදී.

49. මේ රජුගේ ඇමතිවරු සිව්දෙනෙක් ජේතවනයෙහි පිරිවෙන් සතරක් කළාහුය.

50. රජුගේ කීර්තියට සමාන වූ කිත්ති නමැති රූසිරින් හොබනා දේවී තොමෝ ථූපාරාමයට පිටුපසින් පිරිවෙණක් කරවීය.

51. ඕ තොමෝ ඒ පිරිවෙණ ද කස්සපගමෙහි සිවුරුසෑයෙහි ද පිවිතුරු පැන් ඇති පොකුණක් කළාය.

52. එමෙන්ම ඕ රුවන්වැලි මහාසෑයට දොළොස් රියන් උසට රනින් කළ ධජයක් පූජා කොට මහත් පින් රැස් කළාය.

53. ඇගේ පුත්‍ර තෙමේ ගිහි ජනයා උදෙසා නගරයෙහි වෙදහලක් කරවීය. ගුණවත් වූ ඒ ශක්‍රසෙන්පති තෙමේ නගරයෙන් පිටත වැඩහුන් භික්ෂූන්ට වෙදහලක් කරවීය.

54. මේ රජු සතර විහාරයෙහි දිව්‍ය ප්‍රාසාදයන් වැනි මණ්ඩපයන් කරවා නොයෙක් අයුරින් පුද පූජාවන්,

55. එක් වසරක් ඉක්ම යන තුරු පවත්වා රජ තෙමේ පෙර රජදරුවන්ගේ සිරිත් කරවා මැනවින් පරිපාලනය කළේය.

56. මෙවැනි උදාර වූ පින්කම් කළ මේ රජු සිය රාජ්‍ය පාලනයෙන් දහසයවන වසරෙහි දෙව්ලොව ගියේය.

57. මේ මිහිඳු රජුගේ අභාවයෙන් පසු මේ රජු නිසා දකුණු ඉන්දීය කලිඟු දේවියගේ කුසින් උපන් දොළොස් හැවිරිදි සේන කුමාරයා බු.ව. 1523-1533 (ක්‍රි.ව. 979-989) දී පස්වන සේන නමින් ලංකාවෙහි රජු බවට පත්වූයේය.

58. මේ රජුගේ මලණුවන් වන උදය කුමරු හට යුවරාජ පදවිය ලැබුණේය. මිහිඳු පියරජුගේ සෙන්පතිව සිටි සේන සෙන්පති මේ සේන රජුගේ ද සෙන්පති වූයේය.

59. ඒ සෙන්පති බලසෙනඟ ගෙන පිටිසර පෙදෙසකට ගිය ප්‍රස්ථාවෙහි මේ රජු සිය මෑණියන් සමග සිටි තමන්ගේ බාල සොයුරා වන,

60. උදය කුමරු මරවා තමා කියන දේ කරන මහාමල්ලවයෙක් වන උදය නම් ඇමතියාට සෙනෙවි තනතුර දුන්නේය.

61. එකල්හි සේන නම් සෙන්පති එය අසා කිපුණේ බලසේනාවන් ගෙන සතුරන් අල්ලාගන්නෙමි යි නගරයට ආයේය.

62. එය ඇසූ පස්වන සේන රජු තමන් වචනයක් කී පමණින් කරන ඇමතියා තමාට රැකවරණය යැයි සිතා ඔහුත් රැගෙන රුහුණට පලාගියේය.

63. සිය පුත් කුමරු මැරූ නිසාවෙන් කෝපයට පත් මේ රජුගේ මව් වන කලිඟු දේවිය රජමැඳුරේ නැවතුනු

අතර, පලාගිය රජුත් රාජිනියත් අල්ලාගෙන එන්ට සෙනෙවියාට අණ කළාය.

64. ඒ මව් බිසව විසින් සෙන්පතිට සංග්‍රහ කරන ලදුව සෙනෙවි තෙමේ දෙමළ ජනයා රැස්කොට ඔවුන් හට ජනපදය දී පොළොන්නරුවෙහි වාසය කළේය.

65. එකල්හි රුහුණට ගිය පස්වන සේන රජු සෙනෙවියා හා යුදකරනු පිණිස රුහුණෙන් බලසේනාව පිටත් කොට පොළොන්නරුවට එවීය. සෙන්පති තෙමේ සේන රජුගේ සියලු බලසෙන් වැනසීය.

66. එකල්හි දෙමෙල්ලු බිහිසුණු රකුසන් සෙයින් අනුරාධපුර වැසි සිංහල ජනයා පීඩාවට පත්කොට ඔවුන් සතු සියලු දේ පැහැර ගත්තාහුය.

67. මෙයින් අසරණ බවට පත් අනුරපුරවැසියෝ රුහුණට ගොස් රජු බැහැදැක මෙකරුණ සැළකළාහුය. ඉක්බිති රජු ඇමතියන් හා සාකච්ඡා කොට,

68. බුදු සසුනත් රටත් රකිනු පිණිස තමන් කී දෙය කරන උදය සෙන්පතියා අත්හැර සේන සෙනෙවියා හා සමගිව පොළොන්නරුවට ගියේය.

69. තමන්ගේ වංශය රකිනු පිණිස රජ තෙමේ සේන සෙනෙවිගේ දියණියක් මෙහෙසිය කොට කස්සප නමින් උතුම් පුත්‍රයෙක් ඉපදවීය.

70. ලංකා රජු එහි වසන කල රජුට අහිතවත් වල්ලභ ජනයා රජු වෙතින් සුරාපානය බොන්ට නොලැබීම නිසා ඔහු සමීපයෙහි සිටි ගුරුවරුන් ලවා,

71. සුරාපානයෙහි ගුණ කියවා රජුට සුරාව පෙවූහ. එකල්හි රජ තෙමේ සුරාසොඬෙකු වූයේ දිවියෙකු බඳු විය.

72. ආහාර ගැනීම අත්හැරීමෙන් තමන් ලද දුර්ලභ රාජ්‍ය පදවිය ද අත්හැර රාජ්‍ය ලබා දසවන වසරෙහි යොවුන් වියේදී ම මරු වසඟයට ගියේය.

73. යම් කෙනෙක් මෙලොව හෝ පරලොව සැප කැමැත්තාහු නම් පවිටු මිතුරන්ගේ බසට අනුව වැඩකිරීම පිරිහීමට හේතුවන බව ඒකාන්තයෙන් දැන බිහිසුණු විසක් දුරුකරන සෙයින් අසත්පුරුෂ බාලයන්ගේ ඇසුර දුරුකළ යුත්තේය.

මෙසේ හුදී ජන පහන් සංවේගය පිණිස කරන ලද මහාවංශයෙහි රජවරු තිදෙනා නමැති පනස් දෙවන පරිච්ඡේදය නිමාවට පත්විය.

53

පනස් තුන්වන පරිච්ඡේදය

ලක්දිව පැහැර ගැනීම

01. මේ සිව්වෙනි සේන රජුගේ ඇවෑමෙන් පසු මිහිඳු නමැති කණිටු රාජපුත්‍රයා උතුම් අනුරාධපුරයෙහි සේසත් නංවා බු.ව. 1533-1581 (ක්‍රි.ව. 989-1037) දී පස්වන මිහිඳු නමින් ලංකාවෙහි රජ බවට පත්වූයේය.

02. මෙකල සේන නම් සෙනෙවියා විසින් දේශ දේශාන්තරයෙන් ගෙන්වන ලද ජනයාගෙන් ව්‍යාකූල වී ගිය අනුරාධපුරයෙහි මේ රජ තෙමේ දුකසේ දසවසක් රජ කළේය.

03. රටෙහි නීතිය ක්‍රියාත්මක නොවීය. සියලු අයුරින් මෘදු වූ රජුට අය විය යුතු ආදායම් ජනපදවාසීහු නොදී සිටියාහුය.

04. අතිශයින් ධන හීනත්වයට පත්වූ මේ රජු දසවන වසරෙහිදී සිය බලසේනාවන්ට වැටුප් ගෙවාගැනීමට නොහැකි වූ හේතුවෙන්,

05. වැටුප් අහිමි වී ගිය කේරළයෙන් පැමිණි භේවායෝ එකට එක්වී 'අපට නොලද වැටුප් යම්තාක් නොලැබේ ද, ඒ තාක් රාජ්‍යානුශාසනා කරන්ට එපා!' යි කියමින්,

06. රජගෙහි දොරටුව අබියස බොහෝ සාහසික ක්‍රියා කරමින් කඩු දුනු ගත් අත් ඇතිව සිරියෙන් සන්නද්ධව හිඳගත්තාහුය.

07. රජ තෙමේ අතට ගත් හස්තසාර වස්තු ඇතිව උමගකින් නික්මී වහා රුහුණට පලාගියේය.

08. හේ එහි ගොස් සිඳු පර්වතය නමැති ගමෙහි කඳවුරු බැඳගත්තේය. සහෝදර සේන රජුගේ බිරිඳ මෙහෙසී තනතුරෙහි තබා එහි වාසය කළේය.

09. ඒ බිසව ද ටික කලකින් මිය ගියාය. එවිට රජු සිය සොයුරාගේ දියණිය මෙහෙසී තනතුරෙහි තැබීය.

10. ඒ දේවියගේ කුසින් කාශ්‍යප නමැති පුත්‍රයා බිහිකළ කල්හි රජතුමා කඳවුර අත්හැර ගොස්,

11. කප්පගල්ලක නම් ගමෙහි නගරයක් කරවා එහි අධිපතිව රුහුණෙහි බොහෝ කල් විසීය.

12. එකල්හි ලක්දිව පුරා අවශේෂ තැන්වල කේරළ භේවායෝත්, සිංහල භේවායෝත්, කර්ණාටක භේවායෝත් තම තමන්ට රිසි රිසි පරිදි අධිපතිකම් පැවැත්වූහ.

13. එකල්හි එක්තරා අස් වෙළෙන්දෙක් දඹදිව සිට මෙහි පැමිණ ලංකාවෙහි පවතින අරාජික තත්වය ගැන සොළී රජුට සැලකළේය.

14. එය ඇසූ සොළී රජු ලක්දිව අල්ලාගැනීමේ අදහසින් බලවත් මහා සේනාවක් පිටත් කොට එවීය. ඔවුන් වහා අවුත් ලක්දිවට ගොඩබැස්සෝය.

15. ඒ දෙමළ සේනාව ලක්දිවට ගොඩබට වේලෙහි පටන් බොහෝ ජනයා පෙළමින් අනුක්‍රමයෙන් ඒ සොළී බලය රුහුණ රටට ද පැමිණියේය.

16. ඒ මිහිඳු රජු ඔටුණු පළන් තිස්හයවන වර්ෂයෙහි ලක්රජුගේ මෙහෙසියත්, රත්නයනුත්, සිංහල රජපරපුරෙන් ආ මාහැඟි ඔටුන්නත් මෙන්ම සියලු රාජාභරණත්,

17. දෙවියන් විසින් දෙන ලද මිල නොකළ හැකි වූ දියමන්ති වළල්ලත්, නොකැඩිය හැකි සිරියත්, භාග්‍යවතුන් වහන්සේගේ පටී ධාතුවෙහි කොටසකුත් යන මෙතෙක් දෑ ද,

18. භයින් වන දුර්ගයට පැනගත් රජුත් ජීවග්‍රහයෙන් අල්ලාගෙන සමාදාන ගිවිසුමක් පෙන්වාලූහ.

19. ඉක්බිති රජුත්, ධනයත්, ඔවුන් අත්පත් කරගත් සියලු දේත් සොළී රජු වෙත වහා යවන ලද්දාහුය.

20. ඉක්බිති දෙමළ සේනාවෝ උතුම් අනුරාධපුරයට කඩාවැදුනාහ. තුන් නිකායට අයත්ව තිබූ සියලු ධාතු මන්දිර, විහාර, රනින් කළ මාහැඟි ප්‍රතිමාවන් ආදී අනල්ප වූ වස්තූන් ද,

21. ඒ ඒ තැන තිබූ සියලු විහාරයන් ද බලහත්කාරයෙන් බිඳ ඕජස් උරාබොන්නා වූ බිහිසුණු යකුන් සෙයින් ලංකාවේ සියලු සාරය පැහැරගත්තාහුය.

22. ඒ දකුණු ඉන්දීය සොළී සේනාවෝ පොළොන්නරුව ඇසුරු කොට 'රක්ඛපාසාණඛණ්ඩ' නම් තැන සිට අධිපති බව පවත්වමින් රජරට අනුභව කළාහුය.

23. සොළී දෙමළ රජුගෙන් උපද්‍රවයක් වේ දෝ හෝ යි යන භයෙන් රටවැසියෝ කාශ්‍යප කුමාරයාව රැගෙන ගොස් මහත් ආදරයෙන් රකිමින් ඇතිදැඩි කළාහුය.

24. සොළී රජුට මේ දොළොස් හැවිරිදි කාශ්‍යප කුමාරයා ගැන අසන්ට ලැබුණේය. ඔහුව ද අල්ලාගනු පිණිස මහඇමතියන් සහිතව මහ බලසේනාවක් වන,

25. පන්දහසකින් අඩු හේවායන් ලක්ෂයක් ද ලබාදී මෙහෙයුම් කටයුතු කරවීය. ඔවුහු කුමරු සොයමින් මුළු රුහුණු රට ම කළඹවාලූහ.

26. ඉක්බිති මක්ඛකුද්‍රූසවාසී කීර්ති නමැති ඇමතියෙක් ද, මාරගල්ලවාසී බුද්ධ නමැති ඇමතියෙක් ද යන,

27. මහා වීර්යය ඇති, යුද්ධෝපායෙහි දක්ෂ වූ මේ ඇමති දෙදෙන සොළී සේනාවන් වනසන්ට කරන ලද දැඩි අධිෂ්ඨාන ඇත්තාහු,

28. පලුට්ඨගිරි යන තැන දුර්ගයෙහි වසමින් සය මාසයක් පුරා යුද්ධ කොට බොහෝ දෙමළුන් නසාලූහ.

29. මරණයෙන් බේරීගත් ඉතිරි දෙමෙල්ලු ඒ යුද්ධයෙන් බියපත්ව පලාගොස් කලින් සේ ම පොළොන්නරුවෙහි වාසය කළාහුය.

30. එකල්හි කසුප් කුමාරයා දෙමළුන් ජයගත් ඇමතිවරු දෙදෙනා දැක සතුටුව 'දරුවෙනි, තෙපි වරයන් ගනිව්' කියා පැවසීය.

31. බුද්ධ ඇමතියා පරම්පරාවෙන් භුක්ති විඳගෙන ආ ගම වරයට ඉල්ලීය. කීර්ති ඇමතියා සංඝයාගෙන් ගන්නා ලද ආදායම ආපසු සංඝයාට ගෙවීමට වරයක් ඉල්ලීය.

32. නිර්භීත වූ ආදර සහිත වූ ඒ ඇමතිවරු දෙදෙන රාජපුත්‍රයාගෙන් වර ලබාගෙන රජකුමරහුගේ පා වැන්දාහ.

33. සොළීන් විසින් ජීවග්‍රහයෙන් අල්ලාගන්නා ලද ලක්දිව පස්වන මිහිඳු රජු දොළොස් වසරක් සොළී මණ්ඩලයෙහි වාසය කොට ලක්දිව ඔටුණු පැළඳ සතළිස් අට වසක් ගිය තැන මිය පරලොව ගියේය.

34. මෙසේ ප්‍රමාද දෝෂයෙන් යුක්තව වාසය කිරීම නිසා, තමන් ලබන ලද භෝගයෝ ද වැඩිකල් නොපවතින්නාහ. එහෙයින් තම හට යහපත කැමති නුවණැත්තා අප්‍රමාදී ප්‍රතිපදාවෙහි යුහුසුළුව හැසිරෙන්නේය.

මෙසේ හුදී ජන පහන් සංවේගය පිණිස කරන ලද මහාවංශයෙහි ලක්දිව පැහැරගැනීම නමැති පනස් තුන්වන පරිච්ඡේදය නිමාවට පත්විය.

54

පනස් සතරවන පරිච්ඡේදය

රජවරු සයදෙනා

01. එකල සියලු සිංහලයෝ ඒ කාශ්‍යප කුමාරයාට වික්‍රමබාහු යන නම තබා බු.ව. 1581-1593 (ක්‍රි.ව. 1037-1049) ආදර සහිතව ඒ රාජපුත්‍රයාගේ අණ පිළිපැද්දාහ.

02. ලක්දිව පැහැරගත් දෙමළු නැසීම පිණිස මේ වික්‍රමබාහු රජු නොයෙක් අයුරින් ධනය රැස්කළේය. යථායෝග්‍ය පරිදි සේවකයන්ට සංග්‍රහ කළේය.

03. අලංකාරවත් ඔටුන්න, ඡත්‍රය, සිංහාසනය ද කරවා රාජ්‍යයෙහි අභිෂේක කරනු පිණිස ඇමතිවරුන් විසින් ආයාචනා කරන ලද්දේ,

04. 'අපගේ රජරට යම්තාක් අප සතු නොවේද, ඒ තාක් මාගේ සේසත් නැංවීමේ උත්සවයෙන් කවර පලෙක් දැ'යි අසා,

05. මහා බල ඇති ක්ෂත්‍රිය තෙමේ ලක්ෂයක් මිනිසුන් එක්රැස් කරවා යුද්ධය පටන් ගන්ට සූදානම් වන අවස්ථාවේ වාත රෝගයෙන් දැඩි ලෙස පීඩිත වූයේ,

06. මේ යුද්ධ කරන්ට කාලය නොවේ යැයි සලකන්නාක් මෙන් දොළොස්වන වසරෙහිදී වහා දෙව්ලොව ගොස් දෙවියන් හා එක්වූයේය.

07. එකල්හි කීර්ති නමැති ඇමතියා සෙන්පති පදවියෙහි සිටියේ රාජ්‍ය විචාරීමෙහි ආසාව ඇතිව අට දිනක් සිය අණසක පැවැත්වීය.

08. එවිට මහා බල ඇති මහාලාන කීර්ති නම් අයෙක් ඒ කීර්ති ඇමතියා ඝාතනය කොට බු.ව. 1593-1596 (ක්‍රි.ව. 1049-1052) දී රාජ්‍යාභිෂේක ලබා රුහුණු රට පාලනය කරමින් සිටියදී,

09. තමන්ගේ රාජ්‍ය පාලනයට තුන් වසරක් ගිය තැන සොළීන් හා කරන ලද යුද්ධයෙන් පැරදුනේ එහි ලා සැහැසිව සිය අතින් හිස සිඳගෙන මළේය.

10. එකල්හි දෙමෙල්ලු රුහුණු රජුට අයත් ඔටුණු ආදී සාරවත් ධන සම්භාරය ද එක්කොට සොළී රජු වෙත පිටත් කොට යැවීය.

11. එකල තමන්ගේ රටින් පැමිණි භයක් හේතුවෙන් පලාගොස් නපුරු දේශයෙහි වසන එක්තරා දෙමළ රජකුමරෙක් වික්‍රම පඬි නමින් ප්‍රසිද්ධ වූයේ,

12. ලක්දිව පවත්නා අරාජික බව දැන රුහුණු දේශයට අවුත් කලුතොට වාසය කරමින් බු.ව. 1596-1597

(ක්‍රි.ව. 1052-1053) එක් වසරක් රුහුණු රාජ්‍යය කළේය.

13. රාමගෝත්‍රයෙහි උපන් ජගත්පාල නමින් ප්‍රසිද්ධ වූ තවත් දෙමළ රාජපුත්‍රයෙක් දකුණු දඹදිව අයෝධ්‍යා පුරයෙහි සිට මෙහි පැමිණියේ,

14. යුද්ධයෙහිදී වික්‍රම පඬිරජුව ඝාතනය කොට මහා බලවත්ව බු.ව. 1597-1601 (ක්‍රි.ව. 1053-1057) රුහුණු රාජ්‍යය සිව් වසරක් පාලනය කළේය.

15. සොළී සේනා පැමිණ රණබිමෙහිදී ජගත්පාලව ද මරා ඒ ජගත්පාලගේ මෙහෙසියත් දියණියත් සියලු සාරවත් වස්තුවත් සොළී රටට ම පිටත් කළේය.

16. ඉක්බිති සොළී පඬිරජුගේ පුත්කුමාරයා මෙරටට පැමිණ පරාක්‍රම නමින් රජව බු.ව. 1601-1603 (ක්‍රි.ව. 1057-1059) දෙවසරක් රුහුණු ලක්රජය විචාළේය.

17. අතිශයින් ම බලලෝභයෙන් මඩනා ලද සිත් ඇති මොවුහු සියලු දෙන විගසින් ම විනාශයට පත්වූවාහුය. එහෙයින් නුවණැත්තා මෙකරුණ දැන තෘෂ්ණාව ගෙවා දැමීම පිණිස ඇලුම් කළයුත්තේය.

මෙසේ හුදී ජන පහන් සංවේගය පිණිස කරන ලද මහාවංශයෙහි රජවරු සයදෙනා නමැති පනස් සතරවන පරිච්ඡේදය නිමාවට පත්විය.

55

පනස් පස්වන පරිච්ඡේදය

රුහුණ ජයගැනීම

01. එකල මක්ඛකුද්‍රැසවාසී සත්‍ය ප්‍රතිඥා දෙන ධෛර්යවත් වූ, සොළීන්ගේ මානය මැඩලිය හැකි වූ ලෝකේශ්වර නම් සෙන්පතියෙක් සිටියේය.

02. මෙතෙමේ ජනයා මැඩගෙන රුහුණු රටෙහි බු.ව. 1603-1609 (ක්‍රි.ව. 1059-1065) රජබවට පත්ව පෙර රජදරුවන් විසින් පවත්වන ලද චාරිත්‍ර විධියෙහි දක්ෂව කතරගම වාසය කළේය.

03. එකල කීර්ති නමැති මහබලැති රාජපුත්‍රයෙක් සිටියේය. ඔහුගේ වංශය, සම්පත් ආදිය දැන් පිළිවෙළින් කියනු ලැබේ.

04. කාශ්‍යප නම් රජුට මාණ නමින් පුත්කුමරෙක් සිටියේය. හේ සදාචාර ගුණයෙන් යුතු වූ ධෛර්යවත් වූ ආදිපාදවරයෙක් විය.

05. ඔහුගේ වැඩිමල් සොයුරු මාණවම්ම නමැති මහනුවණැති කුමාරයා වරක් ගෝකණ්ණ සමීපයෙහි මෝය කට තදී තෙර හුන්නේ,

06. අඩු නැතුව කරන ලද මන්ත්‍ර උපචාර විධීන්ගෙන් යුතුව අක්ෂරමාලාව ගෙන මන්ත්‍ර ජප කරන්ට පටන් ගත්තේය.

07. මයුර වාහනයේ පිට හුන් කඳ කුමරු මොහු ඉදිරියේ පෙනී සිටියේය. මොණරා ඇවිත් බලිතටුව බිඳ බලන්නේ,

08. සිදුරු සහිත වූ පොල්කටුවෙන් දිය වැස්සී ගියෙන් දිය නොදැක සිටි මයුරයා මතුරමින් සිටි ඔහු ඉදිරියට ආයේය.

09. එහිදී ඇති වූ භාවිනී සිද්ධිය අපේක්ෂා කළ කුමරු සිය නේත්‍රය මොණරා දෙසට යොමු කළේය. මොණර තෙමේ සැණෙකින් ඇස බිඳ බීවේය.

10. එයින් තුටු වූ කඳ කුමරු කුමාරයා පතන ලද වරය ඔහුට දී එතැන්හිදී ම බබළමින් අහසට නැගී ගියේය.

11. ඇමතිවරු බිඳී ගිය නෙත් ඇති කුමාරයා දැක බැගෑපත්ව හැඬූහ. කඳ කුමරුගෙන් ලද වර ලාභය පැවසූ කුමරු ඔවුන් සනහාලීය.

12. ඇමතිවරු එයින් සතුටුව 'අනුරාධපුරයට පැමිණ ලංකා රාජ්‍යයෙහි අභිෂේක කළ මැනව' යි කුමරුට ආයාචනා කළෝය.

13. 'විකලාංග වූ මා හට දැන් ලැබෙන රාජ්‍ය

ලාභයෙන් ඇති ඵලය කිම? මං පැවිදි බවට පැමිණ භාවනානුයෝගීව වාසය කරන්නෙමි.

14. මගේ කණිටු සොයුරු මාණ තෙමේ පරම්පරාවෙන් ආ ලංකා රාජ්‍යය පාලනය කෙරේවා!' යි කියා තමන්ට ලැබුණු රාජ්‍යය ප්‍රතික්ෂේප කළේය.

15. එකල මාණවම්ම කුමරුගේ සිතෙහි පැවති අදහස් සර්වප්‍රකාරයෙන් දත් අමාත්‍යවරු කණිටු මාණ කුමරුට එය දැනුම් දීම පිණිස රාජපුරුෂයෝ පිටත් කරවන ලද්දාහුය.

16. එය අසා මාණ කුමරු වහා ඇවිත් සිය සොයුරා දැක ඔහු පාමුල වැටී බොහෝ කොට මුරගා හැඬීය.

17. ඉක්බිති මාණ කුමරු සිය වැඩිමල් මාණවම්ම කුමරු සමග අනුරාධපුරයට ගියේය. වැඩිමල් සොයුරාගේ අදහස් අනුව හේ ඔටුණු දැරීය.

18. ඉක්බිති අභයගිරියට ගිය මාණවම්ම රජු බුහුමන් පුරස්සරව සිය සොයුරාගේ පැවිදි බව ඉල්ලා සිටියේය.

19. එකල්හි එහි සිටි භික්ෂූන් වහන්සේලා බුදුහු පැණවූ ශික්ෂාවෙහි ආදර රහිතව විකලාංග වූ ඔහුට පැවිද්දත් උපසම්පදාවත් ලබාදුන්හ.

20. මාණවම්ම රජු තම සොයුරු භික්ෂුවට උත්තරෝළ නමින් උදාර පිරිවෙණක් කරවා ඒ පිරිවෙණෙහි උන්වහන්සේ ප්‍රධාන කරවා,

21. ඒ භික්ෂුවට පන්සියයක් භික්ෂූන් වහන්සේ පවරා දී පෙරහැර කරවා ඒ තෙරනමට උවටැන් පිණිස උපස්ථායකයන් පස් දෙනෙකු ද දුන්නේය.

22. මේ රජු නොයෙක් ශිල්ප ශාස්ත්‍රයන්ගෙන් දක්ෂ වූ දළදා වහන්සේ රකිනා මිනිසුන් ද ඒ තෙරනම යටතට දුන්නේය.

23. අභයගිරියෙහි සිටි භික්ෂූන් වහන්සේලා රාජ තෙරුන්ගේ අවවාදයෙහි පිහිටා දියුණු වූහ. මාණවම්ම රජු ද මේ තෙරුන්ගේ අවවාද ගෙන යහපත් ලෙස රට පාලනය කළේය.

24. මේ රාජවංශයෙහි උපන් ඇතැම් කෙනෙක් රාජ්‍ය බලාපොරොත්තුවක් නැතිව නමුත් තමන්ට කැමති සේ 'මහාසාමි' යන පදය භාවිත කරමින් විසූහ.

25. ධර්ම න්‍යාය මැනවින් දත් මාණවම්ම රජුගේ අග්බෝ කුමරු ආදී දරු මුනුබුරු පරපුරෙන් පැවත එන්නා වූ,

26. පිරිසිදු රාජවංශයෙහි මුදුනෙහි උපන්නා වූ මැනවින් රාජ්‍යානුශාසනා කළ දොළොස් රජ කෙනෙක් ලක්දිව පාලනය කළාහුය.

27. මිහිඳු රජුගේ මාමණ්ඩියට 'දේවලා, ලෝකිතා' යන නම් ඇති මනහර රූ ඇති ප්‍රසිද්ධ දූකුමරියෝ දෙදෙනෙක් සිටියාහුය.

28. ඒ දූකුමරියන් දෙදෙනාගෙන් ලෝකිතා කුමරිය සිය මාමණ්ඩියගේ කසුප් නමැති සොඳුරු පුත්කුමරු හා එක්වීමෙන්,

29. මොග්ගල්ලාන සහ ලෝක නමින් සොඳුරු පුත් කුමාරවරු දෙදෙනෙකුන් බිහිකළාය. එයින් ලෝක නමැති ජ්‍යෙෂ්ඨ කුමරා ශාසනයට උපකාරීව දක්ෂව,

30. 'මහාසාමි' නමින් ප්‍රසිද්ධ වූයේ සංඝෝපස්ථානයෙහි ඇලුණේ නොයෙක් සාරවත් ගුණයන්ට නිවාස වූයේ රුහුණෙහි වාසය කළේය.

31. එකල දාඨෝපතිස්ස රජුගේ මුණුබුරෙක් බුදු සසුනෙහි පැවිදිව සැදැහැවත්ව ධුතාංගධාරීව සිල්වත්ව වසන්නේ,

32. බලවත් වීර්යය ඇත්තේ, දුර ඈත වන සෙනසුන්හි වාසය කළේය. දෙවියෝ ද උන්වහන්සේ කෙරෙහි පැහැදුනාහු හැම තන්හි ම මේ තෙරුන්ගේ ගුණ වර්ණනා කළහ.

33. එකල්හි හැම තන්හි පැතිරගිය මේ තෙරනමගේ ගුණ අසා ලංකාවෙහි රජු උන්වහන්සේ වෙත එළඹ තමන්ට අනුශාසනා කරනු පිණිස,

34. ඇරයුම් කළේය. එයට අකැමති වූ උන්වහන්සේ නැවත නැවතත් ඇරයුම් කරන ලදුව, කැඳවාගෙන ගොස් මැනවින් කරන ලද ප්‍රාසාදයක වඩාහිඳුවා,

35. එහි වසන යතිඳුන්ගේ ශ්‍රමණ ගුණයට පහන් වූ රජු ඒ තෙරුන්ගේ අනුශාසනා මත පිහිටා ධාර්මිකව ලක් රජය පාලනය කළේය.

36. එකල ලංකේන්ද්‍රයා විසින් මනාකොට කරන ලද ඇරයුම අනුව ගලතුරමුල පිරිවෙණෙහි ඒ දයා කරුණා හරිත යතීන්ද්‍රයාණෝ වසන්නාහු ගලතුරමුල හෙවත් සේලන්තරයෙන් නික්ම,

37. යම් තැනක භික්ෂූන් රැස්කොට ඒ තෙරහු වාසය කළාහු ද, එහෙයින් ඒ විහාරය 'සේලන්තරසමූහ' නමින් ප්‍රසිද්ධියට පත්වූයේය.

38. එතැන් පටන් රාත්‍රියෙහි දේවපල්ලියෙහි වාසය කරවා දෙවියන් විසින් අනුමත කළ භික්ෂුවක් ප්‍රධානත්වයෙහි තබන්නාහ.

39. ප්‍රධානත්වයෙහි සිටින තෙරණුවන්ගේ අනුශාසනාවේ පිහිටා එකල රජවරු ලංකාවත් සසුනත් පාලනය කරමින් වසත්.

40. එමෙන්ම දාඨෝපතිස්ස රජුගේ වංශයෙහි උපන් 'බෝධි' නම් රජකුමරෙකු නිසා එම වංශයෙහි ම උපන් 'බුද්ධා' නම් කුමරිය,

41. 'ලෝකිතා' නමින් උතුම් පින් ලකුණෙන් හෙබි සොඳුරු දූකුමරියක බිහිකළාය. ඕ තොමෝ නුවණැති මුගලන් කුමරුට සුදුසු කල්හි සරණපාවා දුන්නාය.

42. ලෝකිතා කුමරිය මුගලන් කුමරු නිසා 'කීර්ති' නම් කුමරෙකු ද 'මිත්‍රා' නම් කුමරියක ද එමෙන්ම 'මිහිඳු' නමින් හා 'රක්ඛිත' නමින් තවත් කුමාරවරු දෙදෙනෙකු ද වශයෙන් සිව් දරු කෙනෙකුන් බිහිකළාය.

43. ඔවුන් අතුරෙන් වැඩිමල් කුමරු ධෛර්යසම්පන්න වූත්, වීර්යවන්ත වූත් අයෙකි. හේ දහතුන්වැනි විය වන විට අති දක්ෂ පළපුරුදු ධනුශ්ශිල්පියෙක් බවට පත්විය.

44. පසුව මේ කීර්ති කුමරු 'දෙමළ සතුරු වියවුල් දුරුකොට නැවත ලංකාව කෙසේ අත්පත් කරගන්නෙම් දැ'යි බරපතල කල්පනාවෙන් යුක්තව මුල්සල නම් ගමෙහි විසීය.

45. එකල මහා බලැති වීර්යවත් බුද්ධරාජ නමැති ප්‍රසිද්ධ අයෙක් ලෝකේශ්වර හට විරුද්ධව සිටියේ,

46. චුණ්ණසාලා නමැති ජනපදයට වහා පලාගොස් එහි කීර්ති ආදී නොයෙක් ජනයා සර්වප්‍රකාරයෙන් ම වසඟයට ගෙන,

47. යුද්ධයෙහි දක්ෂ වූ බොහෝ ඥාතීන් සමග එක්ව කලුතර පර්වත ප්‍රදේශයෙහි ඉතා දුෂ්කරව වාසය කළේය.

48. එකල සංඝ නමැති ගණක නායකයෙක් බුද්ධරාජ කරා එළඹ කීර්ති කුමාරයාගේ ස්වරූපය මැනවින් විස්තර කළේය.

49. 'හේ මුගලන් මහාසාමිහුගේ ජ්‍යෙෂ්ඨ පුත්‍රයා ය. නමින් කීර්ති ය. ධන්‍ය පුණ්‍ය ලක්ෂණයෙන් අනූන ය. නුවණින් හා වික්‍රමයෙන් යුතුය.

50. ජම්බුද්වීපය පවා එක්සේසත් කරන්ට මොහු සමතෙකි යි සිතම්හ. ලංකාද්වීපය එක්සේසත් කරයි යනු කවර කථායෙක් ද?'

51. බුද්ධරාජ තෙමේ සංඝ ගණකගේ වචනය අසා කුමාරයාව ඇසුරු කළයුත්තේ යැයි නිශ්චය කොට කුමරු වෙතට ජනයා යැවීය.

52. මේ වීර වූ, කීර්ති කුමරු ඔවුන්ගේ වචනය අසා, සිය මව්පියෝ තමාගේ යුද්ධයට යන ගමන වළක්වන්නාහ යන බියෙන්, ඔවුන් නොදැන සිටියදී ම දුනු මිටිය පමණක් ගෙන,

53. ගෙයින් නික්ම නොයෙක් සුභ නිමිති දකිමින් සිරිවගපිට්ඨිගමට ගියේය.

54. වීර්යවත් කීර්ති කුමරු එහි වසමින් සිය හේවායන් පිටත් කරවා තමන්ට විරුද්ධව සිටි බෝධිවාල නම් ගම ජයගත්තේය.

55. අහංකාර පරවශ වූ ලෝකේශ්වර සෙන්පති එහි සේනාවක් පිටත් කළේය. සේනාව අවුත් ගම වටලා යුද්ධාරම්භ කළේය.

56. කීර්ති කුමරු ඔවුන් හා යුද්ධ කරමින් මහා වික්‍රමයෙන් යුතු වූයේ, මහා භටයන්ගෙන් යුතු වූයේ පුළුන් විසුරුවන සැඩ සුළඟක් සෙයින් ඔවුන්ව ඒ ඒ දිසාවෙහි විසුරුවාලීය.

57. එකල්හි සුදුසු තැන තෝරාගැනීමට දන්නා කුමරු චුණ්ණසාලා ජනපදයට ගොස් එහි වාසය කරමින්, සියලු කඳුරට සිය වසඟයෙහි තබාගත්තේය.

58. ලෝකේශ්වර සෙනෙවි තෙමේ නොයෙක් වර සිය සේනා යවා කීර්ති කුමරු මැඩලන්ට නොහැකි වූයේ දොම්නසට පත්වූයේය.

59. ඉක්බිති මක්ඛකුද්‍රූසවාසී කීර්ති නම් ඇමතියාගේ දේවමල්ල නමැති මහා බලවත් පුත්‍රයා මේ කීර්ති කුමරු ගැන දැන,

60. සිය ඥාති මිත්‍රාදීන් සහිතව, බොහෝ රුහුණු වැස්සන් සහිතව අවුත් කීර්ති කුමාරයාව සාදරයෙන් බැහැදැක්කේය.

61. එකල පසළොස් හැවිරිදි වූ මේ දක්ෂ කීර්ති කුමරා මහ යසස් ඇත්තේ සිරිය බැඳ එහිදී ම ආදිපාද තනතුරට පත්වූයේය.

55 වන පරිච්ඡේදය 265

62. මහබලැති කුමරු හිරණ්‍ය මලයට පැමිණ එහිදී රේමුණුගලෙහි කඳවුරු බැන්දේය.

63. ලෝකේශ්වර සෙනෙවි ද එහි සේනාව යවා කුමරු හා යුද්ධ කරවන්නේ තමාට ජය ලබාගනු නොහැකිව ඉන් පසු කුමරු හා යුද්ධ කරන ආසාව අත්හළේය.

64. ලෝකේශ්වර සෙනෙවි තෙමේ සිය ලෝකය අත්හැර පාලනය ලද සයවෙනි වසරෙහි පරලෝක පරායණ වූයේය.

65. එකල්හි කාශ්‍යප නමැති කේශධාතුනායක නම් අයෙක් ජනයා මැඩගෙන රුහුණෙහි සිය අණසක පැතිරවීය.

66. පොළොන්නරුවේ සිටි සොළී සාමන්තයා ද එය අසා පොළොන්නරුවෙන් නික්ම සේනාවෙන් සන්නද්ධව කතරගම බලා පිටත් විය.

67. කේශධාතුනායක තෙමේ යුද්ධයේදී දෙමළ සේනාබල බිඳ රක්ඛපාසාණ සීමාවෙහි ඊකවලට මිනිසුන් තබ්බවා,

68. තමන් ලද ජයෙන් උද්දාමව මහසෙන් පිරිවරාගෙන වීරයෙකු සෙයින් යළි කතරගමට පැමිණියේය.

69. එකල ස්ථිර ගුණ ඇති කීර්ති ආදිපාද තෙමේ මේ සියලු පුවත් දැන කේශධාතුනායක පරදවන්ට මහා බලසෙන් සන්නද්ධ කළේය.

70. එපුවත ඇසූ කේශධාතුනායක අහංකාර පරවශව සියලු බලසෙන් ගෙනවුත් සිප්පත්ථලක ගමට ආයේය.

71. පස්යොදුන් රටවැසි බොහෝ මිනිසුන් ඉතා දුකසේ දිනිය යුතු කීර්ති රාජපුත්‍රයන්ට සමීප වන කල්හි,

72. රටවැසි බොහෝ දෙනෙකුන් තමා කෙරෙහි නොසතුටුව සිටින බව දැන මෙහි යුද්ධ කිරීම දුෂ්කරය කියා බදිරංගණියට ගියේය.

73. සොළොස් වියැති කීර්ති රාජපුත්‍රයා මහාසේනාවක් ගෙන පහ වූ බිය ඇතිව කතරගමට ආයේය.

74. රුහුණ සය මසක් පාලනය කොට නොසතුටු සිතින් යුතු කේශධාතුනායක තෙමේ රාජපුත්‍රයා හා යුද්ධ කරනු පිණිස යළි ගියේය.

75. කීර්ති රාජපුත්‍ර තෙමේ මහා බල ඇති සේනාව සමග ඉතා රළු යුද්ධයක් කරන්නේ කේශධාතුනායකගේ හිස ගත්තේය.

76. දාහත් වියට පැමිණි කීර්ති රාජපුත්‍රයා බු.ව. 1609-1664 (ක්‍රි.ව. 1065-1120) දී සියලු තැන පැතිර ගිය මහා කිත්යස් තෙදින් යුතු වූයේ, සමාව දීම් ආදී නොයෙක් විධි ප්‍රයෝගයන්හි දක්ෂ වූයේ මුළු රුහුණු රටෙහි ම සතුරු කටුකොහොල් උවදුරු නසා දැම්මේය.

මෙසේ හුදී ජන පහන් සංවේගය පිණිස කරන ලද මහාවංශයෙහි රුහුණ ජයගැනීම නමැති පනස් පස්වන පරිච්ඡේදය නිමාවට පත්විය.

56

පනස් සයවන පරිච්ඡේදය

අනුරපුර පැමිණීම

01. යුවරාජ පදවියෙහි සිටි, නීතිය දන්නා වූ කීර්ති රාජපුත්‍රයා ලක්දිව පුරා ප්‍රසිද්ධ වූයේ 'විජයබාහු' නමිනි.

02. මහ නුවණින් හෙබි මෙතෙමේ සිය අණ පරිදි බෙර හසුරුවා යථා යෝග්‍ය අයුරින් ඇමතිවරුන් හට තනතුරු පිරිනමන්නේ,

03. රජරට අධිපතිව සිටින ආක්‍රමණික සොළීන්ව මඬිනු පිණිස චතුර වූ හේ චතුර උපායන් යොදමින් රුහුණෙහි වාසය කළේය.

04. පොළොන්නරුවෙහි වෙසෙන සොළී සාමන්තයා එය අසා සේනාබල වාහනයන් දී සිය සෙන්පති රුහුණට පිටත් කරවීය.

05. සෙනෙවියා කතරගම සමීපයට පැමිණ කීර්ති යුවරජු පරදවාලිය නොහැකි බව දැන එතනින් ගිරිදුර්ගයට ගියේය.

06. මේ දෙමළ සෙන්පතියා කතරගම වහා මංකොල්ල කා එහි වසන්ට නොහැකිව පොළොන්නරුවට ම ගියේය.

07. එකල්හි මහාදිපාද තෙමේ වහා කඳුරටින් පහළට විත් මහත් බලකායකින් යුක්තව සිප්පත්ථලක ගමෙහි වාසය කළේය.

08. මහාදිපාද කීර්ති රජු රාමඤ්ඤ රටේ රජු වෙත බොහෝ ජනයා ද බොහෝ සාරවත් වූ ධන සම්පත් ද යැවීය.

09. විසිතුරු වස්ත්‍ර, කපුරු, සඳුන් ආදී වස්තූන්ගෙන් පුරවන ලද නොයෙක් නැව් රුහුණු වරායෙහි පෙළගස්වා තිබිණ.

10. නොයෙක් ධන ධාන්‍යයෙන් හේවාභටයන්ට සංග්‍රහ කරන්නේ එයින් නික්ම මහත් සේනා ඇතිව තම්බල ගමෙහි විසුවේය.

11. රජරට වැස්සෝ ඔවුනොවුන්ට විරුද්ධ හෙයින් සියලු දෙන එහි පැමිණ සියලු ආකාරයෙන් අයබදු නොගෙවමින්,

12. ඉන්දියානු සොළී රජුට විරුද්ධ වූවාහු, ඔවුන්ගේ අණ නොපිළිපැද උඩඟුකමින් මත්ව අයබදු ගන්නා රාජපුරුෂයන්ව වෙහෙසවමින් කැමති පරිදි හැසිරුණාහුය.

13. එය ඇසූ ඉන්දියානු සොළී රජු දැඩි කෝපයෙන් වසඟව සිය ඇමතියාට මහා සේනාවක් දී ලක්දිවට පිටත් කරවීය.

14. ලක්දිව අවුත් මහතිත්ථයෙන් ගොඩබට දෙමළ ඇමතියා ඒ ඒ තැන සිටි බොහෝ ජනයා මරමින් රජරට වැස්සන් සිය වසඟයට ගත්තේය.

15. හේ අනුක්‍රමයෙන් අවුත් කෲර වූ ආඥා ඇතිව රුහුණට ගොස් ඉවුරු බිඳගෙන යන සයුර සෙයින් රුහුණට කඩාවැදුනේය.

16. කීර්ති රජුට විරුද්ධව සිටි මහා බලසෙන් ඇති රවිදේව හා චලය යන දෙදෙනා දෙමළ සෙනෙවියාගේ වසඟයට පත්වූහ.

17. සෙනෙවි තෙමේ මහා පක්ෂ බලයෙන් යුක්තව ඔවුන් දැක මුළු රුහුණු රට ම වහා තමන්ගේ අතට පත්වූයේ යැයි සිතීය.

18. විජයබාහු (කීර්ති) රජු ආදිපාද පදවිය ලබා එකොළොස්වන වර්ෂයේදී සොළී සේනා මැඩලීම පිණිස පලුට්ඨි පර්වතයෙහි දුර්ගයක් කරවා එහි වාසය කළේය.

19. ඉක්බිති දෙමළ සේනාව අවුත් ඒ ගල් පර්වතය හාත්පසින් වටකළේය. එහි දෙපක්ෂයට ම අයත් සේනාවන් අතර බියජනක යුද්ධයක් පැන නැංගේය.

20. විජයබාහු රජුගේ යුදභටයෝ ඒ සියලු දෙමළ බලසෙන් නසා පලායන්නා වූ මහා සොළී සාමන්තයාව ලුහුබැන්දාහුය.

21. තඹවිටිය නම් ගමෙහිදී ඔහුගේ හිස ද ගෙන ඒ සමගින් ඔහු සතු යාන වාහන සාරවත් ධනාදිය ද ගත්තේය.

22. ගන්නා ලද සියලු බඩු රජු ඉදිරියේ තබා පෙන්වීය. ඉක්බිති ඔවුහු පොළොන්නරුව ගන්ට දැන් කාලය යැයි රජුට කීවෝය.

23. විජයබාහු මිහිපල් තෙමේ ද ඇමතිවරුන්ගේ වදන් අසා මහත් බලසෙන් ගෙන පොළොන්නරුව බලා පිටත් විය.

24. ඉන්දියානු සොළී රජු මේ සියලු පුවත් අසා තියුණු වූ කෝපයෙන් දැඩිව ලක්රජු අල්ලාගැනීම පිණිස,

25. තෙමේ ම වීර්යයෙන් යුක්තව වහා දකුණු ඉන්දීය මුහුදු වරායට පැමිණ බොහෝ සෙයින් මහා යුද සේනාවක් ලංකාවට එවීය.

26. මෙය දැනගත් රජු තමන්ගේ සෙන්පතිව ලක්දිවට කඩාවදින ආක්‍රමණික සොළී සේනාව හා යුද්ධ කරනු පිණිස පිටත් කොට යැවීය.

27. එසේ යන්නා වූ සේනාධිනායක තෙමේ අනුරාධපුරය අසලදී දෙමළ සේනාවන් සමග මහත් වූ යුද්ධයක් පටන් ගත්තේය.

28. ඒ යුද්ධයේදී රජුගේ බොහෝ භටයෝ නැසුණාහ. රටවැස්සෝ නැවතත් දෙමළ සේනාව යටතට වැඩියෙනුත් පත්වූහ.

29. එකල්හි විජයබාහු රජු පොළොන්නරුව බලායාම

අත්හැර විල්ලිකාබාණක නම් ප්‍රදේශයට වේගයෙන් පැමිණ,

30. ඒ රටෙහි සිටි ඇමති දෙදෙනා නසා ඒ ප්‍රදේශය අත්පත් කොටගෙන සිය භටසේනා රැස්කරමින් එහි ම වාසය කළේය.

31. සොළී සාමන්තයා තමන්ව ලුහුබැඳ එන්නේ යැයි අසා රජ තෙමේ කල් යල් හැඳින වාතගිරි නම් පර්වතයට ගොස්,

32. ඒ පර්වතයෙහි බලකොටු පිහිටුවා තුන්මසක් දෙමළුන් හා යුද්ධ කොට ඔවුන් පසුබැස්සවීය.

33. මීන් පෙර ඇති වූ යුද්ධයකදී මරණයට පත්වූ කේශධාතුනායකගේ බාල සොයුරා ද මහත් පක්ෂ බලයකින් යුක්තව,

34. සිය සොයුරාගේ මරණය සිහිකරමින් අමනාප සිතින් යුතු වූයේ මුළු ගුත්තහාලක මණ්ඩලය අවුල් කළේය.

35. එකල්හි ලක් රජු වහා එහි ගොස් මච්ඡුත්ථල නම් තැන කඳවුරු බැඳ,

36. බදිරංගනී දුර්ගයෙහිදී හටගත් යුද්ධයෙන් ඔහුව පලවා හැර යළි කුඹුලගල්ල නම් ස්ථානයේදී ද ඔහු පලවා හැරියේය.

37. අඹුදරුවන් ඇතුලුකොට නොයෙක් ධනයත් බලසෙනඟත් හැර දමා හේ පලායන්නේ සොළීන්ට අයත් රටට වහා ගියේය.

38. එකල්හි විජයබාහු රජ තෙමේ ඔහු සතු සියලු ධනය ගෙන ගොස් තම්බල ගමෙහි අලුතින් බලකොටුවක් කරවා එහි වැස,

39. අනුක්‍රමයෙන් මහානාග හුල නමැති පුරයෙහි සොළීන් හා යුද්ධ කරන්ට හේවායන් සොයමින් සංවිධාන කරමින් සිටියේය.

40. ඉක්බිති රජ තෙමේ මහා බල ඇති ඇමති දෙදෙනෙකු කැඳවා දකුණු දේශයේ ජනයා සිය වසඟයට ගනු පිණිස එහි පිටත් කොට යැවීය.

41. එමෙන්ම තවත් කර්කශ ඇමති දෙදෙනෙකු සොළීන්ගේ උඩඟු බව නැසීම පිණිස වෙරළ මහමගට පිටත් කරවීය.

42. දකුණු දෙසට යවන ලද මහ බලැති ඇමතිවරු දෙදෙනා මුහුන්නරු නම් දුර්ගය ද, බදලත්ථලය ද,

43. වාපි නගර දුර්ගය ද, බුද්ධගාමකය ද, තිලගොල්ල ද, මහගුල්ල ද, මණ්ඩවගල්ලකය ද,

44. අනුරාධපුරය ද යන මේ ස්ථානයන් ක්‍රමයෙන් ගෙන රටවැසියන් තමන්ගේ අණට අනුව පවත්වමින් මහාතිත්ථයට පැමිණියාහුය.

45. වෙරළ මහාමාර්ගයෙන් එවන ලද අමාත්‍යවරු දෙදෙනා ද ඒ ඒ තැන පිහිටි දෙමළ කඳවුරු වන සගම ආදී කඳවුරු පැහැර ගනිමින්,

46. පිළිවෙළින් පොළොන්නරු නගරයට ආසන්න වී 'මෙහි ඉතා ඉක්මනින් සැපත් වෙන්ට වටනේය' යි දූතයෝ පිටත් කොට යැව්වාහ.

47. දෙදිසාව බලා ගිය ඇමතිවරු විසින් කරන ලද වික්‍රමයන් තෙමේ ම අසා, කල් යල් දන්නා වූ මිහිපල් තෙමේ,

48. වහා සමගි සේනාව සන්නද්ධ කොට, උපක්‍රම විධීන් පිළිබඳව දක්ෂ වූ මේ රජු සොළී භය මුලිනුපුටා දමනු පිණිස ඒ පුරයෙන් නික්ම ගියේය.

49. මහා ගංගාවෙන් යන්නේ මහියංගණ සෑය සමීපයෙහිදී රජු සේනාව හා නවාතැන් ගෙන සුළු කලක් එහි විසීය.

50. තැන නොතැන මැනවින් දන්නා නුවණැති, මහ වීර්යය ඇති මේ විජයබාහු රජු ක්‍රමයෙන් පොළොන්නරු නගරය කෙළවරට පැමිණ ස්ථිර වූ උතුම් කඳවුරක් බැන්දවීය.

51. ඒ ඒ තැන සිටි ශූර වූත් කර්කශ වූත් යම් බොහෝ සොළීහු වෙත් ද, ඔවුහු පොළොන්නරුවේ යුද කරනු පිණිස රැස්වූහ.

52. ආක්‍රමණික දෙමෙල්ලු පොළොන්නරු නගරයෙන් පිටතට අවුත් මහ යුද්ධයක් කොට පැරදී භයට පත්ව තමන්ගේ නගරයට පිවිස,

53. සියලු නගර දොරටු වසා, ගෝපුර අට්ටාලයන්ට නැගී බොහෝ උත්සාහයෙන් යුතුව මහත් බියජනක යුද්ධයක් කළාහුය.

54. ඒ නගරය වසාගෙන මාස එකහමාරක් යුද්ධ කරන්නාහු ලක්රජුගේ මහාසේනාවට තමා අදහස් කළ දේ කරගන්ට නොහැකි විය.

55. විජයබාහු මහරජුගේ මහත් වීර්යය ඇති, ශූර වූ, බල ඇති, අබිමන් ඇති, රවිදේව හා චලය ආදී මහ යෝධයෝ,

56. පවුර පැන බලහත්කාරයෙන් නගරයට පිවිස ක්ෂණයකින් සියලු දෙමළ මුළු මුලින් ම නසාලූහ.

57. මෙසේ ලබන ලද ජය ඇති විජයබාහු රජු සිය අණින් පොළොන්නරුවෙහි අණබෙර හැසිරවීය.

58. ඉන්දියාවෙහි සිටි සොළී රජු සිය සේනාවන්ගේ විනාශය අසා 'සිංහලයෝ බලවත්යහ' යි භයට පත්ව යළි ආක්‍රමණික සේනාවන් ලක්දිවට නොඑවීය.

59. ලක්දිව ආක්‍රමණය කළ උඩඟු සොළී නායකයන් ඉතිරි නොකොට වැනසූ වීරයා වූ, ඉතා යහපත් කොට තබන ලද රජරට ඇති, නුවණැති රාජශ්‍රේෂ්ඨ තෙමේ ඉෂ්ට වූ අනුරාධපුරයට අතිශයින් සතුටුව, රුහුණු රට අධිපති බවට පත්වූ පසළොස්වන වසරෙහි මේ අනුරපුරයට පැමිණියේය.

මෙසේ හුදී ජන පහන් සංවේගය පිණිස කරන ලද මහාවංශයෙහි අනුරපුර පැමිණීම නමැති පනස් සයවන පරිච්ඡේදය නිමාවට පත්විය.

57

පනස් සත්වන පරිච්ඡේදය

සංඥාති සංග්‍රහය

01. මේ විජයබාහු රජු ලක්දිව රකිනු පිණිස බලවත් වූ, යෝධසම්මත වූ ඇමතිවරුන් හට පිළිවෙළින් කටයුතු උගන්වා ලක්දිව හාත්පස යෙදවීය.

02. රජුගේ අභිෂේක මංගල්‍යය පිණිස ප්‍රාසාදාදී නොයෙක් දෑ නිමවනු පිණිස අදාළ කටයුතු සම්පාදනයට වෙනම ඇමතියෙකු යෙදවීය.

03. වන්දනෙයාභිවන්දනීය වූ චෛත්‍යස්ථානයන් අනුරපුරයෙහි තිබෙන හෙයින් මේ රජු පළමුව ඒවා වන්දනා කරමින් තුන් මසක් ගතකොට අනතුරුව පොළොන්නරු පැමිණියේය.

04. එකල්හි ආදිමලය නමින් ප්‍රසිද්ධ වූ සෙන්පතියෙක් රජු හට සර්වප්‍රකාරයෙන් ඍජුව ම විරුද්ධ වී,

05. මඳ නුවණැතිව බලසේනාවක් ද ගෙන අවුත් අන්දු නමින් ප්‍රසිද්ධ වූ ගමට පැමිණ රජු හා යුද්ධ කිරීමට සූදානම් වූයේය.

06. ලංකාධිපති රජු එහි ගොස් උඩගු වූ ඔහු නසා දමා ඒ සේනාවන් ද තම වසඟයට ගෙන පොළොන්නරු පැමිණියේය.

07. මිනිසුන් අතර උතුම් වූ, ප්‍රඥා සම්පන්න වූ මේ මිහිපල් තෙමේ යුවරාජ පදවිය ලබන විට දහහත්වෙනි විය පිරී තිබුණේය.

08. සුදුසු විධීන්ට අනුව අනුරාධපුරයට පැමිණ ක්‍රමානුගත පරිද්දෙන් කටයුතු කිරීම දන්නා නුවණැති හේ අභිෂේක මහෝත්සවය අනුභව කොට,

09. පවිටු කටයුතුවල නොපිහිටා, ශ්‍රේෂ්ඨ කටයුතුවල පිහිටි මේ රජු මැනවින් පිහිටියේ දහඅටවෙනි වසර සම්පූර්ණ කළේය.

10. මෙතෙමේ අනුරපුරයෙන් පැමිණ උතුම් පොළොන්නරුවෙහි වාසය කළේය. 'සිරිසඟබෝ' යන අපර නාමයෙන් ද මේ විජයබාහු රජු ප්‍රසිද්ධියට පත්විය.

11. මේ රජු සිය බාල සොයුරු වීරබාහු කුමාරයා හට උපරජ තනතුර ප්‍රදානය කොට දකුණු දේශය දී විධීන්ට අනුව සංග්‍රහ කළේය.

12. එමෙන්ම රජුගේ බාල ම සොයුරු වන ජයබාහු කුමරුට ආදිපාද පදවිය දී රුහුණු රට ද දුන්නේය.

13. සියලු ඇමතිවරුන්ට සම අයුරින් යථායෝග්‍ය පරිදි පදවි ඨානාන්තර දුන්නේය. රජයෙහි නීතිය පරිදි අය බදු ගන්ට සැලැස්වීය.

14. දයාවට වාස වූ ධර්මයෙහි පිහිටි මිහිපල් තෙමේ බොහෝ කලක් අවනීතියෙන් පිරිහී ගිය අධිකරණ විනිශ්චය කටයුතු යළි ධර්මානුකූලව පැවැත්වීය.

15. මෙසේ රජ්වී තිබූ සියලු සතුරු කටුකොහොල් මුලින්ම උදුරා දැමූ නරනිඳු තෙමේ නිරතුරුව මනා ලෙස ලක් රජය පාලනය කළේය.

16. ඡත්තග්ගාහක නායක තෙමේ ද ධර්මගෘහ නායක තෙමේ ද එසේ ම සෙට්ඨිනාථ තෙමේ ද යන මේ සොයුරු තිදෙන,

17. රජුට විරුද්ධව දඹදිවට පලාගොස් සිට මේ රජු රාජ්‍යය ලබා දහනව වසරක් ගිය තැන ඔවුහු යළි ලක්දිවට ගොඩබැස්සාහුය.

18. ඒ සියලු දෙන රුහුණු රටත්, කඳුරට මලය මණ්ඩලයත්, මුළු දකුණු පෙදෙසත් බලහත්කාරයෙන් අවුල් කළෝය.

19. දක්ෂ වූ රජු රුහුණට ගොස් එසේම කඳුරටටත් ගොස් ඒ ඒ තැන සිටි බොහෝ සතුරු ජනයා නසන්නේ,

20. මනාකොට කැරැල්ල සංසිඳුවා එහි ඇමතිවරුන් පිහිටුවා මහා බල ඇති තෙමේ ම දකුණු දේශයට ගොස්,

21. සමණීභාතු වංශයෙහි උපන් ඇමතිවරයෙකු එහි යවා වීර වූ රජු තමන්ට වෛරී වූ ඔවුන්ව අල්ලාගෙන,

22. උල හිඳුවා ලංකාද්වීපය සතුරු කටුකොහොලින් බැහැර කරවා දකුණු දෙස ද සුවපත් කරවා යළි පොළොන්නරු පැමිණියේය.

23. සොළී රටට ගෙන ගිය ජගත්පාලගේ බිසව එහි ම වසන්නී සොළීන්ගේ අතින් බේරී දූකුමරිය සමග ලක්දිවට පලා ආවාය.

24. ලීලාවතී යන නමින් යුතු දියණි කුමරිය ද ගෙන ආ ඈ නැව් නැගී වහා ලක්දිවට ගොඩ බැස ලක්රජු බැහැදුටුවාහුය.

25. රජ තෙමේ ඇයගෙන් වංශ පරම්පරාව ගැන අසා පිරිසිදු රාජවංශයෙහි බව දැන ලීලාවතී දූකුමරිය සිය අගමෙහෙසිය ලෙස අභිෂේක කළේය.

26. ඒ මෙහෙසිය රජු හා සහවාසයෙන් දූකුමරියක බිහිකළාය. රජතෙමේ සිය දූකුමරියට 'යසෝධරා' යන නම තැබුවේය.

27. රජ තෙමේ මේරුකන්දර නම් ජනපදය සමග ස්වකීය දූකුමරිය වීරවම්ම කුමාරයා හට දුන්නේය. ඕ තොමෝ දූකුමරියන් දෙදෙනෙකු බිහිකළාය.

28. ඒ දූකුමරියන් දෙදෙනාගේ වැඩිමහලු දියණිය සිය මවගේ මෑණියන්ගේ නමින් 'ලීලාවතී' නම් වූවාය. ඇයට වඩා බාල කුමරිය 'සුගලා' නම් වූවාය.

29. කාලිංග රාජවංශයෙහි උපන් ඉතා මනහර රූසපුවකින් හෙබි තිලෝකසුන්දරී නම් සුකුමාල රාජකන්‍යාව,

30. කලිඟු රටින් මෙහි ගෙන්වා ගත් රජු බොහෝ කල් රාජවංශය පවත්වනු කැමතිව ඇයව අගමෙහෙසි තනතුරෙහි අභිෂේක කළේය.

31. ඕ තොමෝ සුභද්‍රා - සුමිත්තා - ලෝකනාථා - රත්නාවලී - රූපවතී යන දූකුමාරිකාවන් පස්දෙනෙකු බිහිකළාය.

32. එමෙන්ම ඕ ධන්‍ය පුණ්‍ය ලක්ෂණයෙන් හෙබි වික්‍රමබාහු නම් පුතෙකු ද බිහිකළාය. ඕ පින්වත් දරු පරපුරක් වැඩූ හෙයින් රජුගේ සිත් ගත්තාය.

33. සිය රාජවංශයේ කුලස්ත්‍රීන් හැර අන්තඃපුරයෙහි අනිත් ස්ත්‍රීහු මේ රජු නිසා ගැබ් නොගත්තාහුය.

34. එක් දිනක් මේ රජු අමාත්‍ය පිරිස මැදදී සියලු දූකුමාරිකාවන් කැඳවා ඔවුන්ගේ පින් ලකුණු විමසා බැලීය.

35. ඒ සියලු දූකුමරියන් දෙස බලා සිටි ලකුණු ශාස්ත්‍රය දන්නා වූ රජු රත්නාවලී කුමරියගේ හැර ධන්‍ය පුණ්‍ය ලක්ෂණයෙන් යුතු,

36. පුත්‍ර ලාභයක් උපදවන්නා වූ ලකුණු වෙනත් දූකුමරියකගෙන් නොදැක්කේය. ඉක්බිති දාරක ප්‍රේමයෙන් වේගවත් වූ රජු රත්නාවලී කුමරිය ළඟට කැඳවා ඇයගේ හිස සිඹ,

37. 'තේජෝ ගුණයෙනුත්, ත්‍යාගයෙනුත්, ප්‍රඥාවෙනුත්, ශූර බවෙනුත්, අතීතයේත් අනාගතයේත් පහළවන සියලු රජදරුවන් ඉක්මවා,

38. නිරන්තරයෙන් ලංකාව සැක නැතිව එක්සේසත් කොට පවත්වා පාලනය කරන්ට සමත්, මනාකොට බුදු සසුන රකිනා,

39. නොයෙක් යහපත් ගුණයෙන් හොබනා, රාජපුත්‍රයෙකුගේ උප්පත්තියට ස්ථානයක් මැයගේ කුසෙහි වන්නේය' කියා රජ තෙමේ මෘදු සතුටු වදන් කීය.

40. සොළී රට රජු නොයෙක් අයුරින් ආයාචනා කරමින් සිටියදීත් රාජවංශයේ අභිමානය ඇති විජයබාහු රජු ඔහුට සිය නැගණිය නොදී,

41. පිරිසිදු රාජවංශයෙහි උපන් පඬි රජෙකු ගෙන්වා ඔහුට රජුගේ නැගණිය වූ මිත්තා කුමරිය සරණපාවා දුන්නේය.

42. ඒ මිත්තා කුමරිය මානාභරණ, කිත්සිරිමේඝ, සිරිවල්ලභ යන පුත්කුමාරවරු තිදෙනෙකු බිහිකළාය.

43. රජතුමා සුභද්‍රා දූකුමරිය වීරබාහු මලණුවන්ටත් සුමිත්තා දූකුමරිය ජයබාහු මලණුවන්ටත් මහත් පෙරහරින් යුතුව දුන්නේය.

44. රත්නාවලී දූකුමරිය සිය නැගණියගේ දෙටුපුතු මානාභරණ කුමරුට දුන්නේය. ලෝකනාථා දූකුමරිය නැගණියගේ මද්දුම පුතු වූ කිත්සිරිමේඝ කුමරුට දුන්නේය.

45. රූපවතී දූකුමරිය අභාවයට පත්වූ හෙයින් සිරිවල්ලභ කුමරු හට සුගලා දූකුමරිය දුන්නේය.

46. තිලෝක සුන්දරී අගමෙහෙසියගේ ඥාතීන් වන දඹදිව සිංහපුරයෙන් පැමිණි මධුකර්ණව, භීමරාජ, බලහත්කාර යන රාජපුත්‍රයන්ව,

47. දුටු මිහිපල් තෙමේ හටගත් ප්‍රීතිය ඇතිව ඔවුන් එකිනෙකාට යථායෝග්‍ය පරිදි වෘත්තීන් දී සංග්‍රහ කළේය.

48. ඔවුන් සියලු දෙන ලබන ලද සත්කාර ඇතිව රජු සතුටු කරමින් කැමති පරිද්දෙන් වාසය කළාහුය.

49. මේ රාජපුත්‍රයන්ගේ සුන්දරී නම් බාලනැගණිය තමන්ගේ රාජවංශයේ ස්ථිර පැවැත්ම පතමින් රජුගේ පුත්‍ර වූ වික්‍රමබාහු කුමාරයාට දුන්නේය.

50. රජ තෙමේ ඥාතීන්ගේ කටයුතුවල බොහෝසෙයින් ඇලුණේ වික්‍රමබාහු කුමරුට භෝග සම්පත් සහිතව ලීලාවතී කුමරිය දුන්නේය.

51. විජයබාහු රජ තෙමේ තමන්ගේ ජනයාට මෙසේ නිරවශේෂයෙන් භෝගයෙන් ද සම්පත්වලින් ද සලකා දයාවෙන් යුතුව නෑයන්ගේ යහපත පිණිස පෙර රජවරුන් ගත් මග අනුගමනය කළේය.

මෙසේ හුදී ජන පහන් සංවේගය පිණිස කරන ලද මහාවංශයෙහි ඥාති සංග්‍රහය නමැති පනස් සත්වන පරිච්ඡේදය නිමාවට පත්විය.

58

පනස් අටවන පරිච්ඡේදය

ලෝක ශාසන සංග්‍රහය

01. විජයබාහු රජු සිය කුලවත් ජනයා තෝරා ඔවුන් හට උචිතවන ආකාරයෙන් ආරක්ෂා කටයුතු සංවිධානය කළේය.

02. පොළොන්නරු නගරප්ප්‍රාකාරය ස්ථිර ලෙස උස්කොට තැනවීය. එමෙන්ම නොයෙක් ගෝපුර අට්ටාලයන්ගෙන් සමලංකෘතව සුණු ආලේපයෙන් සරසවා,

03. පවුර වටා ඇති ගැඹුරු දිය අගල තවදුරටත් දිගු පුළුලින් යුක්ත කොට උස සම මළුවකින් යුතුව සතුරන්ට නොනැසිය හැකි ලෙසින් කරවීය.

04. (දෙමළ මිසදිටු ආක්‍රමණය හේතුවෙන් ද, සිංහලයන්ට රජෙකු නැතිවීමෙන් ද සංඝයා වහන්සේ ද පිරිහී ගියහ.) ගණපූරණයට උපසම්පදාලාභී භික්ෂූන්

පස්නමක්වත් සොයාගත නොහැකි මට්ටමට සඟ පරපුර බිඳවැටුණේය. බුදු සසුනෙහි චිර පැවැත්ම කැමති රජු,

05. එකල්හි රාමඤ්ඤ රටෙහි අනුරුද්ධ නම් මිත්‍ර රජු වෙත පඬුරු සහිත දූතයන් පිටත් කොට යවා,

06. තුන් පිටකයෙහි පරතෙර පත් සීලාදී ගුණධර්මයන්ට වාස වූ ස්ථවිර සම්මත භික්ෂූන්ව වැඩමවා,

07. උන්වහන්සේලාට උදාර වූ පූජාවන් පවත්වා නොයෙක් අයුරින් ලක්දිව පුරා පැවිදි උපසම්පදාව කරවා,

08. බොහෝ සෙයින් අටුවා සහිත තුන් පිටකය ලියවා ලක්දිව පිරිහෙමින් පැවති බුදු සසුන යළිත් බැබළවීය.

09. පොළොන්නරු නගරයෙහි ඇතුලු ප්‍රදේශයෙහි ම ඒ ඒ තන්හි ඉතා සිත්කලු වූ බොහෝ විහාරයන් කරවා,

10. තුන් නිකායට අයත් භික්ෂූන් වාසය කරවා උදාර වූ සිව්පසයෙන් සංඝයා සන්තර්පණය කරවීය.

11. ඒෂිකා (නගරයේ ප්‍රධාන සලකුණ වන උස) ස්ථම්භයෙන් අලංකාර වූ, අගල් පවුරුවලින් යුක්ත වූ, ප්‍රවර වූ පස්මහල් ප්‍රාසාදයෙන් සෝභමාන වූ,

12. හාත්පස ආවාස පන්තීන්ගෙන් සොඳුරුව බබළන්නා වූ මෙන්ම මිනිසුන්ගෙන් ආකීර්ණ වූ උතුම් ගෝපුර ඇත්තා වූ,

13. විහාරයන් කරවා, තුනුරුවන් පිහිට කොටගෙන සිටි රජු තුන් නිකායට අයත් භික්ෂු සංඝයාට ඒවා පූජා කළේය.

14. සංඝයාට පිදිය යුතු දන් වැටුප් ආදිය පිදීය. මුළු ආලිසරක (ඇලහැර) රට එහි නිවැසි ප්‍රධානියන් සමග ම සංඝයාට දුන්නේය.

15. නොයෙක් සිය ගණන් භික්ෂූන් වහන්සේලා එහි වස්සවා නිරන්තරයෙන් උදාර වූ සිව්පසයෙන් උපස්ථාන කරවීය.

16. මාහැඟි වූ දර්ශනීය ධාතු මන්දිරයක් කරවා දළදා වහන්සේට නිතර පූජා මහෝත්සවයන් කළේය.

17. පිරිස් සමග ඇලී වාසය කිරීමෙන් වෙන් වූ මේ රජු සුන්දර වූ ධර්ම මන්දිරයෙහි සිට දිනපතා උදෑසන ධම්මසංගිණීප්පකරණය සිංහල බසට හැරවීය.

18. එමෙන්ම හේ නෘත්‍ය, සුගන්ධ, මාලාදියෙන් නොයෙක් පූජා පවත්වමින් සැදැහැයෙන් යුක්තව අප සම්මා සම්බුදුරජාණන් වහන්සේට සිරසින් වන්දනා කළේය.

19. ත්‍යාගයෙහි ශූරයෙකු වූ මේ විජයබාහු රජු දඹදිවින් මෙහි පැමිණි උගත් බ්‍රාහ්මණ පණ්ඩිතයන්ව නොයෙක් ආකාරයෙන් ධන ධාන්‍යයෙන් තෘප්තිමත් කළේය.

20. ධර්ම කථිකයන් වහන්සේලා නොයෙක් අයුරින් පුදන ලද්දාහු රජ තෙමේ හැමකල්හි දහම් ගුණයෙහි ඇලුණේ, සද්ධර්මය දේශනා කරවීය.

21. අසරණ ජනයා හට තරාදියෙන් තමන්ගේ බර කිරා ඒ බරට සරිලන ලෙස තුලාභාර නම් දානය දුන්නේය. පොහෝ දිනයන්හි ඉතා පිරිසිදු ලෙස උපෝසථ සිල් සමාදන් වූයේය.

22. එමෙන්ම මේ රජු වසරක් පාසා දණ්ඩිස්සර නමැති දානය ද දුන්නේය. තුන් පිටකය පුස්කොළ පොත්හි ලියවා භික්ෂු සංඝයාට දුන්නේය.

23. මාහැඟි මිණිමුතු ආදී රත්නයන් දඹදිවට පිටත් කරවූ රජ තෙමේ බුද්ධගයායෙහි මහා බෝධියට නොයෙක් වර පූජාවන් පැවැත්වීය.

24. කර්ණාටක දේශයේ රජු විසින් ද, සොළී රජු විසින් ද එවන ලද රාජදූතයෝ මහත් වූ පුද පඬුරු ගෙනවුත් විජයබාහු රජු බැහැදුටුවාහුය.

25. මිහිපල් තෙමේ ඔවුන් දැක සතුටු සිතින් යුතු වූයේය. රජුන් දෙදෙනාගේ දූතයන් හට කළයුතු සත්කාර ආදිය මැනවින් කරවා,

26. ඔවුන් අතුරෙන් කර්ණාටක දූතයන් සමග පුද පඬුරු රැගත් සිය දූතයන් ද ඒ කර්ණාටක රජු වෙත පිටත් කරවීය.

27. සොළීහු තමන්ගේ රටට පැමිණි සිංහල දූතයන්ව අල්ලාගෙන සැහැසි ලෙස ඔවුන්ගේ කන් නාසාදිය කපා විරූපී කොට දැමුවාහුය.

28. තමන් මුහුණ දුන් දුක්ඛිත විරූපී බවින් යුතුව ඒ සියලු දූතයෝ මෙහි පැමිණ සොළීන් විසින් කරන ලද සියලු පීඩාවන් රජුට දන්වා සිටියාහුය.

29. බැබළී ගිය ආත්මාභිමානයෙන් යුතු විජයබාහු රජු සියලු ඇමතියන් මැදට පැමිණ දෙමළ දූතයන් කැඳවා සොළී රජුට මෙසේ දැනුම් දුන්නේය.

30. 'අප දෙදෙනා දෙපක්ෂයෙහි ම සේනා නැතිව මහ සයුර මැද පිහිටි තනි දූපතක ද්වන්ධ යුද්ධයක් කොට අපගේ බාහුබල පරීක්ෂා කෙරේවා!

31. එසේත් නැතිනම් තොපත් මාත් රාජ්‍යයේ සිටින සියලු බලසෙන් හා පැමිණ තොප අභිමත දේශයකදී යුද්ධය කරනු ලැබේවා!

32. මා විසින් මේ කියන ලද ආකාරයට තොප විසින් කටයුතු කළ යුත්තේ යැ' යි විජයබාහු රජු පවසා ඒ දෙමළ දූතයන්ට ස්ත්‍රී අලංකාරයන් පළඳවා, ගැහැණු ඇඳුම් අන්දවා,

33. වහා සොළී රජු වෙත පිටත් කොට හැරියේය. ඉන්පසු තෙමේත් සේනාව ගෙන අනුරාධපුරයට පිටත් වූයේය.

34. සොළී රටට ගොස් යුද්ධ කරනු පිණිස මත්තිකාවාට තොටටත්, මාතොටටත් සෙන්පති දෙදෙනෙකු පිටත් කරවීය.

35. යුද්ධය පිණිස සොළී රටට යවන කරුණෙන් සෙන්පතිවරු විසින් නැව් ද ගමන් උපකරණ ද පිළියෙල කරන කල්හි,

36. මේ රජුගේ තිස්වන වර්ෂයෙහිදී තමන් යටතේ සිටි වේළක්කාර නමැති භටසේනාව සොළී රටට යන්ට අකැමතිව විරුද්ධ වී,

37. මත්තහස්තීන් බඳුව ඒ සෙන්පති දෙදෙනාව ද මරා මුළු පොළොන්නරුව හාත්පසින් ම පැහැර ගත්තේය.

38. පුතුන් දෙදෙනා සහිත වූ විජයබාහු රජුගේ නැගණිය වූ මිත්තා දේවියත් අල්ලාගෙන බලහත්කාරයෙන් රාජප්‍රාසාදයට ද ගිනි තැබූහ.

39. රජ තෙමේ වහා එහි ගොස් දකුණු පෙදෙසෙහි වාගිරි පර්වතයෙහි වටිනා භාණ්ඩ තබ්බවා,

40. සිංහයෙකුට බඳු වික්‍රමයෙන් යුතු වූ වීරබාහු උපරාජයා විසින් මහත් බලසෙනඟක් ගෙන හාත්පස වටකොට,

41. පොළොන්නරුවට පැමිණ දරුණු ලෙස යුද්ධ කරන්නේ එහි පැමිණි වේළක්කාර භටසේනාව සැණෙකින් පළවා හැරියේය.

42. ඔවුන් විසින් මරන ලද සෙන්පතියන් දැවූ චිතකයෙහි ඉතිරි වී ඇති ඇටසැකිලි ආදිය වටා,

43. රජුට වෛරව සිටි වේළක්කාර සෙන්පතිවරුන්ව කණුවල ගැටගසා දෑත් පිටුපසට හයා තදින් බැඳ හාත්පසින් දැමුවේ ගිනිදැලින් දැවීය.

44. රජ තෙමේ ඒ උඩඟු වේලක්කාරයන්ගේ ගම් ද වනසා ලංකාද්වීපය සර්වප්‍රකාරයෙන් සතුරු කටුකොහොල් බැහැර කොට පිරිසිදු කළේය.

45. සොළීන් හා යුද්ධ කරනු පිණිස තමන් විසින් ඉදිරිපත් කරන ලද සැලසුම නොඉක්මවා රජුගේ සතළිස් පස්වන වසරේදී,

46. සයුර පටුන වෙත සන්නද්ධ බල සේනා ද රැගෙන ගොස් චෝළ රජු යුද්ධයට එන තුරු සැහෙන කලක් එහි බෙහෙවින් බලා සිටියේය.

47. සොළියා නොපැමිණි හෙයින් ඔහු වෙත යළිත් දූතයන් යවා නැවතත් පොළොන්නරුවට පැමිණ බොහෝ කල් වාසය කළේය.

48. මහහෙළිය, රේහරු, මහාදන්තික යන නමින් යුතු වැව් ද කටුන්නරුව, පඬිවැව, කල්ලගල්ලික නම් වැව ද,

49. එරඬුගල වැව, දීඝවත්ථුක වැව, මණ්ඩවාටක වැව, කීර්ති අග්‍රබෝධි පර්වතය යන වැව,

50. වලාහස්ස වැව, මහාදාරගල්ල වැව, කුම්භීලසොබ්භ වැව, පත්තපායන වැව හා කාණවැව ද,

51. මේ ආදී වැව් ද එමෙන්ම බැමි බිඳී කැඩී ගිය නොයෙක් බොහෝ වැව් ද කරවා, අසරණ මිනිසුන් කෙරෙහි හැමකල්හි හිතවත් වී,

52. ඒ ඒ තැන්වල ඇති ගංගා දියඇලි ආදියෙහි ගලාබැසීම නවත්වා වේලි බඳවා ලංකාද්වීපය බතින් සරුසාර කරවීය.

53. එමෙන්ම බිඳීගිය තල්වතුමෝය ඇල යළි සකස් කොට බන්දවා මින්නේරි වැව ජලයෙන් පිරවීය.

54. තමන්ගේ මෙහෙසිය ද අභයගිරි විහාරයෙහි චාරිත්‍ර බිඳ දමා පෙරහැර සර්වප්‍රකාරයෙන්ම නැතිකොට දැමූ හෙයින් ඇයව ගෙලින් අල්ලාගෙන,

55. නගරයෙන් බැහැර කරවා, භික්ෂූන් වහන්සේලා කමා කරවාගෙන සංඝයා වහන්සේ කෙරෙහි තමා තුළ ඇති ගෞරවය ලොවට දැක්වීය.

56. තුන් නිකායට අයත් මාගම පැවති ධාතු මන්දිරයන් සොළීන් විසින් නසන ලද හෙයින් ඒවා යළි ගොඩනගා ථූපාරාම දෙකෙහි දාගැබ් බැන්දවීය.

57. සිය මෑණියන්ගේත් පියාණන්ගේත් ආදාහනය සිදුකළ ස්ථානයෙහි පංච මහා ආවාසයන් කරවීය. බුදලවිටියෙහිත් එලෙසින්ම කරවීය.

58. පණ්ඩුවාපි වෙහෙර, පාඨීන වෙහෙර, රක්ඛචේතිය පබ්බත විහාරය, එසේම මණ්ඩලගිරි විහාරය, මඩුලත්ථ විහාරය ද කරවීය.

59. උරුවේල නම් විහාරය ද දේවනගර විහාරය ද මහියංගණ විහාරය හා සිතලග්ගමක ලෙණත් කරවීය.

60. දඹකොළ විහාරය ද එසේම ගිරිහඩු සෑ විහාරය ද කුරින්දිය විහාරය ද දඹකොළ ලෙන් විහාරය ද,

61. භල්ලාතක විහාරය මෙන්ම පරගමක විහාරය ද, කසාගල විහාරය ද සඳුන්ගිරි විහාරය ද කරවීය.

62. වෙල්ගම් විහාරය ද මහාසේන විහාරය ද අනුරාධපුරයෙහි බෝධිඝරයන් ද එලෙසින් ම කරවීය.

63. මෙසේ නොයෙක් බොහෝ විහාරයන් කරවූ මේ රජු දිරා ගිය බොහෝ විහාරයන් පිළිසකර කරවා

ඒවායේ නඩත්තුවටත් වෙන් වෙන් වශයෙන් ගම් දුන්නේය.

64. සමන්තකූට පර්වත මුදුනේ පිහිටි අප සම්බුදුරජුන්ගේ පාද ලාංඡනය වන්දනා කිරීම පිණිස දුෂ්කර මගෙහි යන්නා වූ මිනිස්සු,

65. සියල්ලෝ ම පීඩාවට පත්නොවෙත්වා! යි දන්සැල් තැබ්බවීය. හැල්කෙත් ආදියෙන් යුක්ත වූ ගිලීමලය නම් ගමක් එහි නඩත්තුවට දුන්නේය.

66. කෙසෙල්ගම මාර්ගයෙහිත්, ඌව රට මාර්ගයෙහිත් යන්නා වූ මිනිසුන්ට දන්සැල් පිණිස වෙන් වෙන් වශයෙන් ගම්මාන පවරා විවේක ගනු පිණිස ශාලාවන් ද කරවීය.

67. රජ තෙමේ 'අනාගතයෙහි පහළවන රජවරු මේ ගම්මාන ආපසු නොගනිත්වා!' යි ගල්කණුවල අකුරෙන් කොටවා පිහිටුවීය.

68. ලාභයන්ගෙන් යැපෙන ආවාසයන්හි භික්ෂූන් වහන්සේට අන්තරවිට්ඨිගම ද සිරිමණ්ඩගල් ආරාමයෙහි භික්ෂූන්ට සංඝාටගම ද දුන්නේය.

69. වනවාසී භික්ෂූන් උදෙසා වෙන ම සිව්පසය දුන්නේය. රජ තෙමේ ඒ වනවාසී භික්ෂූන් හට බොහෝ සෙයින් භෝගයන් දුන්නේය.

70. ශීත ඍතුවේදී භික්ෂූන් වහන්සේලා උදෙසා පොරෝනා කම්බිලි ද, ගිනි කබල් ද, බෙහෙත් ද දුන්නේය.

71. නුවණැති රජු භික්ෂු සංඝයා උදෙසා නොයෙක්

අවස්ථාවන්හිදී සියලු පිරිකරත්, අටපිරිකරත් සකසා දුන්නේය.

72. ලාභයන් ලැබෙන ස්ථානයන්හි වසන භික්ෂූන් උදෙසා සිව්පසයට ද, වැටුප් පිණිස ද, සෑය ආදියට පූජාවන් පිණිස ද, වත් පිළිවෙත් කරන්නවුන්ට ද,

73. පෙර රජදරුවන් විසින් දෙන ලද බොහෝ ගම් රුහුණෙහි යම්තාක් තිබුණේ ද, මේ රජ තෙමේ පෙර පරිදි ම කිසි අඩුවක් නොකොට ඒ ගම් සියල්ල එහි තැබ්බවීය.

74. බලවත් රජ තෙමේ කුදු මිනිසුන් හට බලවත් වෘෂභයන් ද දුන්නේය. දයාපරවශ වූ හේ බලුකපුටු ආදීන්ට ද දන් දුන්නේය.

75. මහා කිවියෙකු වූ මේ රජු නොයෙක් කාව්‍යකාරයන් හට ප්‍රවේණි ගම් හා අනල්ප ධන වස්තූන් ද දුන්නේය.

76. කවියට දෙවියෙකු බඳු වූ හේ රාජාමාත්‍යවරු, රාජපුත්‍රයන් ආදීන් විසින් රචනා කරන ලද ශ්ලෝකාදිය අසමින් ඔවුන්ට ද සුදුසු පරිදි තෑගි භෝග දුන්නේය.

77. අන්ධ ජනයාටත්, අංගවිකල ජනයාටත් වෙන් වෙන් වශයෙන් ගම් දුන්නේය. පෙර රජුන් විසින් නොයෙක් දේවාලයන්ට ද දුන් පුද පූජා මේ රජුත් නොපිරිහෙළා දුන්නේය.

78. අනාථ වූ කුලස්ත්‍රීන්ට ද, ස්වාමියා නැති වැන්දඹුවන්ට ද ආහාර හා වස්ත්‍ර පිණිස සුදුසු පරිදි ගම්බිම් දුන්නේය.

79. සිංහල කව්පද බැඳීමෙහි මහා නුවණැති වූ මේ රජු සිංහල කාව්‍යකාරයන් අතර අග්‍ර වූයේය.

80. සොඳුරු ගුණයෙන් යුතු සාදරයෙන් බැඳි යුවරජ තෙමේත් බුද්ධගුණ නමැති විහාරයෙහි සොළීන් විසින් නසන ලද සෑය යළි බැන්දේය.

81. දන්දීම පිණිස මසුරුකම බැහැර කොට සිටි හේ ඒ උතුම් විහාරයට ගම්වර දී නිතර පූජාවන් ද පැවැත්වීය.

82. එමෙන්ම ඒ විහාරයෙහි සීමා කෙළවර ස්ථිර දිය ඇති මහ වැවක් ද බැන්දවීය.

83. මේ රජුගේ දියණිය වන යසෝධරා දූකුමරිය ද කපුරු පිරිවෙණෙහි සවිමත් ලෙස මහ පිළිමගෙයක් කරවූවාය.

84. සේලන්තර පිරිවෙණෙහි රජුගේ බිසව විසින් ද ප්‍රසාදය ඇතිකරවන දර්ශනීය ප්‍රාසාදයක් කරවීය.

85. රජුගේ නොයෙක් ඇමතිවරුත්, සිය අන්තඃපුර ජනයාත් නොයෙක් ආකාරයේ විචිත්‍ර වූ පින් රැස්කර ගත්තාහුය.

86. මෙසේ ලංකාවෙහි රජු අනුශාසනා කරන කල්හි දරුණු වූ මරණය විසින් වීරබාහු යුවරජුව වසඟ කරගන්නා ලද්දේය.

87. ඔහු වෙනුවෙන් කළයුතු අවසන් සියලු කටයුතු නිමවා භික්ෂූන්ගේ ද කැමැත්ත පරිදි ජයබාහු කුමරුට යුවරාජ පදවිය පිරිනැමීය.

88. සිය පුත් වික්‍රමබාහු කුමරුට ආදිපාද තනතුර දුන්නේය. ඒ වික්‍රමබාහු ආදිපාදයන් හට ගජබාහු නමැති ප්‍රසිද්ධ පුත්‍රයා උපන් කල්හි,

89. මහාමාත්‍යවරුන් හා සාකච්ඡා කොට රාජපුත්‍රයන්ගේ යහපත කැමති හේ මුළු රුහුණ ම පවරා දී එහි වාසය කරන්ට සැලැස්වීය.

90. එකල්හි වික්‍රමබාහු ආදිපාද තෙමේ රුහුණට ගොස් මහානාගහුල නගරය සිය රාජධානිය කොට එහි වාසය කළේය.

91. මෙසේ කීර්ති විජයබාහු රජු මනාකොට අණසක පවත්වා, ලංකාද්වීපයෙහි සතුරු කටුකොහොල් බැහැර කරවා, ක්‍රෑර දෙමළුන් විසින් විනාශයට පත්කරන ලද රටත්, සම්බුදු සසුනත් යළි දියුණුවට පමුණුවා පනස්පස් වසරක් රාජ්‍යය කොට සිය පිනෙන් හටගත් මහත්ඵල දකින්ට මෙන් දෙව්ලොව නැංගේය.

මෙසේ හුදී ජන පහන් සංවේගය පිණිස කරන ලද මහාවංශයෙහි ලෝක ශාසන සංග්‍රහය නමැති පනස් අටවන පරිච්ඡේදය නිමාවට පත්විය.

මහාවංශයෙහි ද්විතීය භාගයට අයත්
පළමු කොටස නිමා විය.

www.ingramcontent.com/pod-product-compliance
Lightning Source LLC
La Vergne TN
LVHW021235080526
838199LV00088B/4357

* 9 7 8 9 5 5 6 8 7 1 8 2 1 *